Big Apple 뉴욕시의 별명

Five boroughs 뉴욕의 5개구 (Manhattan, Brooklyn, Bronx, Queens, Staten Island)

Manhattan
Midtown 뉴욕의 중심지. 한인 타운과 엠파이어스테이트 빌딩이 있는 곳. 30번가~50번가
Garment District 패션의 도시답게 옷감을 주로 취급하는 지역
Theater District 유명한 브로드웨이 뮤지컬 극장이 밀집해 있는 지역
Harlem '할렘가' 그러나 요즘은 위험하지 않고 깨끗한 지역
SoHo South of Houston (street) 갤러리와 예술인의 거리. 요즘은 상가가 우후죽순 들어서고 있다.
Tribeca 재정적으로 성공한 예술인들의 주거지역
Lower East Side music club, bar가 많은 지역
NoHo North of Houston (street)
Financial District Wall Street와 Stock Exchange로 유명한 금융가
Meat Packing District
육류를 가공해 포장하는 공장 밀집 지역. 최근 갤러리와 카페들이 들어서고 있다.
Chelsea 공장건물 대신 갤러리가 들어서고 있으며 젊은층 게이들이 많이 사는 지역

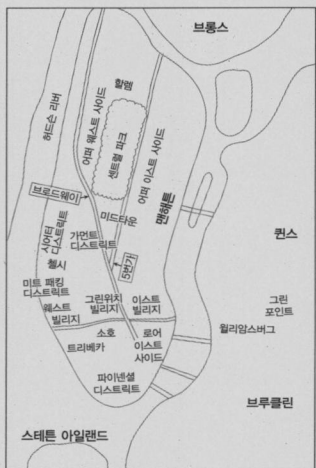

Brooklyn
아름답기로 유명한 Brooklyn Bridge로 Manhattan과 연결된 곳
Greenpoint Williamsburg와 가까우면서 집값이 비교적 저렴한 지역

Queens
깊숙히 들어가면 수목이 울창하고 동화처럼 예쁜 동네로 아시아계 이민자가 많이 사는 지역

Bronx
뉴욕 5개 구 중 유일하게 미국 본토와 연결된 섬으로 Manhattan 중심부와는 대조적으로 자연의 평온함을 느낄 수 있는 지역

Staten Island
쓰레기 매립장이 있으나 치안수준과 교육열이 높아 맨해튼으로 출퇴근 하는 사람들이 많은 지역

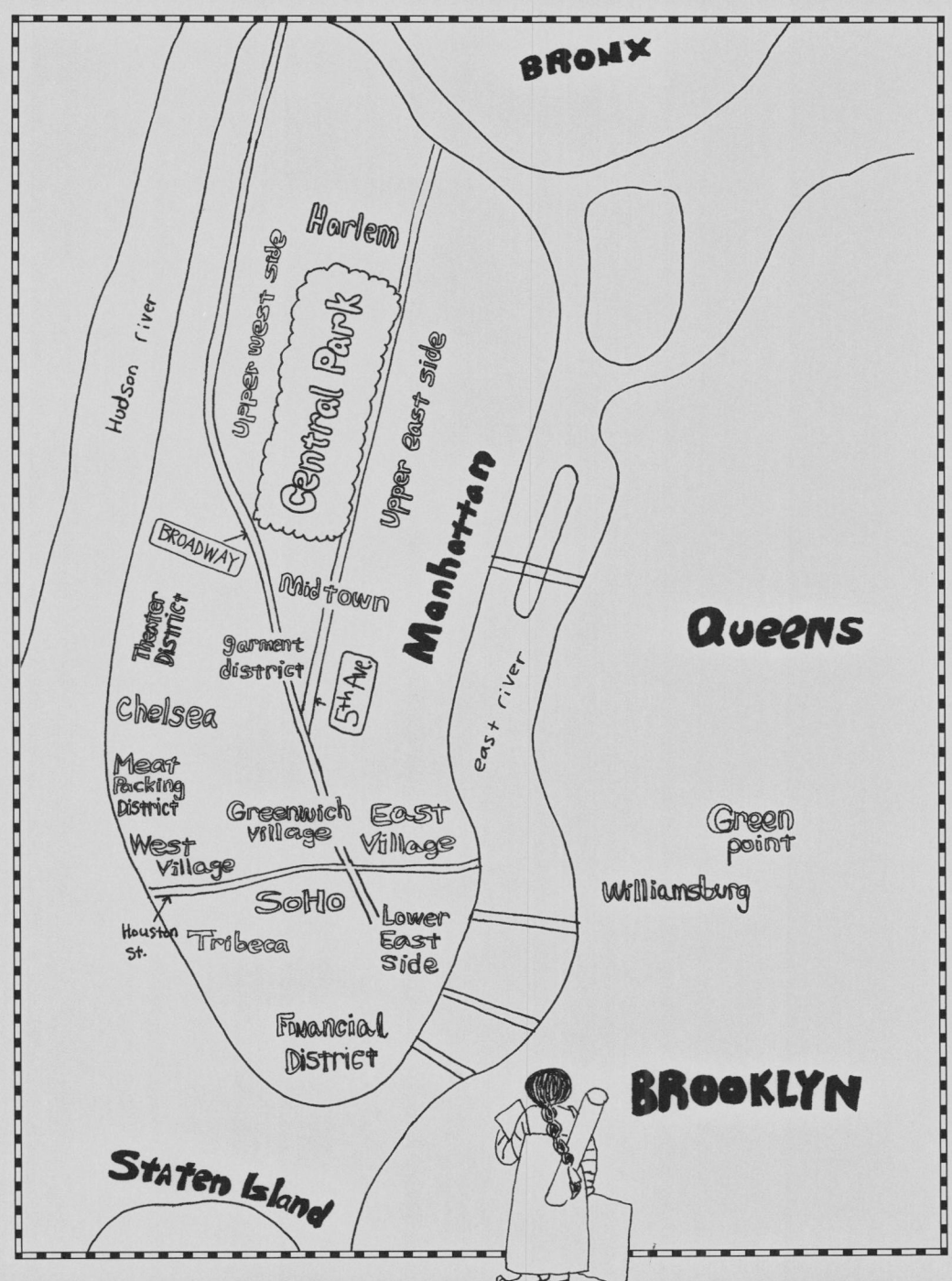

마이 퍼니 My funny
잉글리쒸

마이 퍼니 잉글리씨

저자_ 정지혜

1판 1쇄 인쇄_ 2007. 6. 27.
1판 6쇄 발행_ 2014. 2. 27.

발행처_ 김영사
발행인_ 박은주

등록번호_ 제406-2003-036호
등록일자_ 1979. 5. 17.

경기도 파주시 교하읍 문발리 출판단지 515-1 우편번호 413-756
마케팅부 031)955-3100, 편집부 031)955-3250, 팩시밀리 031)955-3111

저작권자 ⓒ 2007 정지혜
이 책의 저작권은 저자에게 있습니다. 저자와 출판사의 허락 없이
내용의 일부를 인용하거나 발췌하는 것을 금합니다.

COPYRIGHT ⓒ 2007 by Zi-hye Jeong
All rights reserved including the rights of reproduction
in whole or in part in any form. Printed in KOREA.

값은 표지에 있습니다.
ISBN 978-89-349-2592-7 03740

독자의견 전화_ 031) 955-3104
홈페이지_ http://www.gimmyoung.com
이메일_ bestbook@gimmyoung.com

좋은 독자가 좋은 책을 만듭니다.
김영사는 독자 여러분의 의견에 항상 귀 기울이고 있습니다.

마이 퍼니
My funny
잉글리쉬

정지혜 쓰고 그리다

김영사

머릿말

2003년 봄 뉴욕의 작은 음악클럽, 친구의 공연 무대가 있는 날. 클럽문을 열고 들어온 친구의 헤어스타일은 평소와 다른 포스를 뿜고 있었습니다. 머리카락을 있는 대로 가운데로 몰아 한껏 세운 그 모습에 다른 친구가 "faux hawk 머리 하고 왔네!"라고 말했고, 전 폭소를 터트렸어요. 모호크 인디언 부족의 머리 스타일에서 온 mohawk를 소심하게 옆머리는 밀지 않고 비스무리하게 흉내만 냈다고 해서 mo- 대신 '가짜'라는 뜻의 faux를 붙여 faux hawk라고 한 것이었지요. 그날 저녁 집으로 돌아와 오리지널 모호크와 '짝퉁 모호크'를 그리고, 그 밑에 각각 mohawk, faux hawk라 적어 넣고는 혼자 낄낄거렸습니다. 그렇게 이 책이 시작되었습니다.

전 미술 하는 사람이라 그림으로 메모를 대신하는 버릇이 있습니다. 인상 깊은 일이나 이미지를 간단한 스케치로 남기는 것인데, 유학 시절에는 쓸 일이 많거나 재미있는 단어, 표현을 들으면 그때그때 그림으로 기록하곤 했지요. 처음에는 말로 설명하는 것이 구차해서 시작한 것이었는데, 그림으로 그려놓고 보니 글보다 단순명료하게, 정확하게 그 뜻을 단번에 보여주는 효과가 있었어요. 그렇게 그림으로 남긴 것 중 영어에 관한 것을 엮어 이렇게 여러분들과 나누게 되었습니다.

미국땅에 막상 들어서면 언어의 벽은 수업시간에 느끼는 게 아니라 수업이 끝나고 학생들끼리 재잘거릴 때, 같이 어울려다닐 때, 생활과 문화의 이모저모를 공유할 때… 찾아옵니다. 저는 다행히 주변에 착한 친구들을 둔 덕분에 실생활에서 많이 쓰는 따끈따끈한 표현들을 자연스럽게 배울 수 있었고, 그렇게 알아가는 것이 많을수록 미국 생활도 더 깊고 넓어져갔습니다. 이 책의 단어와 표현들은 살아 숨쉬는 것들입니다. 시중에 나온 영어책을 보면 실제로 쓰기엔 어색하거나 거의 쓰지 않는, 지식으로써의 구실밖에 하지 못

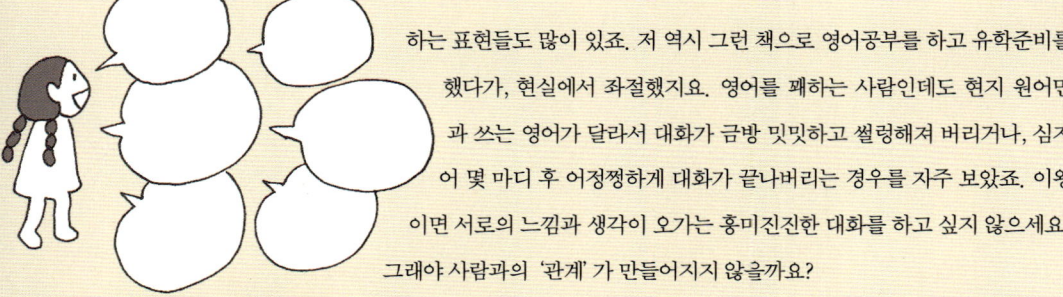

하는 표현들도 많이 있죠. 저 역시 그런 책으로 영어공부를 하고 유학준비를 했다가, 현실에서 좌절했지요. 영어를 꽤하는 사람인데도 현지 원어민과 쓰는 영어가 달라서 대화가 금방 밋밋하고 썰렁해져 버리거나, 심지어 몇 마디 후 어정쩡하게 대화가 끝나버리는 경우를 자주 보았죠. 이왕이면 서로의 느낌과 생각이 오가는 흥미진진한 대화를 하고 싶지 않으세요? 그래야 사람과의 '관계'가 만들어지지 않을까요?

우리는 여러 대중매체와 책, 문학, 인터넷뉴스, 만화, 블로그, 영화와 연극, 코미디 등을 즐기고 주위 사람들과 공유하며 살아갑니다. 그렇게 함으로써 문화와 사회를 이해하고 자신의 전문 분야를 키워가지요. 이 책에 나오는 단어와 표현들은 바로 이런 소통 통로를 통해 자주 듣고 쓰게 된 것, 친구들이 즐겨 쓰거나 TV나 영화에 심심찮게 나오는 것이기 때문에 정직하고 살아 있습니다. 난이도와 관계없이 실제 미국생활에서 많이 쓰는 구어, 속어, 전문용어, 묘사나 서술할 때 도움이 되는 표현, 장난스럽고 짓궂게 쓰이는 표현, 한국에서 배웠던 것과 다르게 쓰이는 표현 등을 한데 모았습니다.

가벼운 마음으로 아무 페이지나 펴서 그림과 그 그림이 묘사하는 단어를 눈으로 보세요. 우리말로 굳이 해석하지 않아도 보는 순간 확 와 닿습니다. 그림으로 이해하는 것은 글보다 정확하고, 사진을 찍어 기억에 저장하듯 오래갑니다. 그래서 뜻은 되도록 작게 넣었지요. 모쪼록 5년간 모은 저의 그림과 뉴욕 이야기를 같이 즐기시고, 영어로 된 매체를 접하거나 즐길 때, 또는 실제로 미국에 나갈 때 이 책을 친구로 삼는다면, 모르고 그냥 지나칠 수 있는 것들은 놓치지 않을 것이고, 보고 듣고 느끼는 것은 두세 배, 아니 열 배는 더 풍요로워질 것입니다.

2007년 6월 정지혜

특징

참았다 터지는 웃음 같은 영어책! "마이 퍼니 잉글리씨"

단순하지만 단어의 특징을 글보다 절묘하게 잡아낸 카툰, 좌충우돌 뉴욕생활기가 담긴 재치만발 코믹 스트립. 일단 보면 손에서 놓을 수 없고, 웃다보면 절로 되는 영어! 당신의 영어 스트레스를 위한 특별 웃음 처방전 "마이 퍼니 잉글리씨"를 소개합니다.

외우지 말고 감상하세~

까막눈도 알아보는 화장실 표지판, 길을 설명할 땐 약도, 사랑이란 말 대신 빨간 하트 하나. 백마디 말보다 간단한 그림 하나에 고개가 끄덕여지죠? 영어도 그렇게 배워보자구요. 단어의 의미보다 설명이 더 어려워 영어에서 손 놓은 사람, 긴 글 읽는 게 체질적으로 안 맞는 사람, 영어 해볼 만큼 해본 사람 모두 모이세요. 이제 "마이 퍼니 잉글리씨"가 그려 드립니다.

그림은 글보다 정확하여라!

백문이 불여일견! 말은 오해가 많습니다. 이제는 '생각이 일치했다'고 확신하는 순간조차 일말의 의심이 파고 들지요. 그 사람이 말한 사과가 그 사과인지... 음식 얘길 하긴 하는데, 그게 그거 같고... 장님 코끼리 만지듯 어설프고 모든 게 흐릿합니다. 이마저도 시간이 흐르면 아예 기억에서 지워지고 말지요. 그림으로 보면 모든 게 확연히 드러납니다. 긴 말이 필요없지요. 그간 잘못 알고 있던 것도 이 책을 통해 바로잡으세요.

현지감각 만땅 생활어휘의 재발견!

지금 당장 미국에 떨어져도 살아남을 수 있는 진짜 영어가 가득합니다! "마이 퍼니 잉글리씨"는 저자가 5년간 뉴요커로 살면서 수집한, 생활의 경험과

노하우가 담긴 살아 있는 어휘와 표현으로 구성되어 있습니다. 흔히 '영어회화'라고 하는 일상적인 대화에서 나올 만한 표현들이랍니다. 그래서 때로는 민망한 표현, 딱히 묻기 어려운 표현도 속시원히 공부할 수 있어요. 배운 다음 바로 써먹을 수 있는 살아있는 표현들로 이제는 막힘 없는 회화에 도전하세요. 시험보기 위한 단어, 전문적인 글을 위한 단어가 아니라 슈퍼에서 물건을 살 때나 친구와 대화를 할 때처럼 늘 접하는 일상다반사에 꼭 하고 싶었던 말들만 엄선했습니다. 깜지 쓰며 달달 외운 단어가 막상 내 입에서 나오지 못한다면, 당신의 영어에 명복을 빕니다. 이제 살아있는 영어를 만나 보아요. "이 말은 영어로 뭐라고 할까?" 호기심만 가지고 오세요.

buzzer 초인종
buzz-하고 나는 소리에서 붙여진 이름

열세 가지 Big Apple의 맛!

1~2년 갖고는 수박 겉핥기! 뉴욕을 진하게 제대로 맛볼 수 있는 풍부한 정보가 있습니다. 무작정 달달 외우던 단어는 일주일만 지나도 잊어버리죠? 왜 이런 말을 하는지, 어쩌다 이런 말이 나왔는지, 문화를 이해하고 나면 언어도 문화의 일부라는 것을 알게 되지요. 요모조모 뜯어본 뉴요커들의 하루일과, 가족생활, 집안 풍경, 먹거리, 놀이문화, 스타일, 명절, 사회문제 등등 열세 가지 테마로 뉴욕을 종횡무진 추적하였습니다. 미국 친구들에게서도 듣기 힘든 그들의 문화와 생활을 이해하면 영어도 자연스럽게 따라붙게 된답니다. 뉴욕 여행길에 친절한 가이드가 돼줄 것이며, 뉴욕 유학생활이 편해질 것입니다.

 잊지 마세요! 당신이 영어책을 보고 있다는 사실!

목차

머릿말 4
특징 6
추천사 10

01 Life

반복되는 일과 13
본능은 참을 수 없어! 20
몸을 만들어요 23
매너를 지키자 26
애완동물 27
야구 29
차 31
아… 열받아! 33
차체 스타일 35
은행거래 36
개인수표 39
돈과 숫자 41
전화와 주변기기 43

02 Food

아침식사 51 음료 56
국적불문 뉴욕의 먹거리 59
빵 62 추가메뉴 62
과자 66
불량식품 68
채소 72 과일 80
곡류 83 콩 83
유제품과 달걀 85
견과류 86
찬장 속 음식들 88
해산물 91
바비큐 파티 94
술집풍경 97

03 Body

신체 부위 103
장기 104
머리 105
눈 107 입 108
귀 110 코 111
얼굴을 들여다 보면… 113
얼굴 표정 115
손 117
손에 관한 요모조모 118
자세 121
몸매 124

04 Ailments

질환 129
상처 134
병원 136
성형수술 141
민간요법 143
식습관 장애 146
몸이 불편해요 147

05 Style

패션 스타일 151
음악 장르별 패션스타일 152
역사 속 복장 154
색깔 155
무늬 156
화장대 157
수염 158
헤어스타일 159
옷 162
속옷과 양말 165
가방 167
헤어 액세서리 168
미용 168
사이즈 표 170

06 Pursuit

직업 173
정치가 176
작가 178
뮤지션 179
미술수업 183
학교 188
졸업 192
과학 194
물리와 화학 196

07 Human

성격 유형 203
장난이 좋아 213
성적 취향 214
가계도 216
성장 218
어른들의 발칙한 이야기 225
성행위 229
남자들의 수다 230
10,20대 여성들 232
저주인가, 마법인가 235

08 Social Issues

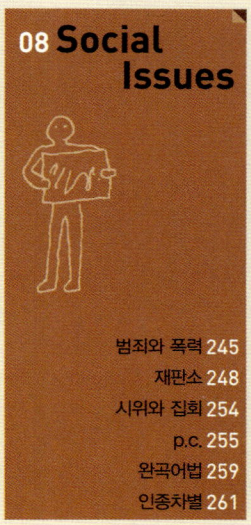

범죄와 폭력 245
재판소 248
시위와 집회 254
p.c. 255
완곡어법 259
인종차별 261

09 Fun

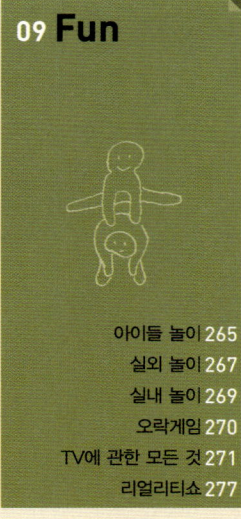

아이들 놀이 265
실외 놀이 267
실내 놀이 269
오락게임 270
TV에 관한 모든 것 271
리얼리티쇼 277

10 Special Occasions

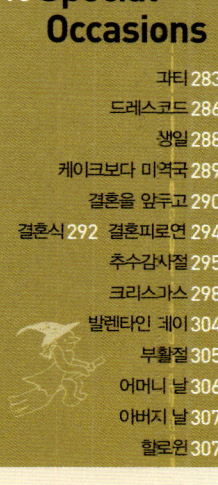

파티 283
드레스코드 286
생일 288
케이크보다 미역국 289
결혼을 앞두고 290
결혼식 292   결혼피로연 294
추수감사절 295
크리스마스 298
발렌타인 데이 304
부활절 305
어머니 날 306
아버지 날 307
할로윈 307

11 Nature

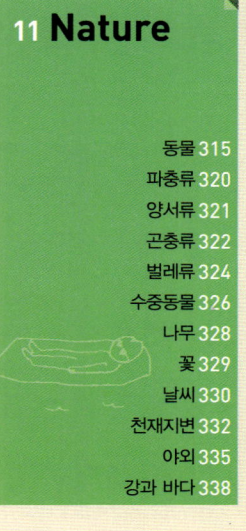

동물 315
파충류 320
양서류 321
곤충류 322
벌레류 324
수중동물 326
나무 328
꽃 329
날씨 330
천재지변 332
야외 335
강과 바다 338

12 House

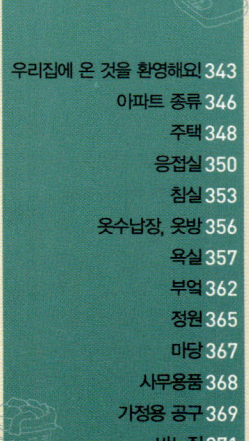

우리집에 온 것을 환영해요! 343
아파트 종류 346
주택 348
응접실 350
침실 353
옷수납장, 옷방 356
욕실 357
부엌 362
정원 365
마당 367
사무용품 368
가정용 공구 369
바느질 371

13 Miscellany

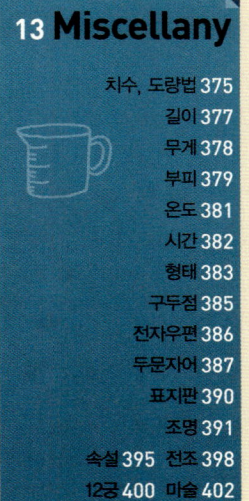

치수, 도량법 375
길이 377
무게 378
부피 379
온도 381
시간 382
형태 383
구두점 385
전자우편 386
두문자어 387
표지판 390
조명 391
속설 395   전조 398
12궁 400   마술 402

인덱스 404
감사의 말 410

추천사

What a great way to learn English! I've known few books more creative and artistic than this one. Divided into various chapters that represent different parts of life in the English world, it can be opened to any page and enjoyed at any time—on the subway, waiting for a friend, sitting in a park or even on an airplane as a study guide to English. The illustrations are eye-catching and entertaining, and the easy-to-follow headings and footnotes provide simple and clear explanations, making this book a great read to study and pass the time with.

I believe that you will enjoy the humorous illustrations as a guide to learning more and more English. The creative edge behind this book is designed to complement the fresh and lively vocabulary they help describe. The cute and quirky illustrations are, as I see them, lively interpretations of English—they are forms of English coming to life on the page.

The expressions, idioms and vocabulary explained throughout this book are taken from the author's experiences with life in English-speaking countries. They are fresh and very much alive in the English community today. To my surprise, the content is an accurate and genuine representation of modern day English usage in many countries. You will find it helpful wherever you are in the world.

As a guide to learning English, this book is as useful for the week long traveler to the United States as it is to the long-term student studying English. In any respect, it will serve as a useful reference tool and go-to book for the hundreds of modern expressions that constantly emerge in the English language. Here is your opportunity to learn new and interesting vocabulary in an informal and exciting way.

I hope that you derive as much pleasure and fun from reading it as the author did in creating it.

- Gary Fogal

Life

Live like it's heaven on earth.
지상의 천국인 양 살아라.

Life! 포레스트 검프는 도대체 뭐가 나올지 알 수 없는 a box of chocolates라 했고, 또 누구는 riding a bicycle과 같다고 했습니다. 페달 밟기를 멈추지 않는 한 넘어지지 않는다나요… 역시 Life is hard… Life sucks!(인생은 엿 같애)일까요? 다른 사람에겐 쉬워 보이고, 자신에겐 유독 어려워 보이잖아요. 삶은 그 무게감을 어느 정도로 느껴야 적당한 건지… 고민입니다. 헨리 밀러는 우리가 겁쟁이로 살든, 영웅으로 살든 삶은 계속된다고, 정해진 교본이 없다고 합니다. 밀러다운 한마디가 아닌가 합니다.
다음은 제가 가장 좋아하는 인생에 관한 명언입니다.

Dance like no one is watching,
아무도 보고 있지 않은 것처럼 춤춰라,

Love like you'll never be hurt,
결코 상처받지 않을 듯이 사랑해라,

Sing like no one is listening,
아무도 듣지 않는 것처럼 노래해라,

Live like it's heaven on earth.
지상의 천국인 양 살아라.

— William Purkey

everyday routine 반복되는 일과

'루틴하다'는 말이 우리말에 섞여 자주 들립니다. 일이 루틴하다고도 하고, 기획이나 아이디어가 루틴하다고도 하고… 이처럼 참신하지 않고 '진부하거나 늘 판에 박힌' 모습일 때 routine이란 형용사를 씁니다. 또 '매일 똑같이 되풀이되는 일과' 자체를 routine이라고도 합니다. 자, 그럼 우리의 루틴한 일과를 살펴볼까요?

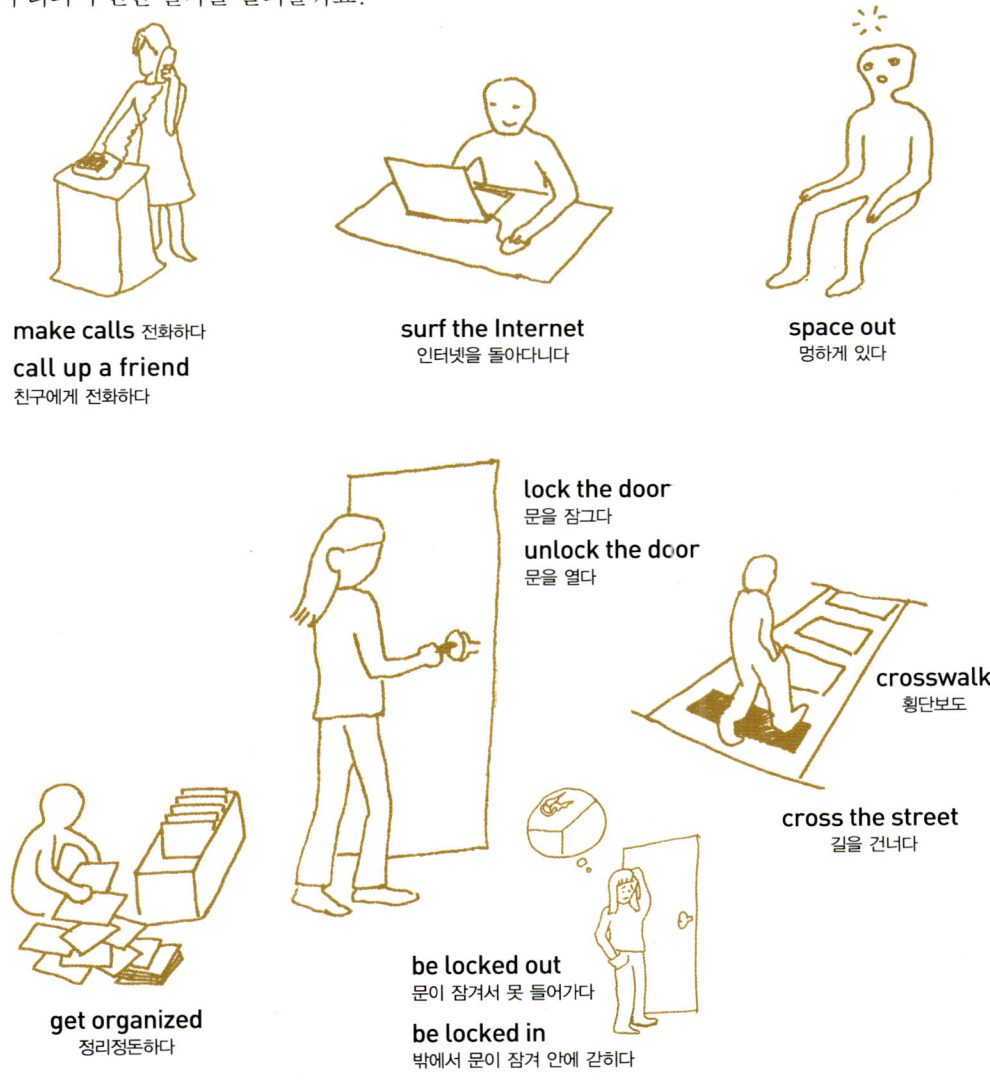

안에 사람 있소.

pee 쉬; 쉬하다

take a piss
take a leak } 오줌 누다
go number one

주의! 아주 스스럼 없고 격의 없는 표현들이니 친한 친구나 가족에게 만 쓰도록 하세요.

poop 응가

take a dump
take a crap } 똥 누다
go number two

number one: 작은 거(pee, 오줌, 쉬)
e.g. I want to pee. 나 오줌 마려.

number two: 큰 거(똥)
poop: (유아식 표현) 응가, 영국에서는 poo. I'm pooped.는 '나 피곤해' 라는 뜻.
e.g. I have to take a crap. 나 큰 거 해야 돼.

urinate
relieve oneself } 소변 보다

점잖고 격식 있는 표현

defecation [défikèiʃən]
bowel movement } 배변

e.g. How's your bowel movement?
배변은 잘 보세요?

I can't hold it any more!
I need to take a leak behind this tree.

더 이상은 못 참아!
이 나무 뒤에서 쉬를 해야만 해.

take a leak:
(주로 화장실이 아닌 곳에서) 방뇨하다
wet the bed: 자다가 오줌싸다

spit 침 뱉다

나는 은행, 우체국, 식료품점에
볼일 보러 가야 해.

(run / do) **an errand** 볼일 보러 가다

pump the gas 차에 기름 넣다
gas: 가솔린 (= gasoline)

●●● Run Aaron?

errand란 말을 아직 몰랐을 때 친구한테서 이 말을 듣고, 사람 이름 아론Aaron으로 생각했었죠. 물론 errand와 Aaron은 발음이 많이 다르지만 달리 떠오르는 단어도 없고, 마침 아론이란 친구가 있었기 때문에 오해를 한 거죠. 물론 "Aaron을 run하다니?" … 참 오랫동안 혼자 별별 상상을 다 했습니다. "아론을 말이나 돼지처럼 시합에 내보내 달리게 하는 건가???"

"What are you doing today?" 오늘 너 뭐 할 거야?
"I'm going to run errands in the city and I'm supposed to meet with... at three.... blah blah blah..." 시내 가서 볼일 좀 보고, 3시에 누굴 만나기로 되어 있고… 어쩌구 저쩌구……

get dressed 옷을 입다

put on one's { clothes 옷을 / socks 양말을 / hat 모자를 / shoes 신발을 / gloves 장갑을 } 착용하다

tie your shoelace 신발끈을 묶다

mophead 밀대걸레 같은 헤어스타일

mop 밀대걸레로 닦다
e.g. You should mop the floor after sweeping it.
바닥을 쓴 후에 물걸레질 해야 돼.

broom 빗자루
sweep 쓸다

duster and dustpan 빗자루와 쓰레받기

bucket 들통

vacuum 진공청소기로 청소하다
e.g. Will you vacuum the living room?
청소기로 마루 청소 좀 하렴.

chill (out), hang out 죽치고 앉아 놀다 영어는 cold, heat에 감정을 잘 비유합니다. 차가울수록 냉정, 이성에 가깝고, 뜨거울수록 흥분, 분노에 가까워요. chill은 '식히다' 이니 '흥분을 식히다, 진정하다'. 이 뜻이 relax로, 다시 relax among friends로 옮아가 '친구와 어울려 놀다, 한 곳에 죽치다' 는 뜻도 됩니다. How are you doing?에 이십대가 I'm chilling.이라고 대답하면 "나 떨고 있어"가 아니라 "어, 좋아!"라는 뜻. 좋다고 할 때 젊은 세대가 또 잘 쓰는 것이 Swell!입니다. e.g. Let's chill at here. 여기서 죽치자.

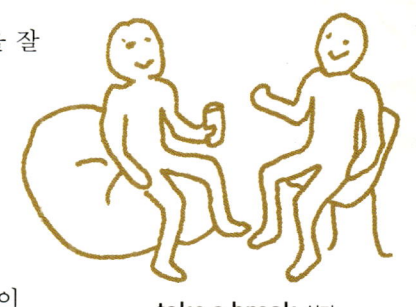

take a break 쉬다
cf. Give me a break. 좀 봐주지.

• • • doing laundry at a laundromat 빨래방에서 빨래하기

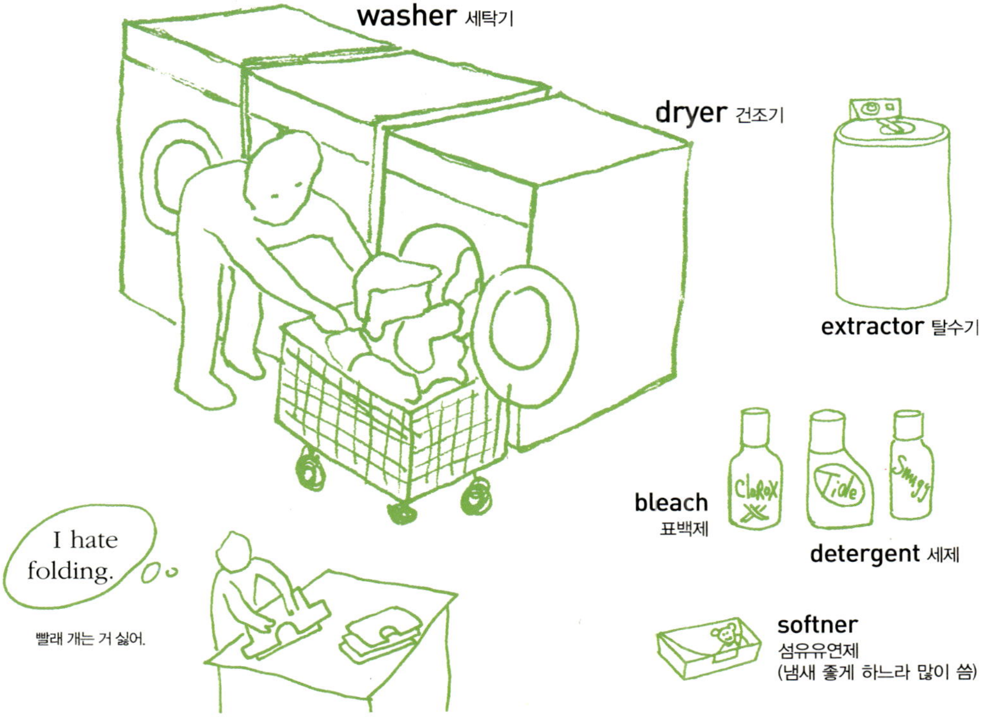

washer 세탁기

dryer 건조기

extractor 탈수기

bleach 표백제

detergent 세제

softner 섬유유연제
(냄새 좋게 하느라 많이 씀)

I hate folding.

빨래 개는 거 싫어.

: laundry day 빨래하는 날

빨래하는 날 한번 잘 맞춰 왔구나!
바글하구만!

이거 받고 25센트짜리 다오.

이 멍청한 기계!

니 돈 안 받을래.
너무 쭈글쭈글해.

So I had to go to
a live human being!

그래서 나는 진짜 사람에게
가야만 했다!

고마워요

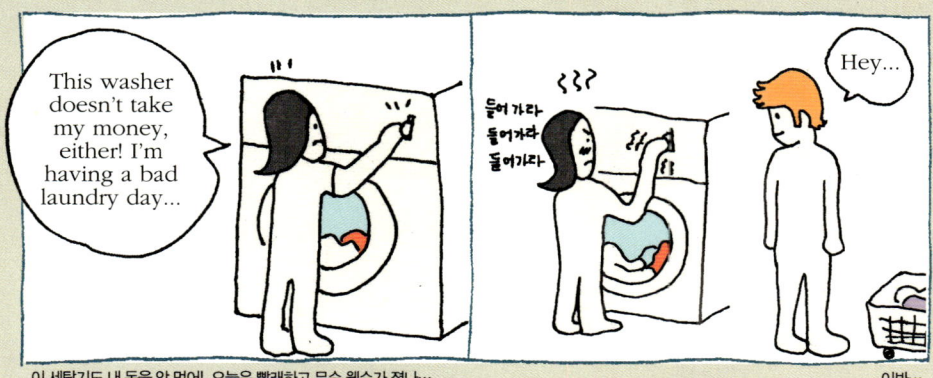

quarter 25센트 동전 | **wrinkly** 구겨진, 주름진 | **human being** 사람 | **be done with** ~을 끝내다, 마치다

embarrassing moments 본능은 참을 수 없어!

Pull my finger. 내 손가락 당겨봐. 가까운 사람이 손가락을 내밀며 당겨보라고 하면 조심하세요. 당기는 순간 그 사람에게서 방귀가 나옵니다. 냄새를 손에 모아서 코앞에 들이대는 것보단 낫지만, 역시 지저분한 장난입니다.

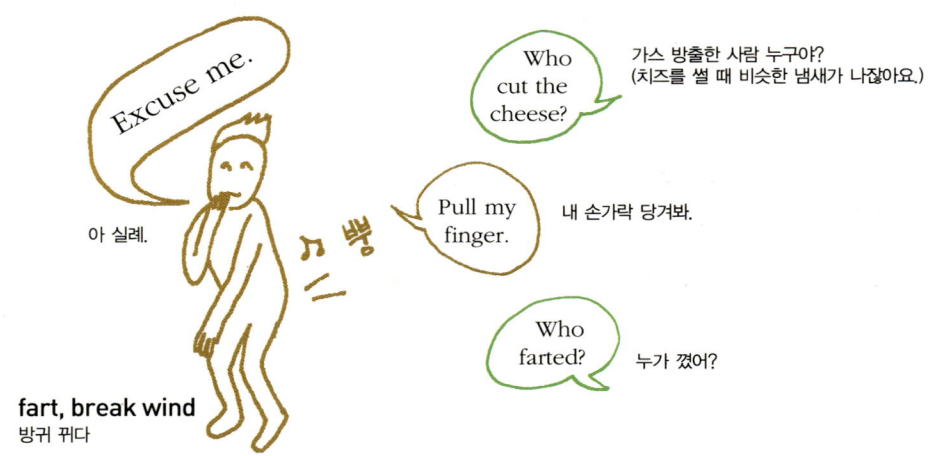

Excuse me! 여기 사람 있거든요! 사람 많은 곳을 뚫고 지나가야 할 때 몸이 닿는 걸 싫어하는 미국인들은 이 말을 꼭 씁니다. 자기도 모르는 사이 길을 막고 있는 경우에 이런 말을 들을 수 있고, 또는 잘 못 알아들은 경우에 다시 말해달라고 "Pardon?"처럼 많이 쓰입니다. Hello를 대신해 쓰이기도 하고, 반론을 제기할 때, 말을 끊을 때도 쓰죠. 실례되는 행동을 하는 사람도 이 말을 쓰지만, 반대로 실례를 당한 사람이 비꼬는 투로 "같이 있는 사람 좀 생각해주세요!"라는 뜻으로 하기도 합니다.

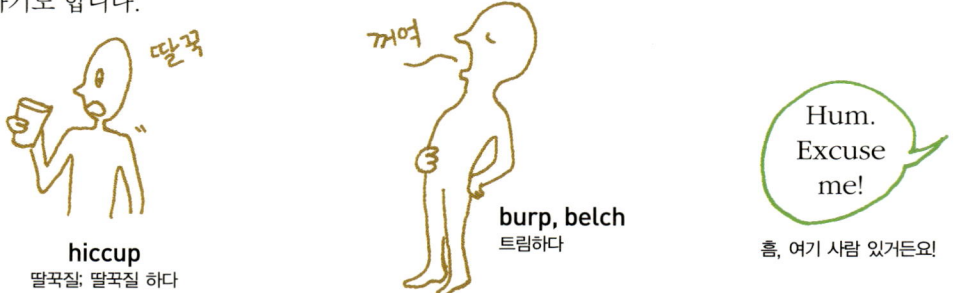

snore 코골기; 코를 골다

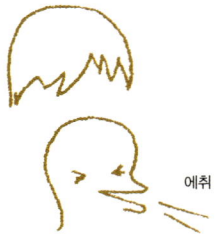
sneeze 재채기; 재채기 하다
에취

puke, throw up 토하다
e.g. I think I'm gonna puke.
나 토할 거 같아.

sleepwalk 〈몽유병〉 잠결에 걸어다니다
이렇게 하면 좋아하겠지…
cross the line 선을 넘다
뭐 잘못 먹었니?

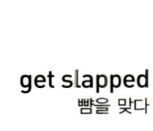
step on someone's foot 남의 발을 밟다
왜 그래? 애!

get slapped 뺨을 맞다   **slap** 뺨을 때리다

drool 침을 질질 흘리다
saliva 침
한의원에서 놓는 '침'은 acupuncture

...how to stop hiccups 딸꾹질 멈추는 방법

Scare him/her. 놀래킨다.

Swallow a spoonful[pack] of sugar.
설탕을 한 숟갈[팩] 삼킨다.

Drink a whole glass of water without interrupting with your ears covered.
다른 사람이 귀를 막게 한 채,
물 한 잔을 쉬지 않고 다 마신다.

Bend over and drink water with your head upside down.
몸을 굽혀 머리가 거꾸로 된 상태에서
물을 마신다.

workout 몸을 만들어요

sit-up 윗몸일으키기

push-up 팔굽혀펴기

pull-up 턱걸이

hand weight, dumbbell 아령

weight (역기 등에 다는) 저울추

lifting dumbbells 아령 운동

weightlifting 역기 들어올리기

pilates [pilá:tiz]
(요즘 유행하는 운동으로 요가와 헬스의 중간쯤 되는) 필라테스

meditation (요가의 큰 부분을 차지하는) 명상

jumping[skipping] rope 줄넘기

work out 운동하다; 헬스로 몸을 만들다
e.g. You look good. Have you been working out? 좋아보이는데. 운동해?
I skateboard. 나 스케이트보드 타.

그냥 운동기구명을 동사처럼 사용할 수 있습니다.
e.g. I roller-skate. 나 롤러 스케이트 타.

jumping jack PT 체조

: "Thank you" can never be overdone. "감사합니다"는 아무리 해도 지나치지 않아요.

감사합니다.   천만에.

이 문이 꼼짝을 안 해.   내가 도와줄게.

딸깍   고마워.   뭘.   고마워.   나야말로.

°manners 매너를 지키자

Cover your mouth when you yawn.
하품할 때는 입을 가린다.

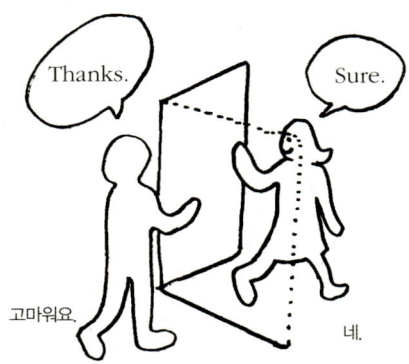

Hold the door for the next person.
뒷사람을 위해 문을 잡아준다.

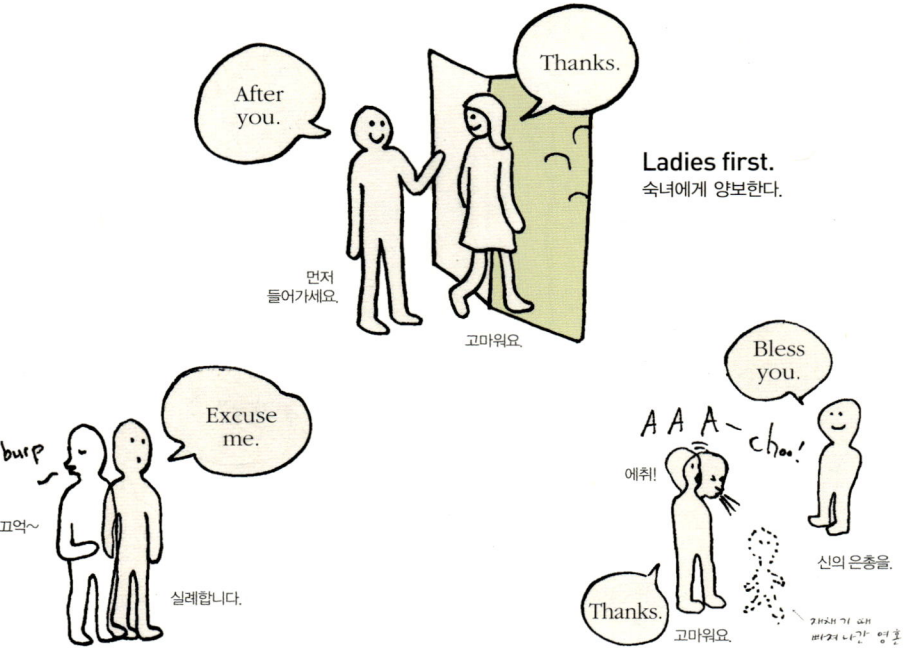

Ladies first.
숙녀에게 양보한다.

Say "Excuse me" when you happen to bother people.
어쩌다가 다른 사람의 기분을 해치게 되었을 때는 "Excuse me."라고 말해준다.

Say "Bless you" when someone sneezes.
누군가 재채기를 하면 "Bless you."라고 말해준다.

pets 애완동물

dog 개 **puppy** 강아지 dog와 puppy는 꼭 구분해서 쓰는 것 같습니다. 예를 들어 덩치가 큰 강아지에게 "You have a nice dog." 하면 "He[She] is still a puppy."라는 대답을 듣게 되고, 귀여운 강아지를 가진 친구에게 "What a cute puppy you have!" 하면 "She[He] is not a puppy. It's just a small sized dog."라고 합니다.

chia pet 치아펫

pet이라곤 해도 동물이 아니라 식물이에요. 씨에 물을 뿌리면 아무데나 뿌리를 내리고 쑥쑥 크는데, 동물 모양 도자기 (특히 머리)에 뿌리면 털처럼 자라서 마치 펫 같아요.

cat 고양이, 성묘

kittens 새끼고양이

gecko (발바닥이 넓고 몸집이 작은) 애완용 도마뱀

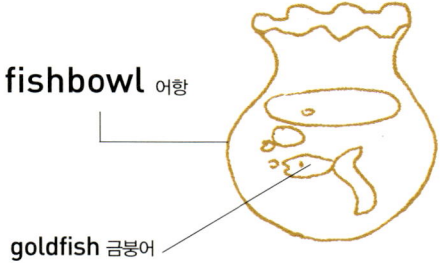

Go fetch it! 가서 물어와!

trick 재주

fishbowl 어항

goldfish 금붕어

I'm lonely. 외로워.

fish tank 네모난 어항

크기가 크면 aquarium(수족관)

parakeet (작은) 잉꼬
parrot 앵무새
(애완용으로 많이 기르는 꼬리가 긴 종류)

canary
(조그만 노란색의) 카나리아

guinea pig 기니피그
햄스터랑 비슷하게 생겼으나 몸집이 더 크고 얼굴이 쥐보다 토끼와 닮은 애완용·실험용 동물.
e.g. I feel like a guinea pig. 꼭 기니피그가 된 기분이야.

rabbit 토끼
토끼도 애완용으로 인기가 많습니다. "토끼와 거북이" 이야기에 나오는 토끼는 rabbit보다 덩치가 크고, 귀는 더 긴, 매우 잽싼 종류로 hare라고 합니다.

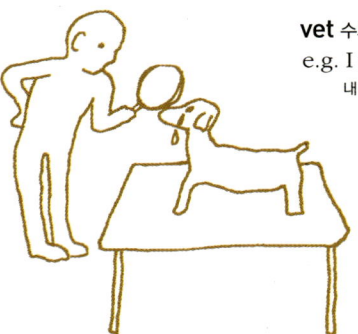

vet 수의사; 동물병원 (= veterinarian)
e.g. I need to take my puppy to the vet.
　　 내 강아지를 병원에 데려가야 해.

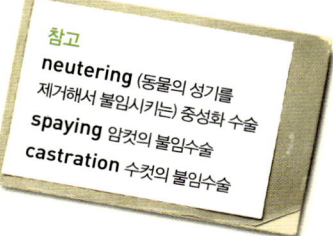

참고
neutering (동물의 성기를 제거해서 불임시키는) 중성화 수술
spaying 암컷의 불임수술
castration 수컷의 불임수술

baseball 야구

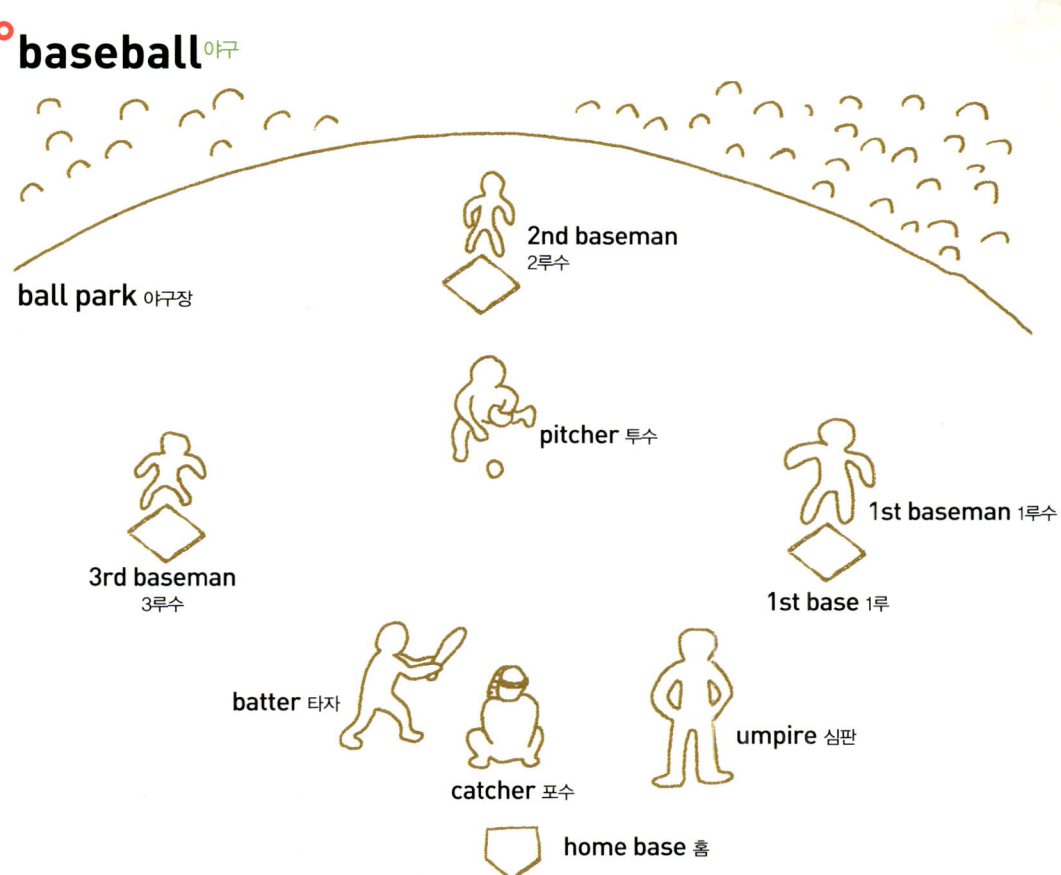

야구는 미국생활에서 빼놓을 수 없는 부분인 데다, 왠지 미국과 닮은 스포츠라는 생각이 듭니다. 워낙 국민적인 스포츠여서 겨울을 빼고 주말마다 시합이 있고, 그러다보니 축구만 좋아하던 저조차 즐겨보게 되었지요. 미국 야구 하면 메이저리그 올스타전, MLB(Major League Baseball)로 요약할 수 있습니다. 내셔널 리그National League 14개 팀과 아메리칸 리그American League 14개 팀을 합한 총 28개팀(미국 16팀 + 캐나다 2팀)이 각축을 벌입니다. 플레이오프 playoff는 내셔널과 아메리칸 각 리그에서 살아남은 4개팀의 경기이고, World Series는 이 플레이오프에서 올라온 두 리그의 챔피언 팀이 벌이는 결승전 중 끝승전입니다. 뉴욕의 경우 양키즈Yankees는 American League, 메츠Mets는 National League에 속한 팀이죠. 이 두 팀은 매년 그들만의 리그를 펼치는데, 그것이 Subway Series입니다. New York Yankees는 거의 최강이라고 할 수 있습니다. 맨해튼 북쪽의 브롱스Bronx에 전용구장 Yankees Stadium이 있고요.

그런데 왜 하필 '양키'를 팀 이름으로 쓸까 많은 사람들이 궁금해 합니다. 우리나라나 다른 국가에서 '양키'는 미국인을 비하하여 부르는 말이니까요. 원래 Yankee는 남부지방 사람들이 북부 사람들을 부르던 말입니다. 그런데 남북전쟁 때 북부가 승리해서 노예를 해방하고 뉴욕을 중심으로 산업이 발달해 교육수준도 높아지자, 북부 사람들은 자신들을 남부인과 구별해 Yankee라고 부르는 걸 오히려 자랑스럽게 여기게 되었고 야구팀 이름에까지 쓰게 된 것이죠. Mets는 '대도시'란 뜻의 Metropolitans의 약자이지요. Mets 구장인 Shea Stadium은 맨해튼에서 서쪽으로 East River를 건너 퀸즈Queens에 자리 잡고 있습니다. 브루클린Brooklyn에도 원래 야구팀이 있었는데, LA로 옮겨갔죠. 그게 오늘날의 LA Dodgers랍니다.

hit 안타 치다
swing (야구방망이를) 휘두르다
grand slam 만루홈런

miss 빗맞히다
foul 파울; 파울을 치다
steal 도루; 도루하다

Little League 어린이 야구

hot dog
(야구와 떼려야 뗄 수 없는) 핫도그

scoreboard 득점상황판

inning 회 e.g. top of the 7th inning 7회초
                    bottom of the 7th inning 7회말

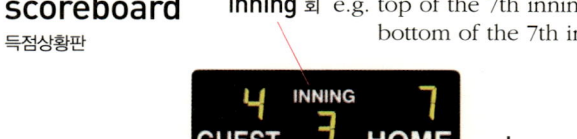

guest 원정팀
home 홈팀
balls 볼 **strikes** 스트라이크 **outs** 아웃

root for ~를 응원하다
the wave 파도타기 응원

cars 차

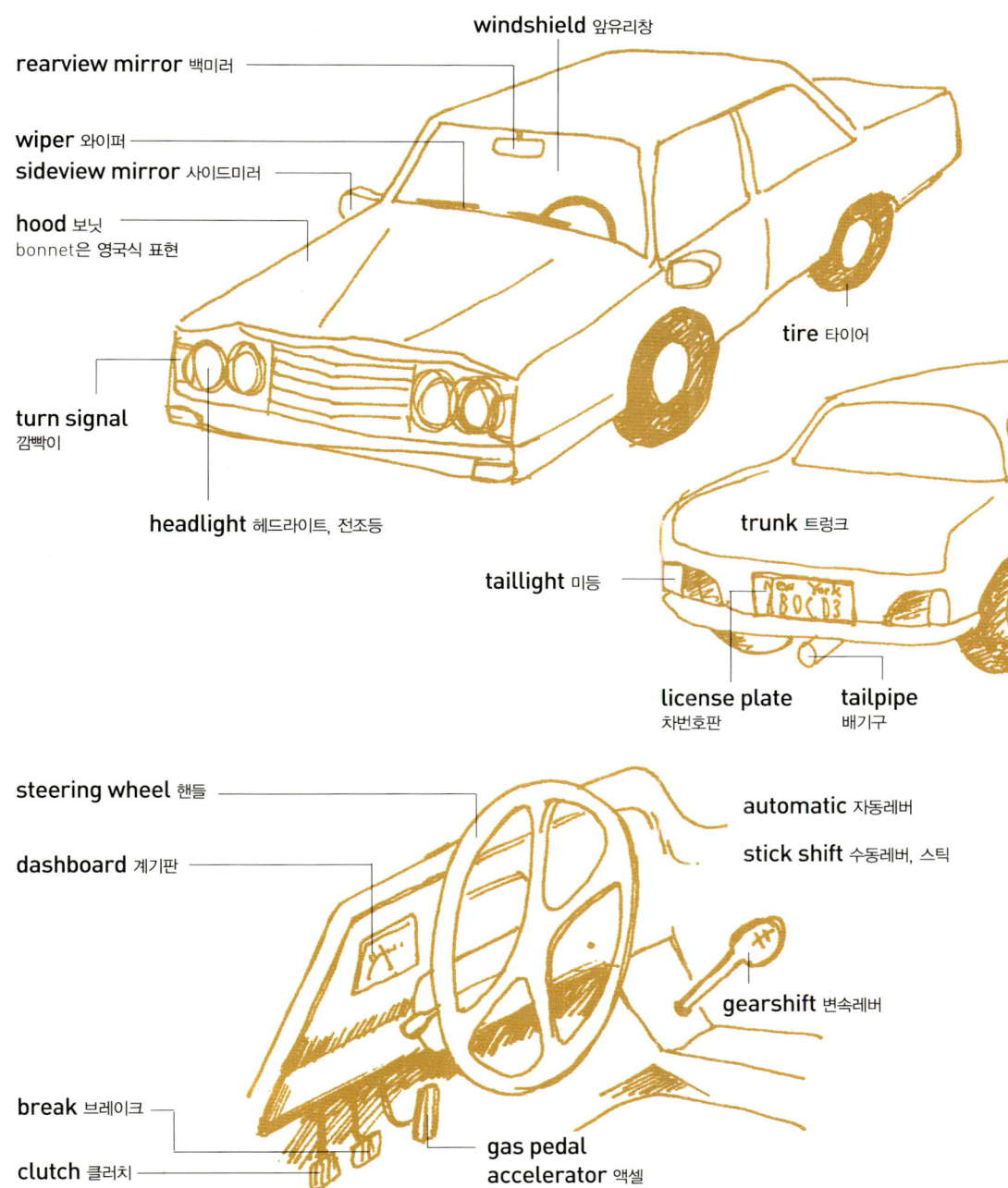

rage rage rage 아… 열받아!

rage 우리말로 '열받음, 끓어오르는 화'라고 옮길 수 있는데, 이 단어를 보면 열에 아홉 명은 아마도 근래에 사회 문제가 되고 있는 충동적이고 감정적인 시비를 떠올릴 것입니다. 대표적으로는 교통정체, 접촉사고, 바싹 따라붙어서 운전하기, 끼어들기, 경적 울리기 등, 차 때문에, 운전 때문에 도로상에서 빚어지는 road rage가 있습니다. 주차공간을 놓고 벌어진 시비는 parking rage, 술집에서 취객들이 벌이는 시비는 bar rage라고 합니다. phone rage, neighbor rage, hospital rage 등등 rage가 만연한 사회입니다. rage disorder로 정신과 치료까지 받는 사람도 생겼답니다. 마차carriage가 주요 이동수단이던 예전에는 carriage rage가 있었다고 합니다.

car crash, car wreck 충돌, 추돌 일방적으로 뒤에서 들이받는 것은 rear-ending, 정면충돌은 head-on collision, 측면충돌은 broadside collision이라고도 합니다.

fender bender
접촉사고

flat tire
타이어 펑크

DUI 음주운전, 마약 등에 취한 상태에서의 운전(= Driving Under the Influence) 혈중 알코올농도가 더 높으면 DWI(Driving While Intoxicated)라고 알고 있는 분들도 있지만, 주마다 사용하는 용어가 다를 뿐 둘 다 쓰입니다.

hit-and-run 뺑소니

double park 다른 차 옆에 이중 주차하다

"There's no space to park. I'm just gonna park right here." 주차 공간이 없어. 그냥 여기에 세워야겠다.

"What about the car behind us?" 우리 뒤에 있는 차는 어떻게 하고?

tow away 견인하다

swear, curse 욕하다
〈예〉 "Damn it!" 제기랄!
"Didn't you just swear?" 방금 욕하지 않았어?
"Go to hell." 지옥에나 가.
"Mom! He just cursed at me!" 엄마, 쟤가 방금 나한테 욕했어!

joyride 남의 차를 훔쳐 타고 신나게 돌아다니는 것, 십대들이 부모님 차를 몰래 끌고나와 친구들과 돌아다니는 것

car body styles 차체 스타일

pickup truck 픽업트럭 우리나라에도 예전에 이런 비슷한 모델이 나왔었는데 요즘은 못 본 것 같네요. pickup이라고도 줄여 부릅니다.

SUV(= Sport Utility Vehicle)
4륜구동차(미국인의 선호 차종)

coupe
쿠페. 문 두 짝짜리 2인승 자동차

convertible
컨버터블 자동차

station wagon 왜건 SUV가 워낙 인기를 끌다 보니, 요즘은 잘 나오지 않게 된 모델입니다. 볼보Volvo에서 만든 건 자주 보입니다.

station wagon

RV 캠핑카 Recreational Vehicle의 약자로 간이 부엌 등이 완비된 여행용 차. 비슷한 차종으로 trailer가 있는데, 차보다 집 역할이 커요. 이런 주거용 차들이 모여 동네를 이룬 곳을 trailer park라고 하는데 방랑생활을 하는 사람도 있지만, 가난한 사람들이 주로 삽니다. 그래서 I grew up in a trailer park.라고 말하면 대부분 가난하게 자랐다고 여깁니다.

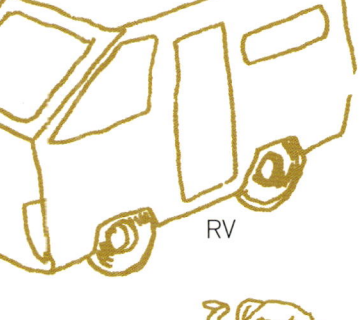
RV

ATV 모든 지형을 달릴 수 있다는 All-terrain vehicle의 약자. 몸체가 오토바이와 비슷하고 통통한 바퀴가 4개 달려 있으며 산악이나 갯벌 주행에 유리하다고. 바퀴 3개 달린 TW도 있습니다.

ATV

fire engine, fire truck
불자동차, 소방차

excavator
굴착기

ready mix cement truck 우리식으로 줄여서 '레미콘'이라 부르죠. 즉석에서 시멘트 반죽을 하는 차로 cement mixer, concrete mixer라고도 합니다.

°banking 은행거래

제 개인적인 의견으론 은행용어는 영어가 훨씬 쉽습니다.

checking account 당좌계좌 일정 금액의 돈을 계좌에 넣어두고 그 한도 내에서 개인수표personal check를 발행해 사용하는 것으로, 이자가 전혀 붙지 않고, 미국인들이 가장 흔히 쓰는 계좌입니다. 요즘은 수표 대신, 쓰는 즉시 계좌에서 돈이 빠져 나가는 체크카드check card를 많이 씁니다.

savings account 예금계좌 얼마 안 되는 이자interest가 붙습니다.

money market account 은행현금거래계좌 이자가 많이 붙는 대신 개설하는 데 많은 금액이 필요하고 인출할 수 있는 한도가 정해져 있습니다.

teller 창구직원 은행에서 접수대에 앉아 고객들의 은행 볼일을 처리해주는 직원. 반면, banker는 '은행가'로 은행을 운영하는 이들입니다.

Next customer, please.
다음 고객님!

Tellers

open an account 계좌를 트다

bank statement 은행거래내역 우리는 통장으로 거래내역을 확인하고 기록으로 남기지만, 미국에선 들어온 돈credit, 빠져나간 돈debit, 잔액balance, 예금depos t, 출금withdrawal, 계좌이체 account transfer, 폰뱅킹wire money transfer에 관한 내용을 대달 집으로 보내줍니다.

••• take some cash out 출금하기

ATM 자동입출금기
Automated Teller Machine

1. **Insert a bank card.** 은행카드를 넣는다.

2. **Press the PIN.** 비밀번호를 입력한다.
   PIN:비밀번호 (= personal identification number)

3. **Select from 'fast cash', 'withdraw', 'deposit', and 'transfer'**
   '현금서비스', '예금인출', '입금', '이체' 중에서 선택한다.

4. **Select from 'checking', 'savings', and 'credit card'.**
   '당좌', '예금', '신용카드' 중에서 고른다.

5. **Get cash.** 현금을 가져간다.

6. **Don't forget the card.** 잊지 않고 카드를 챙긴다.

••• make a deposit 입금하기

1. **Grab a deposit envelope.** 입금 봉투를 집어든다.

2. **Write a deposit ticket.** 입금전표를 작성한다.
   deposit ticket/slip:입금 전표

3. **Sign/Endorse the check.** 수표에 이서한다.

4. **Put everything in the envelope: deposit ticket, checks, and/or cash.** 입금전표와 수표 그리고/또는 현금을 봉투 안에 모두 넣는다.

5. **Insert a bank card.** 은행카드를 삽입한다.

6. **Press the PIN.** 비밀번호를 입력한다.

7. **Follow the instructions.** 지시를 따른다.

personal check 개인수표

check book 수표책 당좌계좌 checking account를 개설하면 check book을 집으로 보내줍니다. perforated(점선으로 뜯을 수 있는)되어 있어서 수표를 쓸 때 한 장씩 뜯어서 씁니다. 미국에선 개인수표를 이용해 전기세나 전화요금 납부를 비롯한 금전거래를 많이 하는데, 수표에 금액을 적어서 우편으로 부칩니다. 수표에 받는 사람(기관) 이름이 쓰여 있으므로 도난 당할 염려가 없지요.

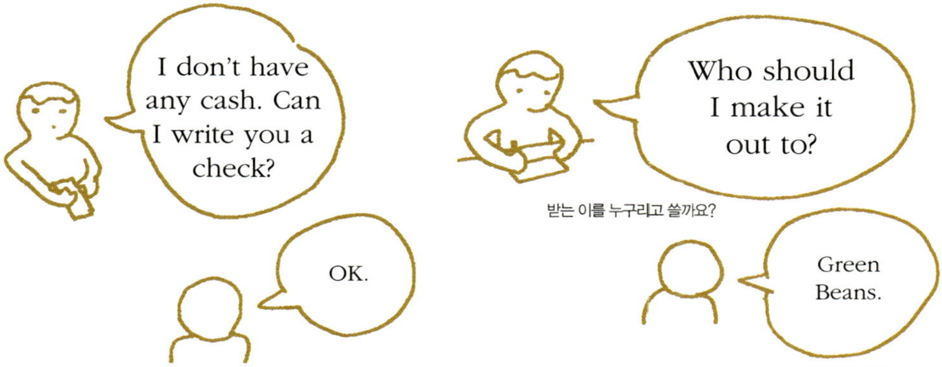

> I don't have any cash. Can I write you a check?

> OK.

내가 지금 현금이 없는데, 수표를 써줘도 될까요?   그러세요.

> Who should I make it out to?

> Green Beans.

받는 이를 누구라고 쓸까요?   그린 빈즈요.

write a check 수표로 지불하다

endorse 이서하다

A check clears. 수표를 받아서 지불이 정상적으로 처리되다.

A check bounces. 계좌에 돈이 모자라서 수표가 반송되다.

debit[check] card 직불카드   신용카드처럼 생겼으나 거래를 할 때 금액이 바로 자신의 당좌계좌 checking account에서 빠져나가는 카드로 예전에 개인수표check를 써서 내던 것을 카드 형식으로 바꾼 것입니다.

• • • how to write a check 수표 쓰는 법

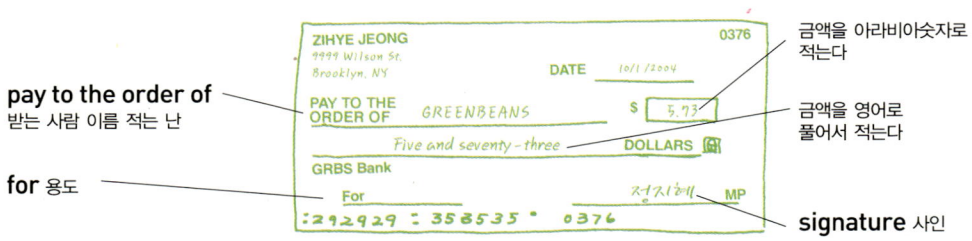

제가 처음 check을 써본 곳은 부동산중개소 real estate agency office였답니다. 미국에서 처음 아파트를 구하려고 학교에서 준 리스트를 가지고 여기저기 전화해본 끝에 찾아간 곳이 Fisher Real Estate. 원룸 studio이 맘에 들어 계약서에 사인을 하고 돈을 지불하려는데 아줌마 (Ms. Fisher)가 수표도 받는다고 했죠. 마침 은행에서 받은 따끈따끈한 수표가 가방에 있어서 그걸 꺼내놓고 아줌마의 친절한 설명을 들으며, 수표 쓰는 법을 알게 되었습니다.

money and numbers 돈과 숫자

●●● coin 동전

penny 1 cent

dime 10 cent

nickel 5 cent

quarter 25 cent

●●● bill 지폐

buck, single 1 dollar

fin, five 5 dollar bill

sawbuck [sɔ́:bʌ̀k], **ten** 10 dollar bill

double sawbuck 20 dollar bill

fifty 50 dollar bill

Benjamin a hundred dollar bill
벤자민 프랭클린의 얼굴이 그려져 있기 때문

hit the jackpot 횡재하다

••• numbers 숫자읽기

$20.35	twenty dollars and thirty-five cents = twenty thirty-five
100	a hundred
300	three hundred
1,000	a thousand
2,000	two thousand
3,300	thirty-three hundred = three thousand and three hundred
1,478	fourteen seventy-eight = one thousand four hundred seventy-eight
12,000	twelve thousand
200,000	two hundred thousand
1,000,000	a million
22,000,000	twenty-two million

phones and gadgets 전화와 주변기기

regular[home] phone 집전화, 일반전화

wired phone, landline 유선전화

wireless 무선전화
e.g. What's your home phone number? 집전화번호가 뭐야?
　　 I only have a cellular phone. I don't have a landline.
　　 나 휴대폰만 있고 집전화는 없어.

Hold on, I got another call.
잠깐만, 다른 전화가 왔어.

cellular phone, mobile phone, cell 휴대폰
flip phone 폴더형 휴대폰
charge a phone 핸드폰을 충전하다
charger 충전기

text message
문자메시지; 문자메시지를 보내다/받다

SMS 문자 메시지

Hello?

flash
통화 대기 전화가 띠띠-하며 왔을 때 누르는 버튼

• • • Internet access 인터넷 접속

dial-up 전화선에 연결된 56k 인터넷으로 연결할 때 전화음이 나는 것이 특징

broadband 광대역 인터넷 DSL, cable Internet 등

ISP 인터넷 서비스 제공자(회사) = Internet Service Provider

dial-up

pay[public] phone
공중전화

cordless phone
무선전화기

caller ID
발신자 번호표시기

PDA, handheld PC
개인휴대단말기

resolution 해상도

laptop 노트북

Google 구글
검색엔진 search engine

Play Station
플레이 스테이션

Gameboy 게임보이
(작은 게임기를 보통 이렇게 부름)

How did you find out about it?

I googled it.

구글로 찾았지.

그거 어떻게 알아냈어?

You can call us toll free at 1-800-345-6777.

I just installed an AirPort Card.

나 방금 무선인터넷 달았다.
AirPort: 매킨토시용 무선인터넷
Wi-Fi: PC용 무선인터넷

1-800-345-6777 수신자 부담번호로 전화하세요.
toll free number
=1-800 number: 수신자부담전화

Will you make 50 photocopies of this article?

Sigh
휴~

Can you xerox this, too?

이 기사 50부 복사해줄래요?

이것도 복사해줄래요?

photocopy: 복사하다; 복사물
xerox: 복사하다
copy[xerox] machine: 복사기

: Looking for an apartment 아파트 구하기

이거 거저나 다름없네! 조건이 너무 좋다!

여보세요, 신문에 난 방 2개짜리 아파트 광고 보고 전화드리는 건데요, 아직 안 나갔나요?

이 건물 얼마나 됐어요? 이 욕실은 최근에 개조한 거예요, 뭐 궁금한 거 없으세요?

신용이 좋으시네요.

입주자 환영 - 집주인

steal 거저 먹기, 아주 값싼 것 | **great deal** 싸고 좋은 물건 | **tenant** 세입자 | **landlord** 집주인
move in 이사 들어가다 ↔ **move out** 이사 나오다

치열한 뉴욕의 방 구하기

신문의 부동산 real estate 란에서 임대 rent 부문을 보면 매물이 나와 있는데요. 모두 월세고 전세는 없습니다. 우리나라처럼 집주인과 직접 거래를 하면 수수료 fee가 없지만 중개인 broker를 통하면 돈이 듭니다.

뉴욕은 집을 구하기도 힘들고 중개수수료도 숨이 막힐 정도입니다만 뉴욕에서 집을 얻을 때 좋은 점이 하나 있습니다. 공과금 utility 중 수도세를 내지 않는다는 것인데, 이게 다 록펠러 덕분이랍니다. 미국의 석유왕 록펠러는 자신의 전 재산을 뉴욕 시민들을 대신해 수도세를 부담하는 데 기증했고, 그래서 뉴욕의 모든 수도세는 록펠러 가에서 내고 있습니다. 그렇지만 기업이나 자기 집을 가지고 있는 사람은 예외입니다. 임대계약 lease은 보통 1~2년 하고, 보통 한두 달분 월세를 보증금 deposit으로 냅니다.

lease에 sign할 때는 꼼꼼하게 살펴보도록 합시다. 한편, 집주인이 세들 사람의 신용조회 credit check를 하는 경우도 있습니다. 학교 주변에서는 많이 생략하지만 빚이 있는지, 월세를 꼬박꼬박 낼 능력이 되는지 조사하는 것인데, 그 조사비용까지 달라는 주인도 있습니다. 신청비 application fee와 함께 신청서까지 작성해야 하는 (그래서 얻을 수 있다는 보장도 없는) 인기 좋은 아파트들도 있으니깐요. 참으로 치열한 방 쟁탈전이 아닌가 싶습니다. 그러나 다른 지역에서는 값도 싸고 credit check는 집을 주택융자 mortgage로 구입하는 사람들에게만 주로 합니다.

Food

I have a hangover.

나 술이 아직도 안 깼어.

뉴욕에서 처음으로 술이 떡이 되게 마신 다음 날, 해장국 생각이 정말이지 간절했습니다. 얼큰한 해장국 한 그릇이면 이 지독한 숙취가 한방에 날아갈 것 같은 확신이 드는데… 숙취엔 역시 물이라든가 커피라고 하질 않나… 심지어 기름기 있는 감자튀김을 주질 않나… 아~ 누가 얼큰한 해장국 좀 줘!

| **hangover** 숙취 | **fries** 감자튀김(=French fries) | **greasy food** 기름기 많은 음식 | **hair of the dog** 해장술 | **spicy** 매운 |

°breakfast 아침식사

미국의 대표적인 아침식사 breakfast는 감자를 곁들인 달걀요리입니다. diner는 편하게 드나들 수 있는 서민적인 식당으로 새벽 일찍 열고 밤늦게 닫습니다. 밤새 하는 곳도 있고요. 무엇보다 시간 제한없이 아침 메뉴를 주문할 수 있어서 좋아해요. 저는 저녁 때 아침 메뉴 시켜 먹는 걸 좋아합니다. 이런 풍의 식당은 영화에 자주 나와서 한 번 이상은 보셨을 거예요. 손님들이 바 주변에 죽 둘러앉아 웨이트레스에게 친근하게 말을 거는가 하면, 창가에 일렬로 놓인 테이블에 앉아 아침 햇살을 받으며 간단한 아침을 즐기는 바로 그런 식당입니다.

메뉴판을 펼쳐서 breakfast란에 보면 two eggs any style이라고 나와 있습니다. 달걀 두 개가 주재료이고, 그걸 원하는 스타일로 제공한다는 뜻이지요. 바로 이런 음식들입니다.

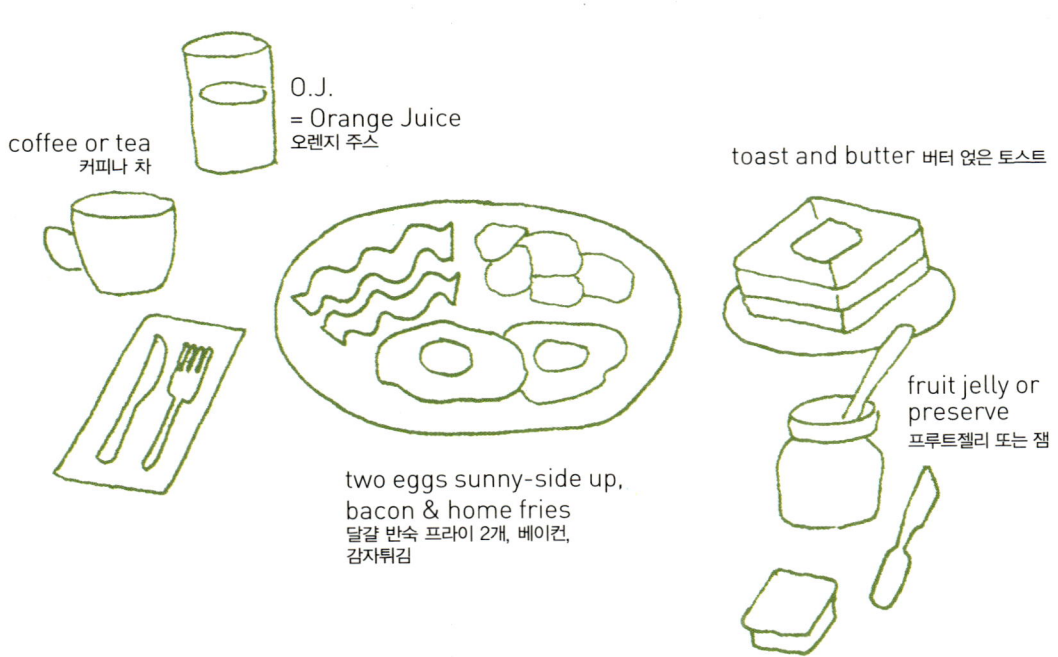

coffee or tea 커피나 차

O.J. = Orange Juice 오렌지 주스

toast and butter 버터 얹은 토스트

fruit jelly or preserve 프루트젤리 또는 잼

two eggs sunny-side up, bacon & home fries 달걀 반숙 프라이 2개, 베이컨, 감자튀김

...How do you like your eggs? 달걀을 어떻게 해드릴까요?

sunny side up 한쪽 면만 익혀서 노른자가 위로 올라온 달걀 반숙 프라이. 달걀 노른자는 egg yolk, 흰자는 egg white입니다.

over easy 양쪽 다 익혀서 터지지 않은 노른자가 흰자로 얇게 덮힌 달걀 프라이.

poached 수란 달걀을 깨서 끓는 물에 떨어뜨려 흰자를 익히고 노른자 속은 덜 익혀 건져낸 것. 달걀의 영양분을 가장 높게 보존하는 방법이라네요.

scrambled 달걀 스크램블 팬에 버터를 두르고 우유 섞은 달걀을 부어 휘저으면 몽글몽글해집니다. 이때 불을 끄고 후추를 뿌립니다.

omelet 오믈렛 굳이 비교하면 달걀말이와 비슷한데 더 보송보송puffy하고, 말았다기보단 반으로 접은 모양으로 도톰합니다. 속에 무엇이 들었느냐에 따라 이름이 달라지죠. 많이 들어가는 재료는 치즈, 버섯, 브로콜리, 시금치 등이고요. 햄, 양파, 피망, 이 세 가지를 한꺼번에 넣은 걸 western omelet 이라고 부릅니다.

soft boiled egg 흰자만 익힌 삶은 달걀. 꼭대기를 숟가락으로 탁탁 쳐서 껍질을 숟가락이 들어갈 만큼 조금 떼어낸 다음 조그만 받침대에 올려놓고 퍼서 먹습니다. Yummy! 맛있습니다! 완전히 삶은 달걀은 hard boiled egg라고 합니다.

home fries 아침식사에 주로 달걀과 함께 나오는 감자튀김입니다. French fries와 달리 말 그대로 집에서 만든 home-made 스타일이죠. 감자를 쪄서 으깬 다음 그걸 프라이팬에 지집니다. 아침에는 프렌치 프라이보다 이게 잘 넘어가지 않을까요?

•••Potatoes are very useful! 감자는 쓸모가 많아요!

hash browns 감자를 아주 잘게 썰어 평평하게 빚어 굽거나 튀긴 아침식사용 감자요리

tater tots 감자를 갈아서 작은 주사위만하게 모양을 내서 튀긴 것. 감자 potato를 spud, tater라고도 부릅니다.

couch potato 소파나 카우치에 눌러 붙어 앉아 뒹굴거리는 사람

potato nose 딸기코

•••another breakfasts 달걀 말고 다른 아침식사들

pancake 핫케이크 버터와 메이플시럽을 뿌려 먹습니다. flapjack이라고도 합니다.

banana flapjack 바나나 팬케이크 블루베리를 넣어도 맛있습니다. 식당에서는 pancake와 함께 달걀, 소시지 등을 선택할 수 있어요.

maple syrup
pancake[flapjack]

French toast 프렌치 토스트 우유와 달걀에 담갔다 프라이팬에 지진 토스트. 시럽을 끼얹고 계피cinnamon가루를 뿌리면 맛있습니다.

French toast / syrup

milk and cereal 우유랑 시리얼 이유는 모르지만 cereal and milk는 못 들어봤습니다.

milk and cereal

granola, yogurt, and fruits granola는 납작하게 으깬 귀리rolled oat를 꿀과 견과류를 넣고 오븐에서 바삭하게 구운 것으로 plain yogurt(설탕과 과일이 안 들어간 yogurt)와 섞어서 먹습니다. 신선한 과일을 넣으면 더욱 맛있습니다.

granola, yogurt, and fruits

oatmeal 오트밀 납작 귀리를 끓는 물이나 우유에 넣어서 익혀 먹습니다. 콜레스테롤 조절하는 데 좋지요.

oat meal

••• cold pizza 식은 피자

재미있게도 미국 대학생들이 아침식사로 잘 먹는 것은 전날 먹다 남은 cold pizza! 설상가상 마개를 잠그지 않아 김 빠진 콜라coke까지 곁들입니다. 아침에 일어나면 거의 늘 싸늘하게 식은 피자 조각이나 닭다리 튀김이 여기저기 굴러다니기 때문이겠지요.

"This coke is flat!" flat : 김 빠진

drumstick
닭다리 혹은 칠면조 다리 튀김

°soda 음료

canned soda

canned soda 캔음료   soda는 사이다, 콜라, 환타 등의 청량음료를 총칭합니다. canned soda는 캔음료고요. 캔이 페트병보다는 차갑게 보존되지요. 요즘엔 코카콜라와 스프라이트도 복고풍으로 옛날에 나오던 병에 담아 나오는데 맛이 더 좋은 것 같습니다. 사이다는 우리나라에서 나온 것으로 가장 비슷한 맛이 나는 게 스프라이트인데, 한국의 사이다 맛을 더 좋아하는 사람도 있더군요.

fountain soda

fountain soda   옛날 스타일의 음료가게에 가면 진한 코카콜라 시럽(여러 과일향을 선택할 수 있음)과 얼음을 원하는 비율로 혼합해주지요. 정말 맛있어요. 요즘은 잘 안 보이는데 브루클린 그린포인트의 몇 십년 된 한 가게에선 아직도 그렇게 팔고 있답니다.

soda를 미 중부 사람들은 pop이라고 부릅니다.

• • • popular soda   보통 마시는 탄산음료의 종류

club soda 탄산수   멀쩡한 물에 탄산가스carbon dioxide gas를 혼합한 음료로 tonic water, bubbly water, seltzer water가 모두 탄산이 든 물을 말합니다. 우리가 마시는 대부분 청량음료의 기본이 되기도 한다네요.

root beer 전 처음에 이게 무슨 맥주 종류인 줄 알았더랬습니다. 학교 수업 들어가기 전 친구가 그걸 사 먹는 거 보고 "수업 전에 웬 술?" 했다가 웃음거리가 되었던 적이 있죠. 예전에 우리나라에 나오던 맥콜 맛과 비슷합니다. 피자와 같이 먹으면 맛있습니다.

cream soda 부드러운 감칠맛이 나는 탄산음료입니다. 대부분 투명하거나 갈색으로 바닐라맛이 납니다만 나라마다 색깔이나 맛이 다르다고 합니다. 캐나다 크림소다는 대부분 분홍색에 석류맛이 나고 이탈리아 크림소다는 바닐라 시럽에 크림을 넣어 우유맛이 나고 일본 것은 녹색에 멜론맛 환타와 비슷하다고 합니다.

ginger ale 진저 에일 생강ginger맛은 별로 나지 않지만 배 아플 때 마시면 좋습니다. 역시 맛있습니다.

cider 우리나라의 사이다와 다르고, 주로 apple cider를 말합니다. 사과주스 혹은 즙이라고 할 수 있지만, 발효 정도에 따라 알코올 성분이 생겨 달다고 계속 마시다간 취합니다.

•••eating & drinking styles 먹고 마시는 모양들

gulp 꿀꺽꿀꺽; 꿀꺽꿀꺽 마시다

have a bite 한입 베어 먹다 bite는 '음식 한 입'이란 뜻도 있지만, '간단한 식사, 간단히 때움'의 의미도 있습니다. 브루클린 그린포인트에 가면 little bite란 귀여운 음식점이 있는데 양은 많습니다.

take a sip 한 모금 마시다 sip은 커피나 차 등 따뜻한 음료를 천천히 마신다는 뜻도 되고, 이렇게 마시는 '한 모금'을 의미하기도 합니다.

• • • **Can I have a sip?** 한 모금만!

go down the wrong pipe
사레 들리다

°international food in NY 국적불문 뉴욕의 먹거리

미국, 특히 뉴욕의 입맛은 국제도시답습니다. 감자튀김French fries, 우리가 '핫도그'라고 부르는 콘도그corn dog, 그리고 진짜 핫도그 등의 미국식부터 세계 각국의 대표 먹거리가 사랑받고 있지요. 나초, 엔칠라다(enchilada, 매콤한 소스에 쇠고기, 닭고기, 양파, 치즈 등을 콘 모양의 토르티야 속에 채워 오븐에 구운 요리), 살사 등 멕시코 음식은 거의 대부분 즐겨 먹고, 특히 병아리콩 chickpea을 주재료로 사용하는 지중해 연안의 간단한 먹거리들은 채식주의자들에게 인기가 높습니다. 김치도 많이들 사 먹는데, 굳이 한국인이 많이 사는 동네에 가지 않아도 브루클린의 윌리엄스버그Williamsburg엔 보통 슈퍼나 건강식품점에서 김치를 팝니다. 포장지에 우리나라 아주머니 얼굴이 들어간 양배추김치도 있습니다. 김치에 맛들인 제 친구는 아보카도와 김치를 같이 먹더군요.

fries 프렌치 프라이 French fries보다는 보통 fries라고 줄여서 부르고, 치즈 cheese를 녹여 뿌린 건 cheese fries. 길쭉하게 French fries 모양으로 자르는 것을 French cut이라고 합니다.

corn dog 우리나라 포장마차에서 파는 것과 같은 핫도그

hot dog 핫도그 소시지가 핫도그빵(hot dog buns) 속에 얌전히 누워 있는 이것이 진짜 핫도그. 양파나 sauerkraut, '싸워크라트'라는 채썬 양배추 절임을 얹어 먹습니다. 핫도그용 소시지는 일명 프랑크소시지franks(frankfurters)이지만 그냥 hot dogs라고 해요. 주로 핫도그에만 들어가는 소시지이기 때문이 아닐까요.

e.g. What should I bring to your party? 너네 파티에 뭐 가져갈까?
    We need some hot dogs. We have buns. 핫도그 가져와. 빵은 있거든.

taco 타코 빵이라기보단 커다란 만두피를 튀긴 것 같은 또르티야tortilla를 반으로 접어 그 안에 채소와 고기를 넣은 멕시코 음식

 **fillet mignon** 필레미뇽 프랑스식 소고기 스테이크

 **burrito** 부리토 야채와 고기(소고기, 닭고기), 삶은 콩을 또르티야로 네모나게 감싼 것

falafel sandwich

falafel platter

falafel 팔라펠 중동지방을 비롯한 이집트, 그리스 등에서 즐겨 먹는 대표적인 음식. 병아리콩chickpea을 갈아서 양념을 하고, 둥글게 빚어 빵가루를 묻혀 튀긴 것입니다. 팔라펠 샌드위치로 주문하면 pitabread(주머니가 있는 동그란 빵)에 넣어 나오고, platter로 주문하면 접시에 밥과 같이 나옵니다.

 **won ton soup** 완탕국 만두피가 두꺼운 중국만두 won ton 혹은 dumpling을 넣고 끓인 만두국

 **egg roll** 에그롤 돼지고기와 양배추를 넣고 만두피에 돌돌 말아 튀긴 중국식 만두인데 막상 중국엔 없다고 하네요.

 **pierogi** 피에로기 껍질이 두껍고 속엔 치즈, 감자, 시금치, 배추 등이 들어가며 애플소스와 함께 먹는 폴란드 만두

 **ravioli** 라비올리 이탈리아식 만두로 속에 쇠고기가 들어 있는데 토마토 소스에 버무려 먹습니다.

sushi
생선초밥

miso soup
일식 된장국

:2-dollar lunch 2달러로 점심 해결

2달러밖에 없는데.

한 조각만 주실래요? 네, 다른 건 필요 없으세요?

물도 하나 주세요. 그거 말고… 수돗물 한 컵 주시겠어요? 네.

그러죠. 1달러 95센트입니다. 감사합니다. 여기 피자 나왔습니다.

buck 달러 | **slice** (얇게 썬) 조각 | **tap water** 수돗물

○ breads 빵

white bread 흰빵 sandwich bread라고도 합니다. '백인'을 부르는 속어이기도 하죠.
dinner rolls 식사 때 같이 먹는 빵으로 버터를 바르거나 오일에 찍어 먹습니다.

○ sides 추가메뉴

주요리main dish에 추가할 수 있는 메뉴로 선택하거나 따로 주문합니다.

quiche 키시 파이 모양의 촉촉한 음식으로 치즈와 우유, 채소 또는 햄이나 해산물 등을 섞어 오븐에 구운 것. 아주 맛있습니다.

hors d'oeuvres 오르되브르 전채요리란 뜻의 프랑스어이지만, 애피타이저로만 먹지 않아요. 한 입에 알맞은 크기로 집어먹기 편해 뷔페나 파티에 잘 나옵니다.

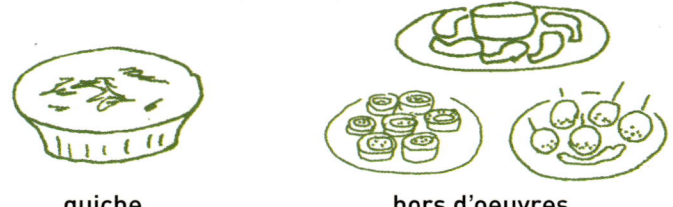

couscous 쿠스쿠스 좁쌀처럼 생긴 파스타로 다진 파, 채소와 함께 찐 것

curly fries 굽실굽실한 모양의 감자튀김으로 매운 편입니다.

coleslaw 코울슬로 양배추 채썬 것을 마요네즈, 식초, 설탕으로 버무린 것

stick fries 보통 감자튀김French fries을 부르는 다른 표현

soup de jour [suːp de ʒuər] 델리나 레스토랑에 가면 메뉴에 쓰여 있는 '오늘의 수프'를 뜻하는 프랑스어

••• We need a few more minutes. 아직이요.

메뉴를 아직 정하지 못했을 땐 "We need a few more minutes." (우리는 '아직이요')라고 하죠. 주문할 때 음료를 시키지 않고 그냥 물을 달라고 할 수도 있습니다. Just water.라고요. 물은 돈 안 받습니다. 많은 식당들이 '오늘의 메뉴Special'을 준비해 놓는데, 맛있고 특이한 것들이 많기 때문에 주문해 볼 만합니다. 보통 레스토랑에선 주문하기 전에 웨이터들이 줄줄이 얘기를 해주기 때문에 묻지 않아도 되지만 그렇지 않다면 What are your specials today?라고 물어보세요. 계산서는 대개 테이블까지 가져다줍니다. 이때 남은 음식을 가져가려면 창피해하지 말고, 당당히 Will you wrap this for me?(싸주실래요?), Can I take this home? Can I have a doggy bag?이라고 하면 됩니다. 남은 음식을 싸가는 것은 보편화되어 있습니다.

: casual restaurants 식당

2명이요. 어서 오세요, 몇 분이세요?

이쪽입니다.

아뇨, 아직요. 주문하시겠어요?

오늘의 특별요리는 뭐예요? 어쩌고 저쩌고……

햄버거 둘 주세요. 버거는 어떻게 드릴까요?
중간보다 좀 더 익혀서요. 중간으로 익히고 감자 튀김도 같이요.

blah blah blah 어쩌고 저쩌고 | **well-done** 완전히 익힌 | **check** 계산서 | **plate** 접시 | **busboy** 웨이터의 조수

• • • It's on the house! 이건 서비스야!

제 친구 Sarah는 한 한국 음식점에서 반찬으로 뚝배기에 나온 달걀찜 맛을 보곤 The best egg I've ever tasted!(내가 먹어본 달걀 요리 중 최고야!)라며 반해버렸습니다. 그래서 그 다음에도 그 식당을 찾았는데 정작 달걀찜은 나오지 않았죠. 아주머니에게 달걀찜을 주문하고 싶다고 했더니, 잠시 뒤 보글보글 끓는 달걀찜 뚝배기를 내오시며 It's service!를 외치셨죠. 저는 입이 귀까지 찢어졌지만 미국인인 Sarah는 Service? 하고 고개를 갸우뚱했습니다. 영어 "서비스"에는 공짜란 뜻이 없으니까요. 공짜는 커녕 서비스를 받으면 돈을 내는 것이 당연한 상거래. 이럴 땐 It's on me! 또는 It's on the house! It's on me는 "이건 내가 사는 거야"이고 It's on the house는 "이거 가게에서(사장님이) 내는 겁니다"로 약간 다릅니다. 기분이 좋아진 우리는 계산할 때 아주머니에게 팁을 두둑하게 드렸는데 그 사이 퇴근하셨다고 해서 꼭 전해달라고 당부하고 나왔지요. 팁은 보통 계산할 비용의 15퍼센트 정도로 내지만 서비스가 좋고 나쁘고에 따라서 더 주거나 덜 줘도 됩니다.

sweets 과자

우리가 사탕, 초콜릿, 아이스크림, 하드 등으로 비교적 단순하게 구분지어 부르는 단것이 미국에서는 모양과 맛, 재료에 따라 여러 가지 이름으로 불립니다. 아이스크림만 해도 icecream cone, icecream bar, popsicle, sorbet, icecream cake 등 여러 가지이고, 초콜릿도 알사탕 모양은 chocolate candy, 납작하고 긴 사각형 모양은 chocolate bar라고 하죠. 또 마시멜로나 캐러멜이 섞인 조금 도톰하고 부드러운 chocolate caramel bar도 있죠. 이런 초코바 중에는 whatyamacallit(what-you-might-call-it)(거 말이지… 거 뭐더라…)이라는 재미있는 이름도 있습니다.

jaw breaker 크고 아주 단단해 깨물면 '턱이 부서질지도 모르는' 사탕

sorbet 샤베트 영어 발음은 [소르베이]. 과일주스의 상큼한 맛이 나기 때문에 식사 후 입가심으로 많이들 먹어요. '입가심 하다'는 clean the palate을 우리만큼 자주 씁니다. palate [pǽlət]은 '미각'.

icecream bar 같은 아이스크림이라도 나무막대가 꽂힌 것은 이렇게 부릅니다.

popsicle 과일맛이 나는 '하드'. 아이스크림보다는 단단하고, 먹으면 입술과 혀에 색이 물들어 버리는 종류

icecream sandwich 부드러운 빵 사이에 아이스크림이 들어 있는 종류

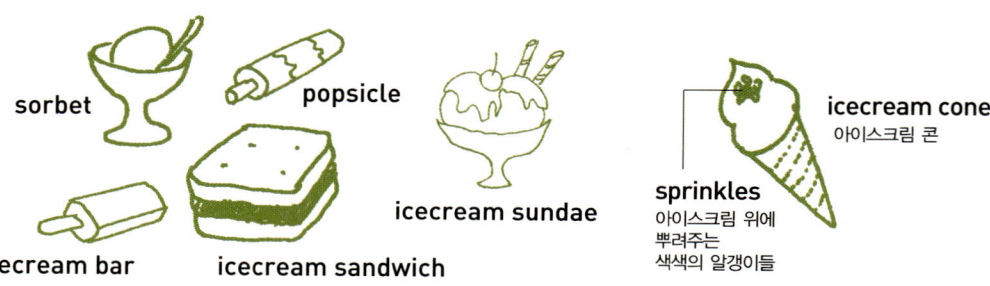

fruit drops 과일맛 사탕. 흔히 어른들이 드로프스라고 말씀하시는 그런 사탕입니다.

fruit drops

chocolate candies 우리가 '새알 초콜릿'이라고 부르는 것입니다. candy라고 하면 초콜릿, 사탕, 카라멜, 젤리 등이 다 속하죠. 아이들이 할로윈 데이 때 가장 많이 받는 질문이 "Did you get many candies?(초콜릿 많이 받았어?)" 입니다.

chocolate candies

chocolate bar 납작하고 똑똑 부러뜨려 먹는 초콜릿으로 상표명 뒤에 보통 bar라는 단어를 붙여서 Kitkat bar(킷캣초콜릿), Hershey's bar(허시초콜릿) 등으로 부릅니다.

chocolate bar

Swedish fish 우리나라의 '마이구미' 만큼 유명한 젤리로 모양이 물고기입니다. 파티에 가면 의외로 자주 보입니다.

Swedish fish

junk food 불량식품

영양가 없는 불량식품은 패스트푸드(요즘에는 이 오명을 벗으려고 발버둥치고 있지만요), 인스턴트 식품, 길거리에서 파는 군것질거리, 짭짤해서 자꾸 손이 가는 기름기 많은 과자류 등으로 우리가 생각하는 먹거리들과 많이 다르지 않습니다.

chips 감자칩 영국에선 fries를 chips라고 부릅니다. 보통 미국인들이 생각하는 대표적인 영국음식은 fish and chips인데 빵가루에 묻혀 튀긴 생선에 감자튀김을 곁들인 음식이지요.

hot dogs from street vendors 길거리 포장마차 같은 노점상 street vendor에서 파는 핫도그

• • • **street vendor** 노점상

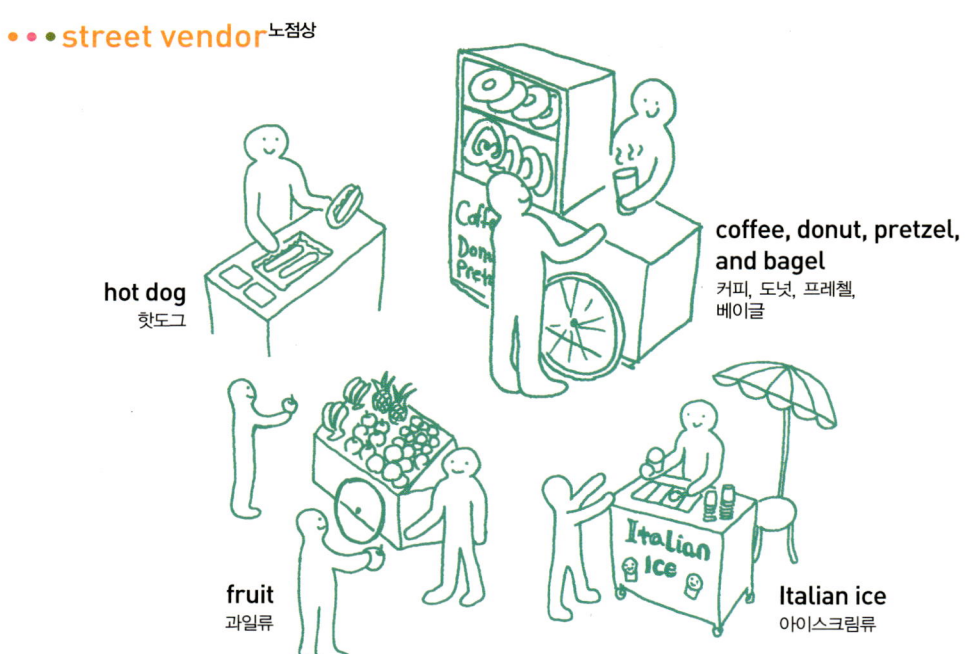

hot dog
핫도그

coffee, donut, pretzel, and bagel
커피, 도넛, 프레첼, 베이글

fruit
과일류

Italian ice
아이스크림류

••• fastfood 패스트푸드

두말할 필요가 없는 패스트푸드… 우리나라나 미국이나 널렸지요. 사람들이 많이 먹는 패스트푸드를 모아봤습니다.

White Castle's mini hamburgers 10여년 전 Beastie Boys의 노래를 듣다 I chill at White Castle.이 뭘까 궁금했는데, 미국에 가서 의문이 풀렸습니다. '화이트 캐슬'은 미국에서 가장 오래된 햄버거 체인점. 이곳에서 chill, '죽친다, 주로 논다'는 뜻이었지요. 간판 메뉴는 한입보다 조금 큰 크기의 미니버거. 1인분에 미니버거 4개가 나옵니다.

mini hamburgers & chicken ring

hamburger

taco bell

chicken

French fries

soft drink 음료수

Let's go to the Mickey D's

Mickey D's 맥도날드의 별명

••• instant food 인스턴트 식품

전자레인지microwave에 돌리거나 간단히 끓이기만 하면 먹을 수 있는 즉석식품입니다. 캔에 든 수프나 파스타, 라면instant noodle, ramen noodle, 컵라면cup-o-noodle 등… 모두 인스턴트 식품입니다.

condensed soup
농축수프

canned pasta
캔 파스타

ramen noodle
라면

cup-o-noodle
컵라면

: fastfood restaurant 패스트푸드 식당

안녕하세요, 어서 오세요. 　　네, 저기…

1번 세트, 치킨버거하고　　빅버거에 치즈　　아뇨.　　음료는 뭘로 드릴까요?
콜라 작은 걸로 주실래요?　올려드릴까요?　닥터페퍼요.　여기서 드세요, 가지고 가세요?
　　　　　　　　　　　　　　　　　　　여기서요.

10달러 67센트입니다.　　　　　　　　　　　　100달러인데, 잔돈 되나요?

break 깨다, 조개다 | **exact** 정확한 | **change** 거스름돈, 잔돈

아뇨, 사실 잔돈이 딱 되네요. 괜찮으시다면…   아뇨, 잔돈은 없으세요?   그럼요.

• • • **chicken sandwich** 버거냐, 샌드위치냐?

우리나라에선 보통 치킨버거라고 하지만, 버거란 간 고기로 만든 패티를 말하므로 닭가슴살이 그대로 들어 있는 '치킨버거'는 사실 chicken sandwich라고 해야 맞습니다. 한편 패스트푸드 점에서 meal이라고 하면 세트메뉴로 버거나 샌드위치에 감자튀김 같은 side와 음료수가 같이 나오는 걸 말합니다. Can you break a hundred?에서 break는 우리가 만 원짜리 지폐나 수표를 '깬다'고 할 때와 뜻이 같습니다. change, 즉 '잔돈'으로 바꾼다는 뜻이지요. 아… 그리고 "여기서 먹을 건가요, 가져갈 건가요?"라는 표현 For here or to go? 대신에 To stay or to go?를 쓸 수도 있습니다. "머물 것이냐, 갈 것이냐?"

veggies 채소

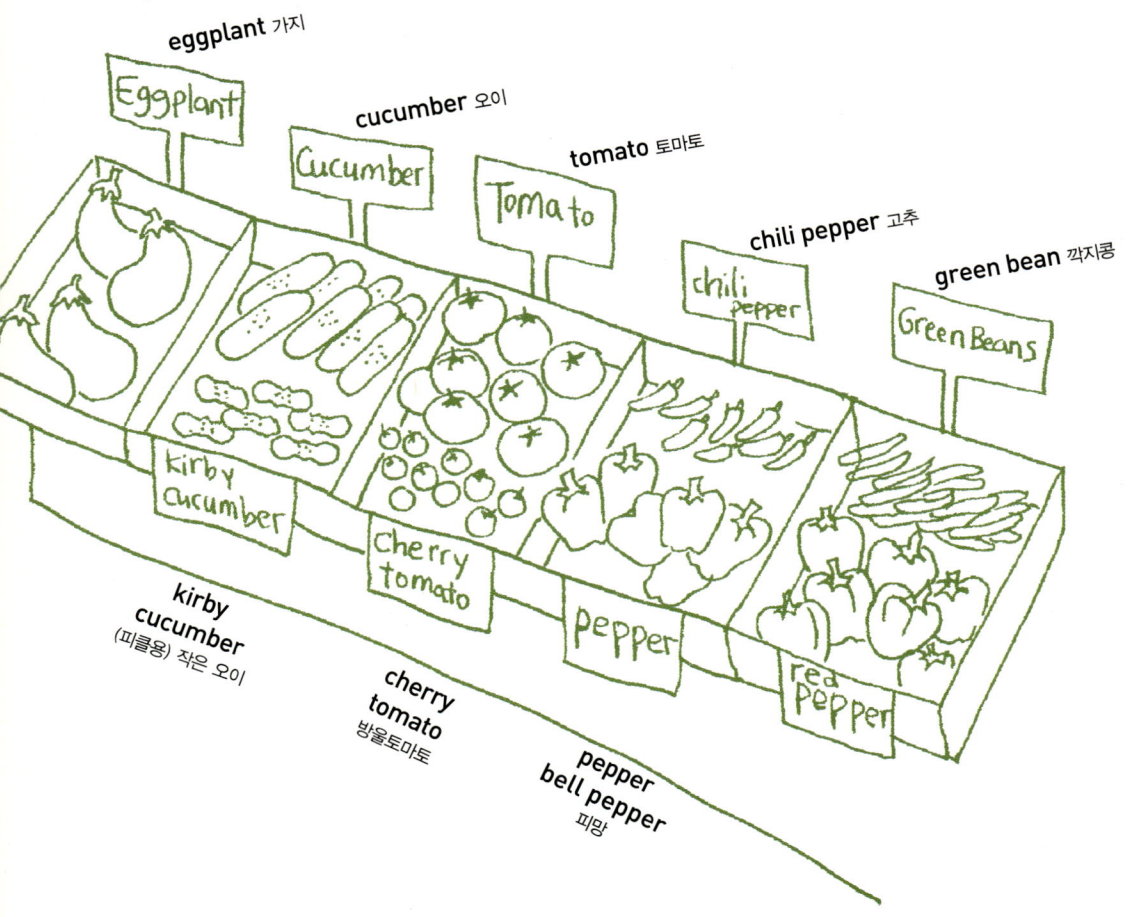

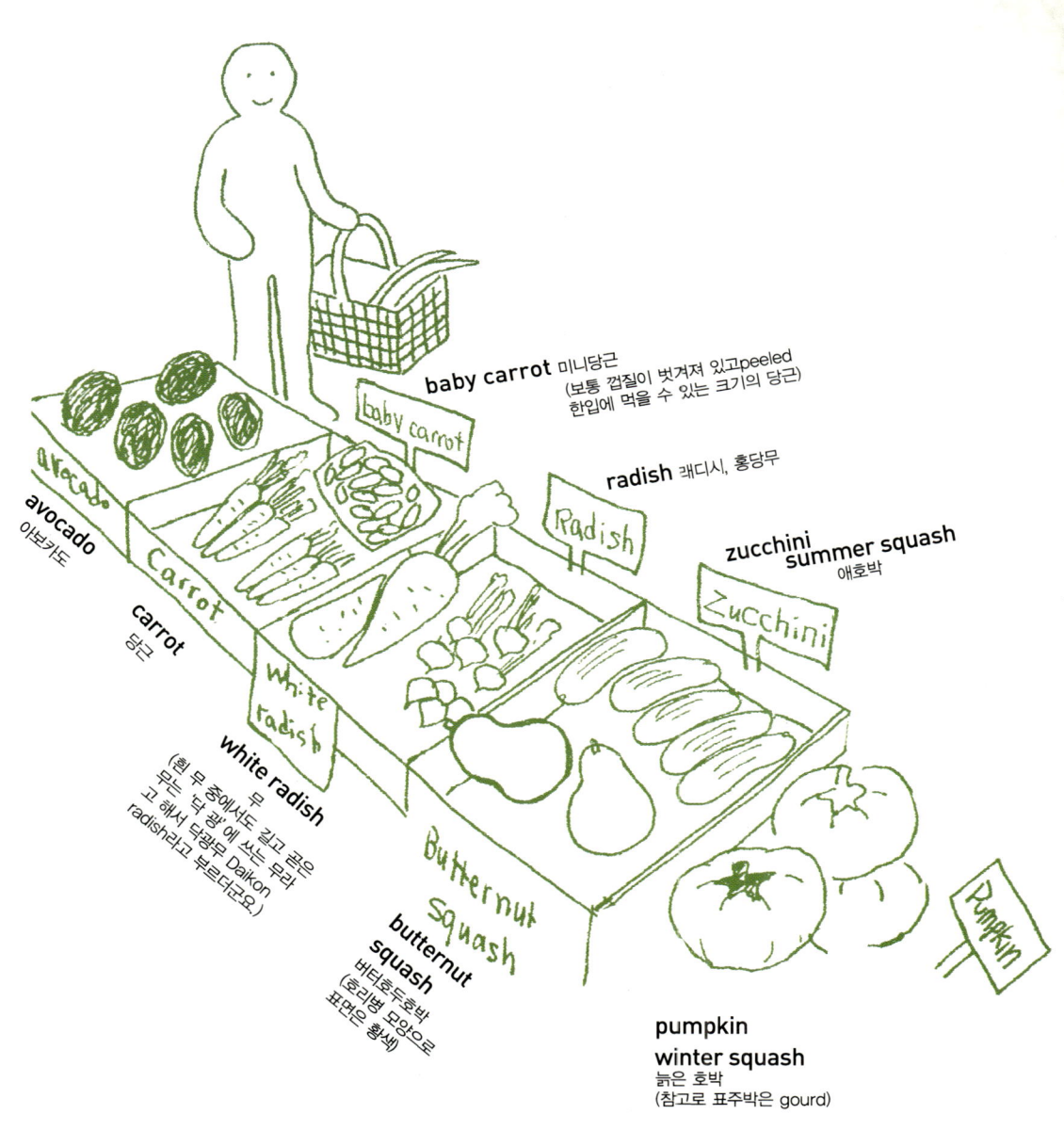

 **artichoke** 아티초크 아티초크 속 artichoke heart를 살짝 데쳐서 샐러드에 많이 넣습니다.   **artichoke heart**

brussels sprouts 작은 양배추알 같은 생김새로 데쳐서 먹습니다.

 **asparagus** 아스파라거스 올리브오일을 뿌려 그릴에 구워 먹으면 맛있어요.

bean sprouts
콩나물

tofu
bean curd
두부

alfalfa sprouts
무순 비슷한 것

boston lettuce

romaine lettuce

romaine lettuce 잎이 넓적하고 사각거리는 crunchy 긴 상추

greenleaf lettuce

iceberg lettuce
양상추

boston lettuce 크기가 좀 작으며 잎이 보드랍고 연한 상추

greenleaf (lettuce) 우리나라에서 나는 것과 비슷한 연녹색 상추. 붉은 기가 있는 것은 redleaf lettuce

mesclun 여러 종류의 어린잎 상추들과 치커리 등을 한데 섞은 샐러드용 채소 모음

spinach 시금치

cabbage 양배추

chinese cabbage 배추

portabello mushroom 포토벨로 버섯 아주 크고 도톰한 버섯으로, 표고보다 갓이 크고 편평하며 향이 진해 그릴에 굽거나 국물맛을 낼 때 씁니다.

portabello mushroom

button mushroom
양송이버섯

shiitake mushroom
표고버섯, 일명 시타케

 shallot 샬롯 서양 파의 일종인데 모양은 양파에 가깝고 크기는 onion과 pearl onion 의 중간쯤 됩니다.

 pearl onion 알이 작은 양파

garlic 마늘

onion 양파

fiddlehead
고사리

broccoli
브로콜리

 **leek** 서양부추 우리나라 부추 Korean leek보다 훨씬 커요. 잎을 보면 풋마늘 같고, 뿌리와 몸통은 대파 같지만, 매운맛은 없습니다. 수프를 만들거나 쪄서 소스를 곁들여 먹죠.

 **scallion=green onion=spring onion**골파 이것이 우리가 아는 파입니다.

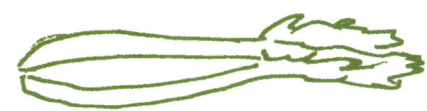 **celery** 셀러리

 **red beet, beetroot** 새빨간색의 샐러드용 무. 녹즙 만들 때 섞기도 합니다.

 **baking potato** 길쭉한 모양의 구이용 감자. 아이다호에서 많이 나기 때문에 Idaho potato라고도 부릅니다.

 **cauliflower** 콜리플라워 일명 '꽃양배추'. 브로콜리와 비슷하게 생겼으나 하얀색이고 맛도 다릅니다.

 **red potato** 껍질이 붉은색인 샐러드용 감자    **potato** 감자

 **yam** 속이 주황색인 고구마sweet potato

●●● deli 델리에 가면

'맛있는 음식을 파는 가게'란 뜻의 델리카트슨delicatessen의 줄임말로 유럽에서는 값비싼 수입육이나 상품의 햄, 치즈, 소시지 등을 팝니다. 맨해튼에도 이런 fancy(고급스런)한 곳이 있지만, 브루클린으로 오면 동네 가게처럼 식료품을 비롯한 생필품을 파는(값은 다른 곳보다 좀 더 비싼) 델리가 동네 곳곳에 있습니다. 늦게까지 열고, 샌드위치며 커피, 차, 코코아 등의 음료를 취향에 맞게 만들어 먹을 수 있기 때문에 뉴욕의 젊은이들이 자주 가는 곳입니다. 오븐에 구운 칠면조를 얇게 저며 얹은 turkey sandwich는 기름기가 적어서 인기. roast(그냥 구운 것), honey roast(꿀을 발라 구운 것), smoked(훈제한 것) 등이 있죠. 또 오븐에서 덩어리째 구운 소고기를 얇게 썰어 샌드위치빵에 얹은 roast beef sandwich도 있는데, 두께는 원하는 대로 조절해 줍니다. 치즈와 야채만 넣은 cheese sandwich, 달걀을 프라이해서 샌드위치빵에 올리는 egg sandwich도 있습니다. 삶은 달걀을 으깨서 야채와 양념을 넣고 버무린 것을 얹으면 egg salad sandwich.

●●● ordering a sandwich at the deli 델리에서 샌드위치 주문하기

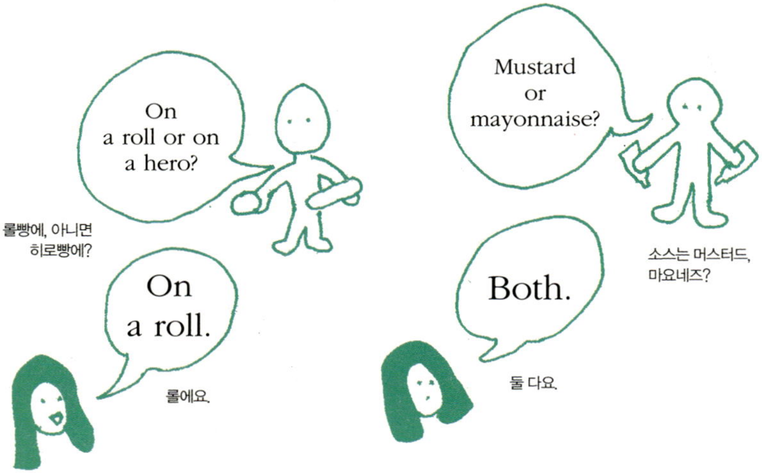

On a roll or on a hero?
롤빵에, 아니면 히로빵에?

On a roll.
롤에요.

Mustard or mayonnaise?
소스는 머스터드, 마요네즈?

Both.
둘 다요.

Cheese?
치즈는?

Yes. Provolone.
넣어주세요 프로볼로네로.

provolone : 단단하고 엷은 빛깔의 이탈리아 치즈

Lettuce, tomatoes, and onions?
양상치, 토마토, 양파는?

Everything but onions.
양파만 빼고 다 넣어주세요.

Salt or pepper?
소금, 후추는?

Pepper. Will you put some vinegar on it, too?
후추만요. 식초도 조금만 넣어주실래요?

• • • guacamole 과카몰리 만들기

아보카도를 주재료로 하는 멕시코식 소스 과카몰리를 만들어봅시다.

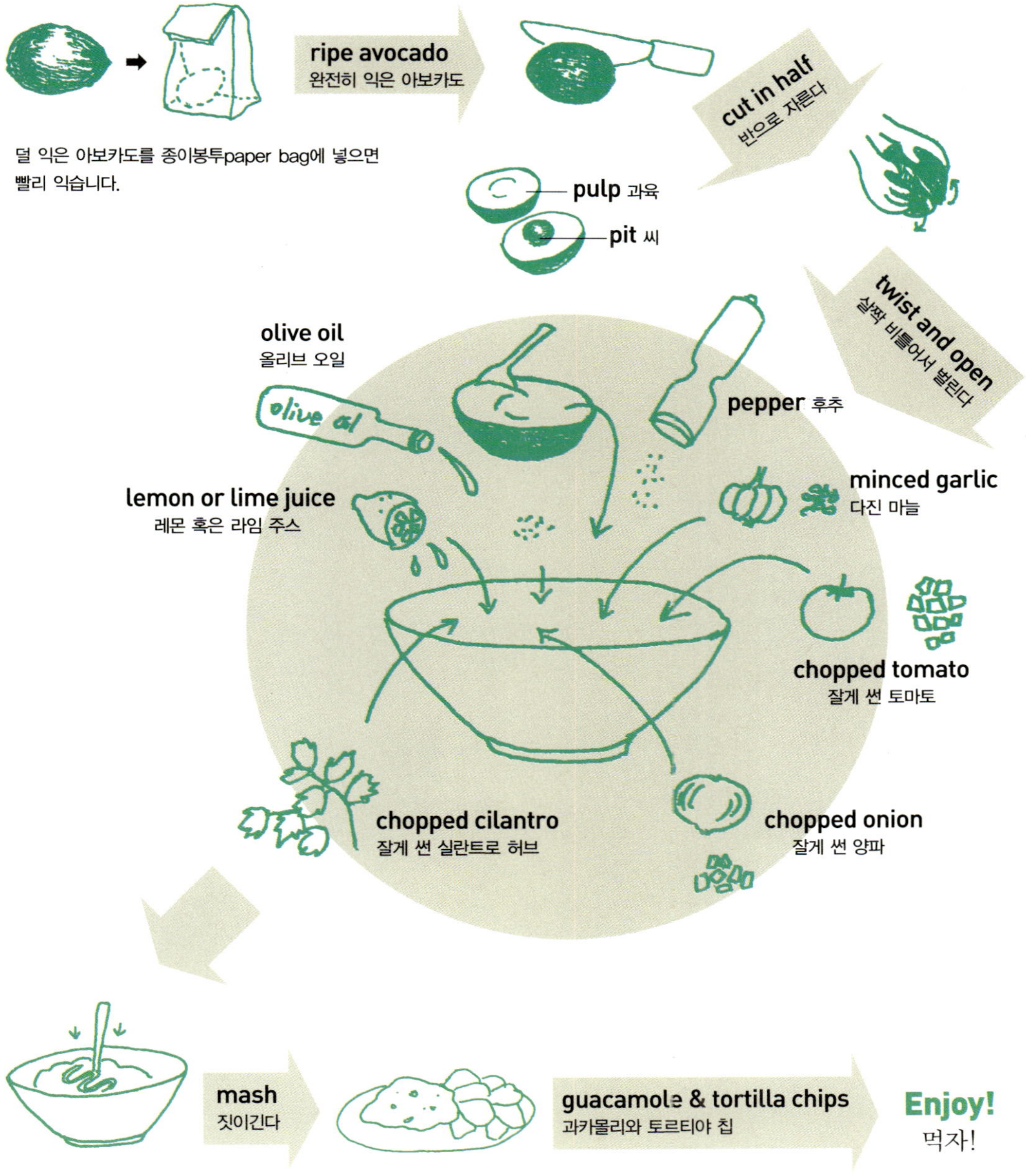

ripe avocado 완전히 익은 아보카도

덜 익은 아보카도를 종이봉투 paper bag에 넣으면 빨리 익습니다.

pulp 과육
pit 씨

cut in half 반으로 자른다

twist and open 살짝 비틀어서 벌린다

olive oil 올리브 오일

pepper 후추

lemon or lime juice 레몬 혹은 라임 주스

minced garlic 다진 마늘

chopped tomato 잘게 썬 토마토

chopped cilantro 잘게 썬 실란트로 허브

chopped onion 잘게 썬 양파

mash 짓이긴다

guacamole & tortilla chips 과카몰리와 토르티야 칩

Enjoy! 먹자!

fruit 과일

•••citrus 감귤류

 **lime** 라임 레몬과 비슷한 모양에 녹색인 열대 과일

 **grapefruit** 그레이프프루트, 자몽 오렌지와 비슷하나 더 크고 더 시고 속은 핑크빛입니다.

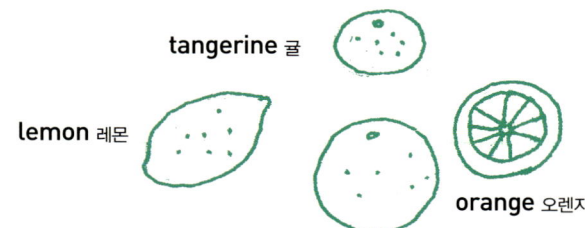

tangerine 귤

lemon 레몬

orange 오렌지

•••berries 딸기류

blueberry 블루베리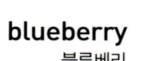

 **strawberry** 딸기

currant 커런트, 까치밥나무열매

blackberry 블랙베리

 **raspberry** 라스베리

•••stone fruits(drupe) 핵과

  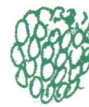  

cherry 체리   **nectarine** 천도복숭아   **apricot** 살구   **plum** 자두   **peach** 복숭아

honeydew melon 속이 멜론색(연두색)이며 겉이 매끄러운 메론

cantaloupe 속이 주황색이고 표면이 거친 멜론

grape 포도

green seedless grape 씨 없는 청포도

watermelon 수박

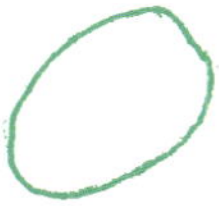

mango 망고

persimmon 감

pomegranate 석류

plantain 길쭉한 요리용 바나나

pear 배

pineapple 파인애플

banana 바나나

• • • **apples** 사과

McIntosh 매킨토시 사과 애플컴퓨터의 로고처럼 앙증맞은 사과입니다.

golden delicious 노란색 사과. 구워 먹으면 좋아요.

gala 우리나라에 흔한 빨간 사과와 많이 닮았어요.

McIntosh

golden delicious gala

red delicious 짙은 붉은색에 시지 않고 단 사과

granny smith 연두색 사과

: I'll buy, you fly 내가 돈 낼 테니 니가 가서 사와

반대로 "니가 돈 내면 내가 사올게"는 You buy, I'll fly. "돈도 니가 내고, 사오기도 해"는 You buy, you fly. fly는 '날다'는 뜻이 대표적이지만 '잽싸게 움직이다'는 의미도 있어요.

배고프지 않아? 델리에서 뭐 좀 사먹자.　　　　　　　　　　　　　　　저… 난 돈 하나도 없는데.

내가 살게, 니가 갔다와.　　　　　　　　　　　　　　　　　　　　알았어. 뭘로 사올까?

토마토 넣은 베이글. 잔돈 갖고 와.　　　　　　　　　　　　　　　　　알았어.

get 사다 | **change** 잔돈 | **bring back** 되가져 오다

grains 곡류

wheat 밀

millet 기장

buckwheat 메밀

long grain rice 장립종 낟알이 길쭉하고 밥을 했을 때 끈기가 없어서 오므라이스, 카레라이스 등 접시에 내는 쌀요리에 적합.

short grain rice 단립종 낟알이 둥글고 밥을 하면 찰기가 있는 쌀. 우리가 밥 해먹는 맵쌀도 단립종. 식이섬유 dietary fiber가 많아서 좋다는 현미는 brown rice.

barley 보리

oat 귀리

rye 호밀

beans and peas 콩

왜 어떤 콩에는 bean이, 어떤 콩에는 pea가 붙는 건지 궁금했던 적이 있습니다. 같은 콩이라도 '사람의 콩팥 모양은 bean이라고 하고, 동글동글한 것은 pea라고 하는 게 아닐까' 혹은 '여물기 전에 따서 먹는 건 pea, 단단해졌을 때 먹는 콩은 bean을 붙이는 걸까?' 궁리해보았지만, 맞아 떨어지지 않았죠. 여기저기 찾아보고 물어본 결과 내린 결론은 모두 같은 콩이라는 것입니다. 다만 콩깍지pod 안에 들어 있는 콩은 pea라고도 bean이라고도 부르지만, 콩깍지(콩이 든)는 bean이라고만 부른다는 차이점이 있더군요.

kidney bean 강낭콩 콩팥을 닮았다고 해서 붙여진 이름입니다.

soybean 대두 콩나물, 간장, 된장 만들 때도 씁니다.

lima bean 리마콩 연두색의 넓적한 콩. 파스타에 넣어 먹으면 좋습니다.

chickpea 병아리콩 지중해 연안 음식에 많이 들어가는 콩이 바로 요것, 피망 등 다른 채소를 잘게 썰어 넣어 샐러드로 먹거나, 갈아서 튀김을 하기도 하고, 다른 이름으로는 garbanzo bean라고 부릅니다.

lentil 렌즈콩 아주 작은 녹색 콩으로 수프 재료로 애용됩니다.

fava bean 누에콩 연둣빛이 감도는 누르스름한 콩입니다. 색과 모양 때문에 붙은 이름이 아닐지… 영화 "양들의 침묵"에서 렉터 박사가 간과 함께 곁들어 먹었다고 해서 유명해진(?) 콩이기도 합니다.

pea 완두콩

sugar snap pea 완두콩의 개량종으로 콩깍지가 부채꼴 모양이고, 반쯤 영글었을 때 따서 껍질째 쪄먹기도 하고, 알을 빼서 샐러드에 넣어 먹기도 합니다.

black bean
강낭콩의 일종으로
까맣고 작다

black eyed pea
까만 눈이 박힌 콩

adzuki bean
팥

mung bean
녹두

snow pea 스노우피 껍질째 먹는 콩. 콩이 납작한 껍질에 조그맣게 불룩 나와 있고, 씹으면 사각거려요. 중국음식에 자주 들어갑니다.

green bean 깍지콩 껍질째 먹는 어린 콩은 가리지 않고 green bean 으로 부릅니다.

˚dairy 유제품과 달걀

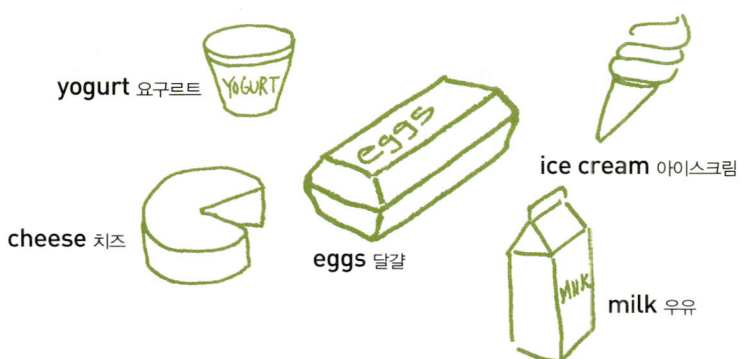

yogurt 요구르트

ice cream 아이스크림

cheese 치즈

eggs 달걀

milk 우유

nuts 견과류

 pecan 피칸 맛과 생김새가 호두와 비슷하며 아이스크림이나 파이에 많이 들어갑니다.

 **raisin** 건포도 견과는 아니지만 보통 견과류와 함께 판매됩니다.

 **coconut** 코코넛 딱딱한 껍질 안에 든 과즙을 먹으니 너트라기보단 과일에 가깝겠지요. 과육은 갈아서 케익이나 도넛, 쿠키에 뿌려 먹습니다.

 **hazelnut** 헤이즐넛 맛이 담백해요.

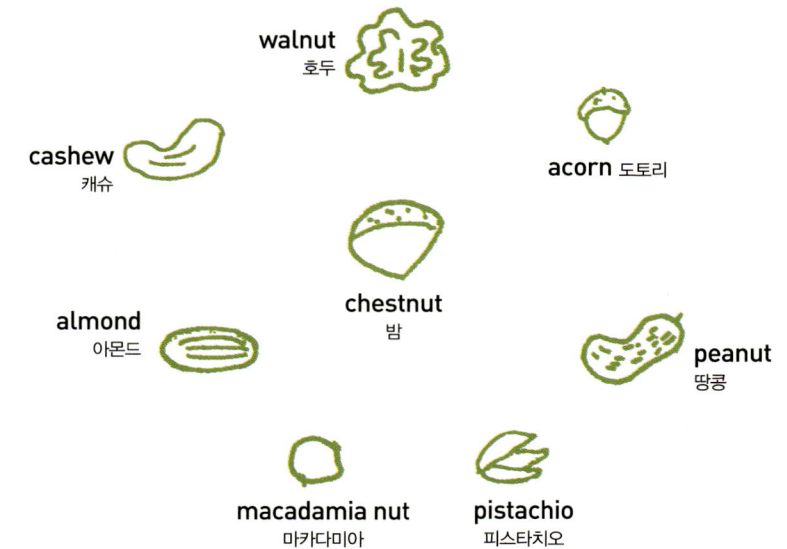

• • • potato salad 감자샐러드 만들기

food in the cabinet 찬장 속 음식들

cabinet은 별로 크지 않은 진열장으로 여닫이 문이 달려 있습니다. 찬을 넣어두면 찬장이 되고, 약을 넣어두면 약장이 되겠지요. 서류를 보관하는 철제 캐비닛도 있구요. 책장처럼 높다랗게 벽에 붙어 있는 찬장은 cabinet이라고 하지 않고 cupboard라고 하는데, 그릇이나 보존식품 preserved food를 넣어둡니다. 방부제preservative가 안 든 식품은 냉장고refrigerator(줄여서 fridge)에 보관하거나 냉동고freezer에 넣어둡니다. 좀 넓은 집에는 부엌 옆에 pantry라고 하는 골방 같은 게 딸려 있기도 한데, 이곳에도 오래 두고 먹는 음식을 보관합니다.

sardines 정어리(통조림) 사람이 콩나물시루처럼 꽉 차 있는 모습을 packed like sardines라고 표현하죠.

smoked salmon 훈제연어 베이글과 크림치즈랑 함께 먹으면 좋아요.

mackerel pike 꽁치(통조림) 푹 익은 김치랑 달달 조려 먹으면 끝내줍니다. 그냥 mackerel은 고등어

tomato paste 토마토 페이스트 토마토를 익혀서 소금 간을 하고 반죽해 놓은 것으로 피자 베이스로 바릅니다.

pasta sauce 파스타 소스 스파게티 등 파스타를 만들 때 쓰는 소스. whole tomato(통째로 된 것), chopped tomato(다진 것), tomato sauce(소스) 등 여러 종류의 토마토를 캔으로 사서 파스타 소스를 만들 수도 있습니다.

beans 여러 종류의 콩을 익힌 통조림. 샐러드용으로도 좋습니다.

fruit preserve, jelly, and jam 과일잼 종류

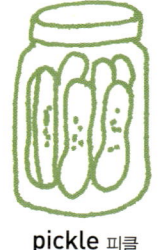
pickle 피클

canned clam 조개통조림

canned tuna 참치통조림

coconut milk 코코넛밀크

pitted coarse olive 씨를 뺀 굵은 올리브 통조림

chicken stock 닭육수 닭고기를 큼직하게 조각내서 채소와 향신료를 넣고 오랜 시간 뭉근하게 끓여 우려낸 닭고기 국물

vegetable stock 야채육수 수프를 만들 때 육수로 쓰거나, 따뜻하게 데워서 수프처럼 먹습니다.

salami, pepperoni 이탈리아 스타일의 훈제한 긴 소세지, 썰어서 치즈, 크래커와 먹어보세요.

•••vegetable stock 집에서 만드는 야채육수

1. 양파를 큼직하게 썬다.

2. 셀러리 잎은 쓰기 때문에 따내고 큰 줄기만 썬다.

3. 당근은 껍질을 벗기고 역시 큼직하게 썬다.

4. 통마늘과 함께 준비한 재료를 넉넉한 냄비에 넣는다.

5. 월계수잎과 향신료를 넣는다.

6. 재료가 완전히 잠길 정도로 물을 붓는다.

7. 센 불에서 익히다 끓기 시작하면 불을 낮추고 약한 불에서 1시간 정도 끓인다.

8. 체에 거른다.

9. 국물을 따른다.

seafood 해산물

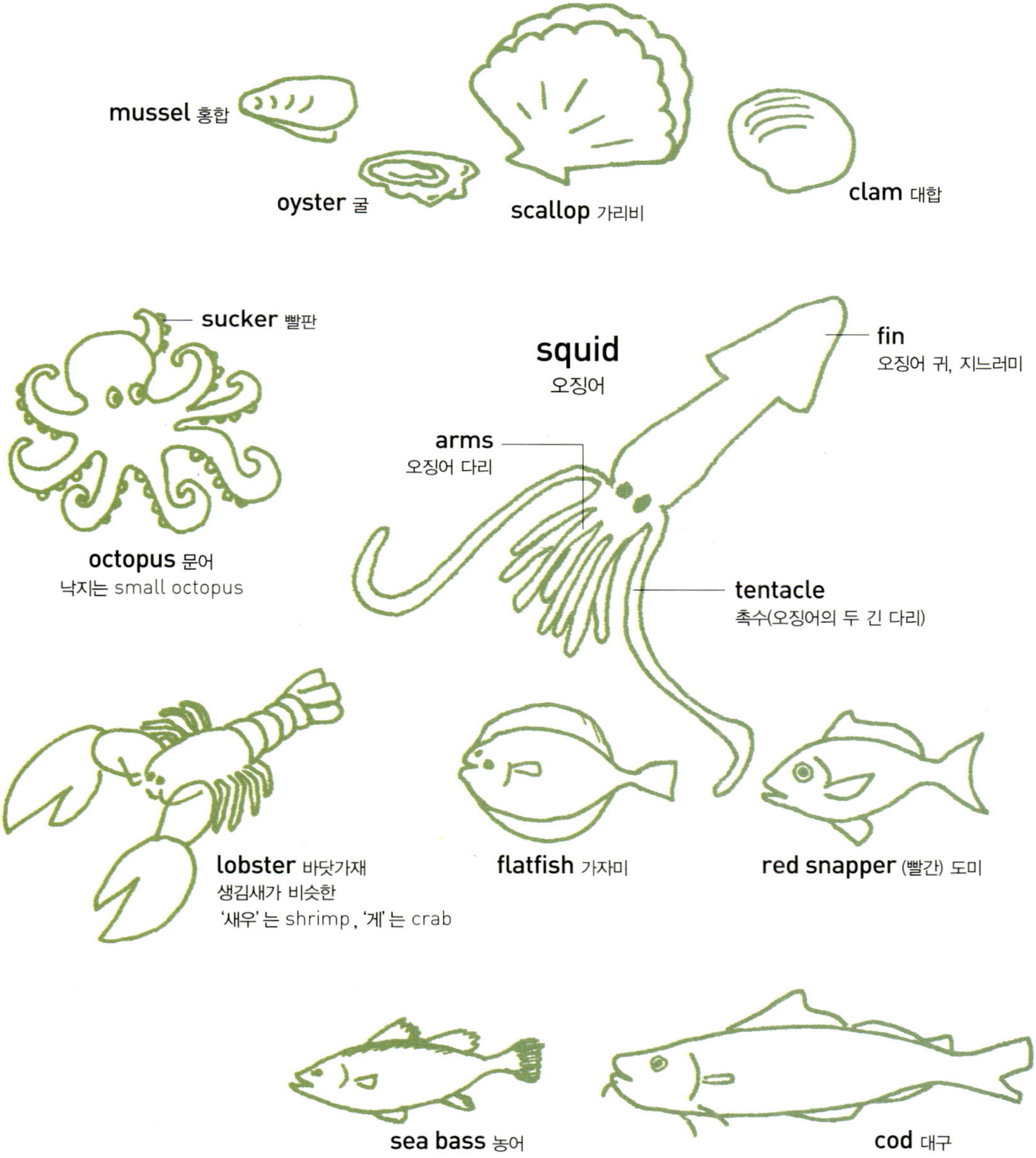

mussel 홍합

oyster 굴

scallop 가리비

clam 대합

sucker 빨판

squid 오징어

arms 오징어 다리

fin 오징어 귀, 지느러미

tentacle 촉수(오징어의 두 긴 다리)

octopus 문어
낙지는 small octopus

lobster 바닷가재
생김새가 비슷한
'새우'는 shrimp, '게'는 crab

flatfish 가자미

red snapper (빨간) 도미

sea bass 농어

cod 대구

그 외의 생선들

salmon 연어, **catfish** 메기, **trout** 송어, **haddock** 해덕(대구의 일종), **herring** 청어

: I don't eat 안 먹을래

다양한 사람들이 모여 사는 뉴욕에서는 식습관도 제각각입니다. 식사초대를 할 경우, 안 먹는 음식이 있는지 미리 물어봐야 하죠. 제 친구 중에도 채식주의자이거나 육고기red meat를 안 먹는 사람이 반 이상이었어요.

red meat 닭고기와 생선을 제외하고, 돼지고기pork, 쇠고기beef, 송아지고기veal, 양고기lamb 등 붉은 빛이 도는 육류

vegan[víːgən] 동물과 관련된 건 절대 먹지 않는 철저한 채식주의자. 심지어 벌이 만들었다고 해서 꿀도 먹지 않습니다. 이들은 옷은 물론, 신발도 가죽을 사용하지 않고, 천이나 고무로 만든 'vegetarian 신발'을 고집합니다.

fruitarian 생명이 있는 걸 죽이지 않는 범위 내에서 먹는 사람들로, 요즘 그 수가 서서히 증가하고 있으며, 과일이나 콩, 견과류 등이 주식.

---

shell fish 조개류 | **jewish** 유태인(의) | **kosher food** 유대교 율법에 따른 음식 | **digest** 소화하다
vegetarian 채소와 유제품, 달걀 등을 먹는 보통의 채식주의자 | **lactose intolerant** (체질적으로) 우유를 못 소화시키는
allergic 알레르기 반응을 일으키는 e.g. I'm allergic to peas. 난 완두콩 알레르기가 있어. | **heartburn** 속쓰림

barbecue party 바비큐 파티

여름이 되면 주말마다 동네 곳곳에서 바비큐 파티가 벌어지고, 특히 7월 4일 독립기념일 Independence Day이 되면 거의 대부분의 집에서 열립니다.

e.g. "Hey, I'm having a barbecue this weekend. Can you come?"
　　　이번 주말에 바비큐 파티 할 건데, 올래?

　　　"Sure. What should I bring?" 좋지. 난 뭐 가져가면 돼?

　　　"We need some turkey burgers." 칠면조 버거 좀 가져와.

우선 몇 가지 구울 재료를 준비합니다. beef, turkey, veggie burgers, hot dogs, tofu dogs(채식주의자를 위한 두부 핫도그) 또는 연어, 스테이크… 그리고 채소로 호박, 가지, 토마토, 양파… 바비큐 그릴은 아주 간단한 것에서부터 fancy(고급스런)한 것까지 다양합니다. 안에 숯charcoal을 넣고 불쏘시개 역할을 할 점화액lighter fluid를 부은 다음 불을 붙여 큰불이 가라앉은 후 그릴에 버거를 올려놓습니다. 뚜껑을 덮어 좀 익히고, 중간에 한 번 뒤집어주세요. 여유가 있다면 앞에서 배운 감자샐러드도 만들어두면 같이 먹기 좋습니다.

corn on the cob (알을 뜯지 않은 그대로의) 옥수수

kernel 옥수수알, 낱알

beef burger 쇠고기버거

turkey burger 칠면조버거

hot dog 핫도그

lid 뚜껑

barbecue grill 바비큐 그릴

veggie burger 베지 버거 밀에서 추출한 식물성 단백질인 글루텐gluten과 대두를 주원료로 하여 만든 채식주의 버거

condiment, seasoning 풍미를 돋우는 양념. 소금, 케첩, 마요네즈, 머스터드, 후추, 핫소스 등등.

mayonnaise 마요네즈 원어민 발음은 '매에네즈' 귀찮으면 줄여서 '메요mayo'.

Worcestershire sauce 우스터셔 소스 바비큐와 떼려야 뗄 수 없죠.

(hamburger) bun 동그란 햄버거용 빵. 길쭉한 핫도그용 빵은 hot dog buns. buns도 같이 그릴에 잠시 올렸다 burger를 끼워 먹으면 따뜻하고 좋습니다.

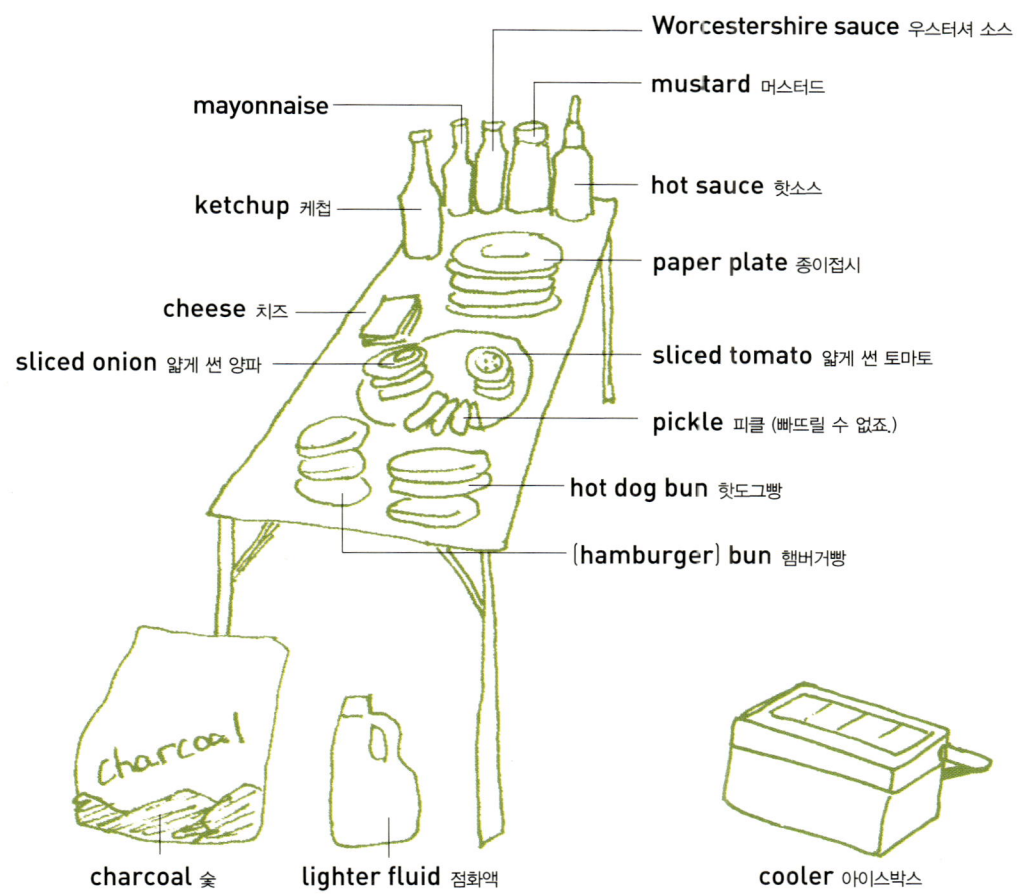

••• table manners 테이블 매너

Do not talk with your mouth full.
입 안에 음식이 가득 든 채 말하지 않는다.

Take your elbows off the table while you eat.
식사 중에는 테이블에 팔꿈치를 괴지 않는다.

Ask the person closest to the item you need.
자신이 먹으려는 음식과 가장 가까이 앉은 사람에게 부탁한다.

Don't slurp your soup.
수프(국물류)는 소리 내어 먹지 않는다.
slurp: 소리 내어 먹거나 마시다

Place your napkin on your lap.
냅킨은 무릎에 놓는다.

Place your napkin on your chair when you temporarily leave the table.
잠시 자리를 비울 때는 냅킨을 앉던 의자에 놓는다.

at a bar 술집 풍경

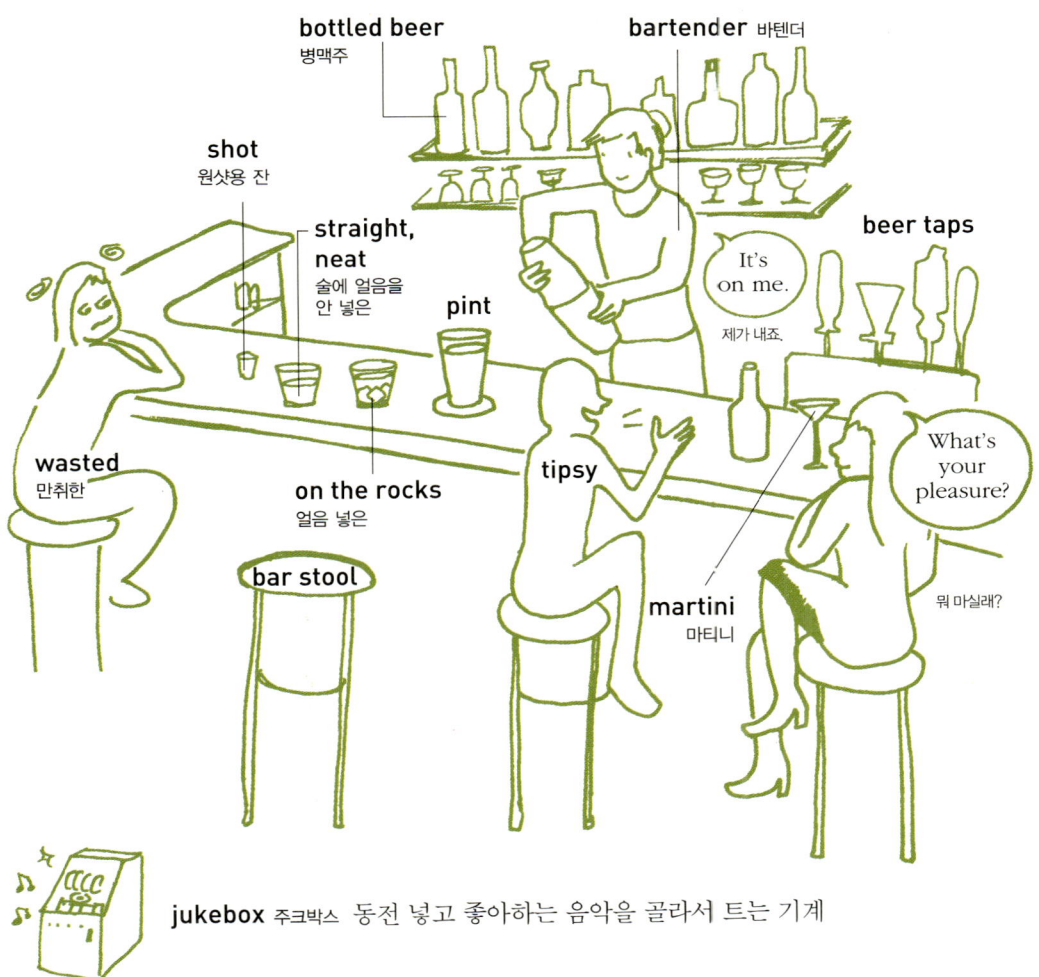

- **bottled beer** 병맥주
- **bartender** 바텐더
- **shot** 원샷용 잔
- **straight, neat** 술에 얼음을 안 넣은
- **pint**
- **beer taps**
- It's on me. 제가 내죠.
- **wasted** 만취한
- **on the rocks** 얼음 넣은
- **tipsy**
- **bar stool**
- **martini** 마티니
- What's your pleasure? 뭐 마실래?

jukebox 주크박스 동전 넣고 좋아하는 음악을 골라서 트는 기계

미국에서 생산되는 domestic beer, 특히 병이 아니고 탭에서 바로 주는 맥주는 정말 맛있습니다. 제가 주로 먹었던 브루클린 라거는 거의 '꿀맛' 이었죠. 물론 미국에서도 비싼 클럽에 가면 수입맥주만 팝니다. 영화를 보면 대략 위와 같은 모습의 바에서 동네 사람들이 모여 수다도 떨고, 텔레비전도 보는 장면이 많이 나오는데 그렇게 자주 들락거리는 사람들을 단골 regular이라

고 하죠. 그리고 happy hour라는 술값을 싸게 제공하는 시간이 있습니다. 한 잔 값에 두 잔이든가, 특정 맥주나 칵테일을 싸게 판다든가 하죠. 잘만 이용하면 팁으로 나갈 돈을 챙길 수가 있죠. 우리나라는 팁이 없어서 좋은데… 미국에선 음식점뿐만 아니라 바에서도 팁을 냅니다. 한 잔 시킬 때마다 나가는 1불(물론 몇 잔에 한 번씩은 생략해도 되지만), 이 생각하면 술 많이 못 마십니다.

beer taps 수도꼭지 같은 걸 틀면 생맥주가 나오는 장치

It's on me. 바텐더가 이렇게 말하면 "이건 제가 그냥 드리는 겁니다"는 뜻.

pint[paint] 약 1/2리터 들이 컵. tap(혹은 pint) or bottle?이라고 물으면 tap(beer tap)에서 따라주는 pint에 마실 것인지(생맥주), 병bottle으로 마실 것인지(병맥주)를 묻는 질문입니다.

bar stool 뒤에 등받이가 없고 보통 스툴에 비해 높이가 높은 의자.

가장 즐겨 마시는 해장술은 bloody mary (토마토 주스, 진, 레몬 주스, 핫소스, 후추, 홀스래디시, 셀러리, 올리브 등이 들어간 칵테일)

hair of the dog 해장술

tipsy 술이 약간 취한 (보통 말이 많아지는 때)
drunk 술 취한
wasted, wrecked, cooked, smashed, hammered 술에 맛이 간, 인사불성이 된
intoxicated[intάksikèitid] 경찰이 즐겨 쓰는 '술 취한'

: a sad song 술, 사랑을 부르다

그녀는 술에 취했을 때만 날 사랑하지.

'wrecked' 라니?   '심하게 취했다' 는 뜻이야.

❸ Body

lap dance? 랩댄스는 게다리춤?

팝송으로 다년간 다져진 영어 실력을 밑천 삼아 미국으로 간 대한민국 처녀는 어느 날 한쪽 구석에 모여 뭔가 중대한 모의를 하는 남자들의 수다를 눈치없이 엿듣고는 그 중에서 lap dance에 귀와 필이 꽂혀버렸습니다. 새로운 단어를 발견한 기쁨, 기특하게도 그 뜻을 단번에 알아버렸다는 기쁨이 두배가 되는 순간이었지요! '그래, 파티에 춤이 빠질 순 없겠지… lap이 허벅지니까 lap dance 하면 허벅지춤? 허벅지춤이라면… 옳거니 남녀노소 불문하고 온국민이 즐기는, 게다리춤이로군!' 게다리춤의 세계성에 새삼 감탄하며, 한편으론 총각파티에 기껏 모인 남자들이 떼로 게다리춤을 추는 모습을 상상하니 나오는 웃음을 주체할 수 없었지요. 그 후로 '랩댄스'를 다시 듣게 된 것은 설거지 하며 켜놓은 텔레비전 영화에서였습니다. 직업이 '랩댄서'라는 여자 주인공의 직장은 스트립클럽. 반라로 손님의 허벅지를 올라타다시피 하며 야한 춤을 추는 여자였다는… 하긴 그 분위기에서 그런 차림으로 게다리춤을 출 리가 만무하겠지요.

이렇게 종종 우리의 상식과 예상을 뛰어넘는 몸에 얽힌 표현들과 함께 머리부터 발끝까지 우리의 소중한 신체 구석구석을 부르는 정중한, 때로는 발칙한 표현을 만나보세요.

body parts 신체 부위

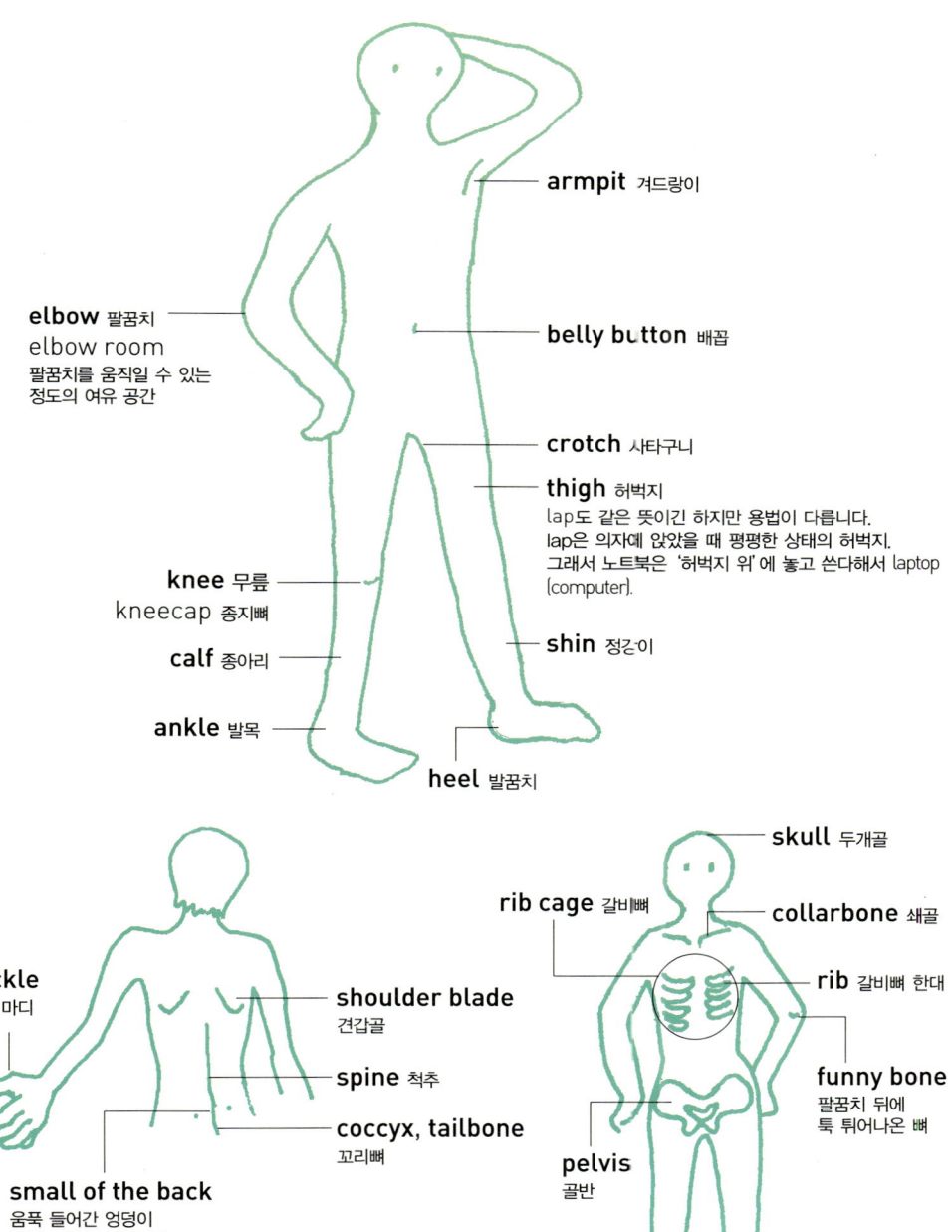

- **armpit** 겨드랑이
- **elbow** 팔꿈치
  elbow room 팔꿈치를 움직일 수 있는 정도의 여유 공간
- **belly button** 배꼽
- **crotch** 사타구니
- **thigh** 허벅지
  lap도 같은 뜻이긴 하지만 용법이 다릅니다. lap은 의자에 앉았을 때 평평한 상태의 허벅지. 그래서 노트북은 '허벅지 위'에 놓고 쓴다해서 laptop (computer).
- **knee** 무릎
  kneecap 종지뼈
- **calf** 종아리
- **shin** 정강이
- **ankle** 발목
- **heel** 발꿈치
- **knuckle** 손가락 마디
- **shoulder blade** 견갑골
- **spine** 척추
- **coccyx, tailbone** 꼬리뼈
- **small of the back** 움푹 들어간 엉덩이 바로 위쪽의 허리부분
- **skull** 두개골
- **rib cage** 갈비뼈
- **collarbone** 쇄골
- **rib** 갈비뼈 한대
- **funny bone** 팔꿈치 뒤에 툭 튀어나온 뼈
- **pelvis** 골반

organs 장기

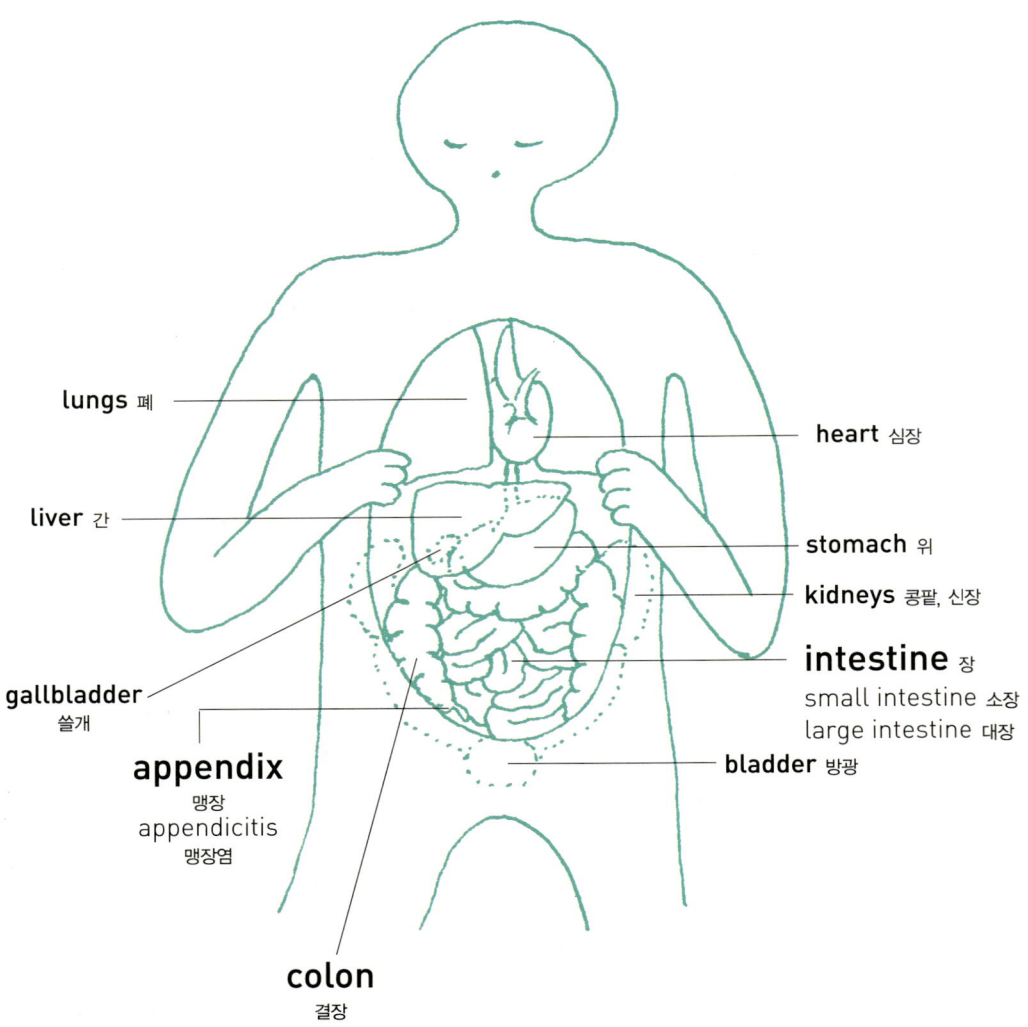

head 머리

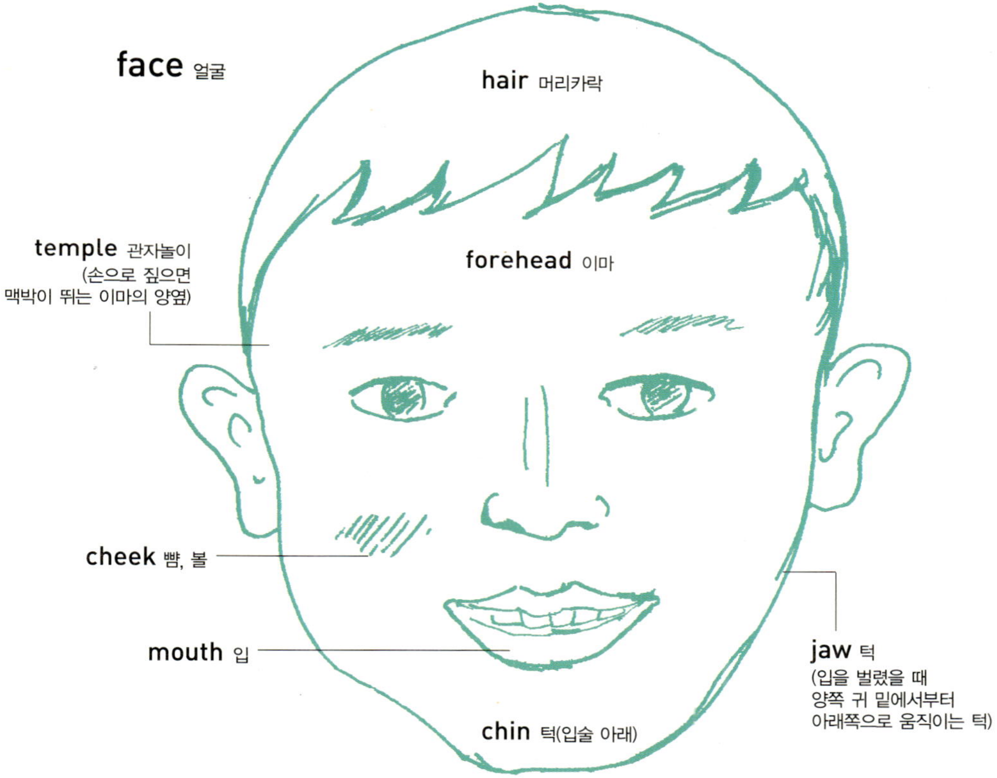

face 얼굴
hair 머리카락
temple 관자놀이
(손으로 짚으면 맥박이 뛰는 이마의 양옆)
forehead 이마
cheek 뺨, 볼
mouth 입
chin 턱(입술 아래)
jaw 턱
(입을 벌렸을 때 양쪽 귀 밑에서부터 아래쪽으로 움직이는 턱)

I had too much wine and I feel light-headed.
I can't walk a straight line.

와인을 너무 마셨더니 머리가 몽롱해.
직선을 똑바로 못 걷겠어.
light-headed 머리가 몽롱한;
어질어질한; 생각없는

eyes 눈

- **eyebrow** 눈썹
- **eyelid** 눈꺼풀, 쌍꺼풀
- **eyelashes** 속눈썹
- **cornea** 각막
- **sleep** 눈곱
  eye booger, eye gunk, matter 등 여러 가지이지만 제가 가장 많이 들은 것은 sleep이었지요.
- **eyeball** 눈알
- **pupil** 동공

slit eyes 찢어진 눈

droopy eyes 처진 눈, 늘어진 눈

unibrow 일자눈썹

near-sighted 근시의

far-sighted 원시의

astigmatism 난시

crossed eyes 사시, 눈을 가운데로 모으기

puffy eyes 부은 눈

bloodshot, red eyes 충혈
속어로 late flight

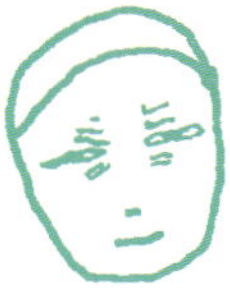

squint 실눈 뜨기; 실눈으로 보다

glare 노려보다

magnifying glass
돋보기

- **puppy dog eyes** 애절한 눈, 불쌍한 눈 e.g. He has puppy dog eyes.
- **eyeing** 눈독 들이기 e.g. He's eyeing me.
- **eye candy** 이쁘거나 잘생긴 사람 = a looker
- **pink eye** 유행성 결막염 아이들이 잘 걸리는 눈병
- **glaucoma** 녹내장
- **ophthalmologist** 안과의사 = oculist, eye doctor
- **contact lenses** 콘택트렌즈 줄여서는 contacts

e.g. Is it okay to wear my contacts over night?
콘택트렌즈 밤새 껴도 돼요?

reading glasses
(어른들이 신문 볼 때 쓰는) 돋보기 안경

arm 안경다리
frame 안경테
lens 렌즈

glasses 안경

mouth 입

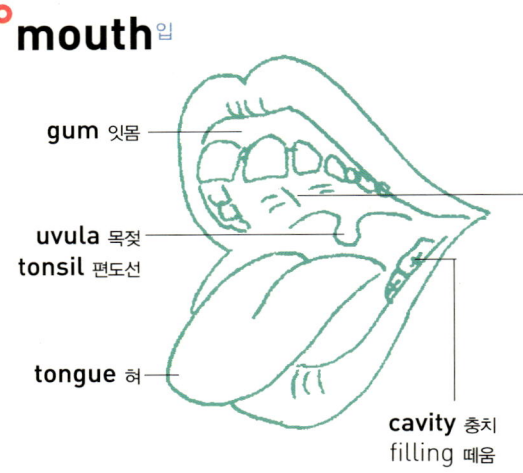

gum 잇몸
uvula 목젖
tonsil 편도선
tongue 혀
cavity 충치
filling 때움

pucker up one's lips
입술을 쭈욱 내밀다

roof of a mouth 입천장

입천장을 뭐라고 하는지 모를 때 친구에게 I burnt the ceiling of my mouth라고 했더니 roof(지붕)보다 ceiling(천장)이 의미상으론 더 맞아 맘에 든다고 하더군요. 이 그림처럼 생긴 롤링스톤즈의 심볼명은 liquid tongue.

wisdom teeth 사랑니 = third molars

baby teeth 유치

root canal 치아의 뿌리, 근관

snaggletooth 덧니, 가지런하지 않은 치아   어린아이들 유치가 빠진 것(앞니 빠진 갈가리)도 snaggletooth라고 합니다.

braces 교정기
orthodontist 교정전문의

dentures 틀니
dentist 치과의사

buckteeth 토끼이빨

overbite 윗니가 앞으로 나온 구강구조

underbite 아랫니가 앞으로 나온 구강구조

mouth water 침 = saliva 주로 음식으로 침이 도는 것을 가리킬 때

mouth watering taste 군침 도는 맛

tongue twister 저 콩깍지가 깐 콩깍지냐 안 깐 콩깍지냐 식의 말장난
〈예〉(빨리 소리내어 말해 보세요.) How much wood could a woodchuck chuck if a woodchuck could chuck wood? 마멋 한 마리가 나무를 갉아먹는다고 나무가 얼마나 없어지랴.

woodchuck 북미산 마멋

tongue tied 긴장해서 입이 얼어붙은
cf. Has the cat got your tongue?
〈상대방이 대답을 안 하고 있을 때〉 왜 꿀 먹은 벙어리야?

mother tongue, native tongue 모국어

hand to mouth 하루 벌어 하루 살기

ear 귀

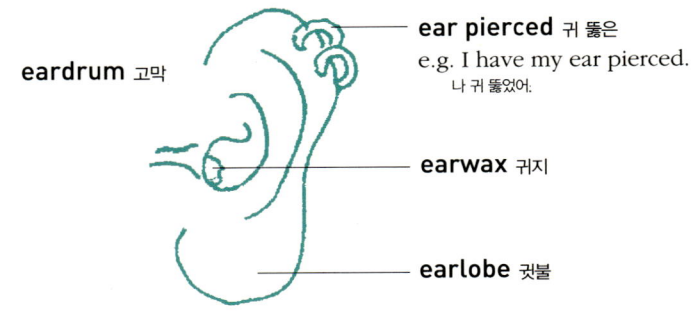

eardrum 고막

ear pierced 귀 뚫은
e.g. I have my ear pierced.
나 귀 뚫었어.

earwax 귀지

earlobe 귓불

I'm all ears. 어서 말해봐.

pointy ears
끝이 뾰족한 귀, 화성인 귀

I was always picked on at school because my ears stick out.

난 귀가 튀어나와서
학교에서
항상 놀림받았어.

hearing aid
보청기

뭐라고?
잘 안 들려!

You left your hearing aid in my apartment.

우리집에
네 보청기 놓고 갔다고.

ear of a coffee cup
커피컵 손잡이

earplugs 귀마개
방한용 귀싸개는 earmuffs

nose 코

nasal 코의, 코와 관계되는
nasal congestion 코 막힘
nasal inflammation 비염

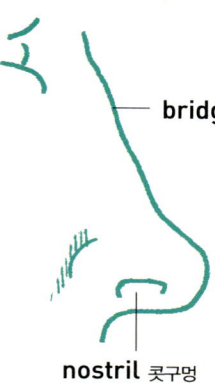
bridge 콧등
nostril 콧구멍

pug nose, snub nose 들창코

hawk nose, hook nose 매부리코

booger 코딱지
ewww~
pick your nose 코 후비다

potato nose 딸기코

nosy 사사건건 간섭하고 사생활을 캐려고 하는
e.g. She's so nosy. I don't want her around.
그녀는 간섭하려 들어, 옆에 있고 싶지 않아.

sniff 코를 킁킁거리다
smell 냄새; 냄새 맡다
scent 향기

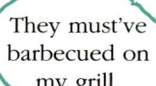
They must've barbecued on my grill.
내 그릴에다 바비큐 해 먹은 게 틀림없어.

blow one's nose 코를 풀다
e.g. I have to blow my nose.
나 코 좀 풀어야 돼.

stuffy nose 코 막힘

nosebleed 코피

헤어스타일은요? 음… 머리가 전혀 없었던 것 같아요. 맞아요, 완전 대머리였어요.

more on face 얼굴을 들여다 보면…

mole 큰 점, 불룩 솟은 점

freckles 주근깨, 작은 점

dimple 보조개

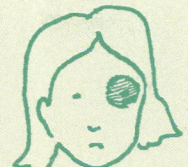
black eye 멍든 눈

pimple 여드름, 뾰루지, 피부 트러블
= zit, acne [ǽkni]

inhaler 숨을 들이마시는 기구
asthma [ǽsmə] 천식

••• square face 아, 네모네!

square face 네모난 얼굴

사흘간 거울을 들여다보고 내 얼굴이 결코 동그랗지 않다는, 네모에 가깝다는 결론을 내렸습니다. 그 다음날도 혹시나 해서 들여다봤지만 역시였죠. 결국 점심을 먹다 말고 친구에게 절망적으로 털어놓고 말았습니다.

"I think I'm square." 나 네모난 것 같아.

"No. How can someone so open-minded be square?!"
아냐. 이토록 마음이 열린 사람이 모날 수가 있어?!

"I'm talking about the shape, not my mind…"
얼굴형 얘기를 하는 거지, 마음 얘기가 아니잖아…

웬 오픈마인드? 그랬습니다. square-shaped가 아니고 그냥 square는 앞뒤가 꽉 막혀서 얘기도 통하지 않고, 보수적인 데다 새로운 것을 싫어한다는 뜻이었죠. 어디서 보니 네모난 얼굴은 오행 중 목(木)형에 속하는 얼굴로, 착하고 인자한 인상을 풍겨 남과 어울리기에 좋다고 합니다. 그래서 취업 성공률이 가장 높다고 하죠. 얼굴이 네모난 것과 마음이 네모난 것은 정반대인가 봅니다.

facial expressions 얼굴 표정

grin 씨익 웃다

giggle 낄낄 웃다

smile 미소짓다

laugh 웃다
laugh hard 정신없이 웃다
laugh one's ass off 배꼽이 빠지도록 웃다
laugh out loud 소리 내어 웃다

frown, make face
얼굴을 찡그리다

weep
눈물을 흘리다, 울다

sob
흑흑 울다
(우는 소리를 나타내는 의성어로도 쓰임)

blush, turn red
얼굴이 빨개지다
화장품 중 볼터치도 blusher
rosy cheeks 빨간 볼

cry one's eyes out
눈이 빠지게 울다

Don't cry. Dry your eyes.
울지 마. 눈물 닦아.
dry one's eyes: 눈물 닦다

He wore a big **grin** from ear to ear as he received his present.
선물을 받으며 그는 입이 귀에 걸렸다.
*짐승이 이빨을 드러내고 으르렁거리는 것도 grin을 씀.

grin

anxious 안절부절못하는

frustrated 좌절한, 실망한

astonished 놀란
scare 놀래키다
e.g. You scared me. 놀랬잖아

turn blue, get sick
토할 것 같다

see red, steam
열받다, 씩씩거리다

suspicious, skeptical
의심쩍은

turn white 얼굴이 새파랗게 질리다
pale 창백한

turn green with envy 질투하다 = get jealous

e.g. He turned green with envy when he saw you with your new boyfriend.
니가 새 남자친구랑 같이 있는 것을 보고 그는 질투가 났어.

hand 손

thumb 엄지손가락
thumbs up 엄지손가락을 추켜세움, 칭찬

fingernail 손톱

index[pointer] finger 집게손가락
middle finger 중지
ring finger 약지
pinky 새끼손가락

top of a hand 손등

crack knuckles 마디를 꺾다

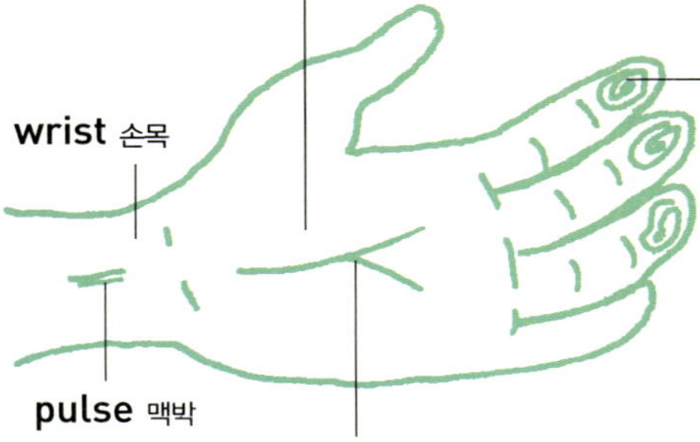

palm 손바닥

finger print 지문
blister 물집

wrist 손목

pulse 맥박

palm reading 손금 보기

foot 발

big toe 엄지발가락
toe 발가락
toenail 발톱
ball 발바닥 앞쪽 부분
arch 발바닥 중간에 움푹한 곳
*이곳이 평평하면 flatfoot(평발)

ankle 발목
Achilles tendon 아킬레스 건
heel 발꿈치

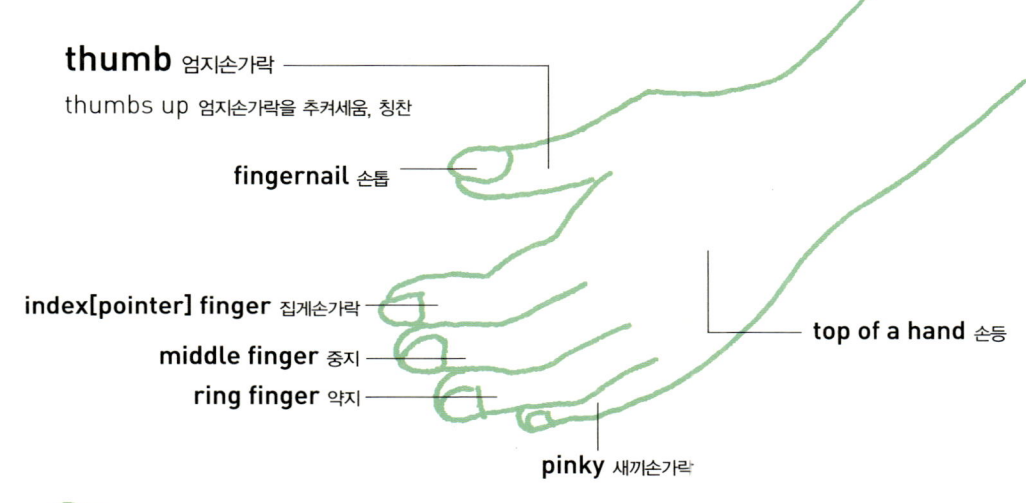

more hands 손에 관한 요모조모

righty 오른손잡이
a. right-handed

lefty 왼손잡이
a. left-handed
e.g. He's a lefty.

ambidextrous
양손잡이의

공화당의 심볼

rightist 우파, 보수주의자 = right wing, conservative

Republican 공화당원 미국 보수당 conservative party 의원

민주당의 심볼

leftist 좌파, 급진파 = left wing, liberal

Democrat 민주당원 미국 자유당 liberal party 의원

Ciao!

Hi ~ bye~

wave hand 손 흔들다

ciao [tʃau] = bye 이탈리아 인사말인데 많이 씀

Do you need a hand? = Do you need help?

Hush, I need to concentrate.

쉿, 집중해야 돼.

He put his index fingers on his temples.
그는 집게손가락으로 관자놀이를 짚었다.

It was very nice meeting you.
만나서 반가웠어요.

Me too.
저도요.

shake hands 악수하다
handshake 악수

point at (손가락으로) 가리키다 = point out, indicate

G I Joe '정부 보급품'이란 의미의 government issue의 두음자로 (특히 2차 대전 당시의) 미군 병사

I'm not GI Joe. I'm a proud Korean soldier.
나 미군 아닌데. 당당한 대한민국 군인인데.

I want that GI Joe!
군인 인형 사줘!

G. I. Joe

Action figures 50% off

action figure 만화나 영화 속에 나오는 영웅 이미지의 주인공(action hero)을 본따 만든 장난감 인형.

Reach for the sky!

Hands in the air!

Hands up!
손 들어!

Get down on the ground!
땅에 엎드려!

boo 야유하다; (손을 입가에 대고) 야유하는 소리 손을 입가에 대고 '부-' 라고 야유하는 소리를 그대로 동사로도 쓰지요.

Boo~ boo~ Boo

applause 박수, 환호

clap 박수치다

'짝짝'을 표현하는 영어 clap clap을 그대로 동사로 쓴 것

bravo! yeah!

• • • golden 황금색

새 룸메이트가 생겼는데 아주 아름다운 황금색 머리털을 가졌어.

눈은 무슨 생각을 하는지 훤히 들여다보이는 아름다운 갈색이지.

몸도 다부지고, 틀림없이 규칙적으로 걷고 운동할 거야.

자, 내 새 강아지한테 인사하렴.   어, 안녕? 귀염둥이. 골든 리트리버구나.

gorgeous 아주 아름다운 | **speak one's mind** 속마음을 얘기하다 | **good shape** 건강한
cutie 사랑스런 사람이나 동물을 부르는 말

body positions 자세

kneel 무릎 꿇다

squat 쪼그려 앉다

sit with one's legs crossed 책상다리로 앉다

cross legs 다리를 꼬다

sit straight 등을 쭉 펴고 앉다

stretch 기지개 켜다
yawn 하품하다

stand on one foot 한 발로 서 있다

Will you marry me?
결혼해주시겠어요?
get down on one knee 한쪽 무릎을 꿇다

hold out one's hand 손을 내밀다

handstand 물구나무서기

headstand 머리를 대고 물구나무서기

cartwheel 팔 짚고 옆으로 재주넘기

What a beautiful sky!

얼마나 아름다운 하늘인가!

lie on one's stomach 엎드리다

lie on one's back 등 대고 드러눕다
e.g. Is it ok to sleep on my back?
등 대고 자도 괜찮아요?

laid-back (성격이) 여유 있고 느긋한

lie on one's side 옆으로 눕다

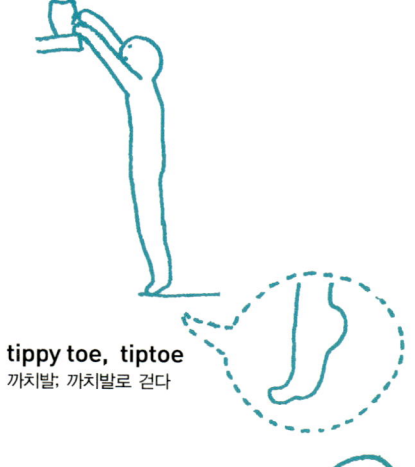

lean against the wall
벽에 기대다
lean back
뒤로 기대다
(의자나 소파에 앉았을 때)

tippy toe, tiptoe
까치발; 까치발로 걷다

carry on one's shoulder(back)
들쳐 업다
fireman's carry
들쳐 업기. 부상자의 상처 부위와
닿는 면을 최소로 하는 자세.

carry in one's arms, cradle
아기를 안듯이 들다

shoulder ride 목말
e.g. My dad used to give me shoulder rides.
아빠는 목말을 태워주곤 하셨지.

piggy back ride
어부바, 등에 업기
사람에 따라서는 목말 태우기도 이 표현을 씁니다.

body shape 몸매

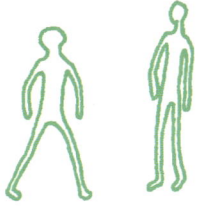

skinny 비쩍 마른

= { bony, bean pole, string bean, skin and bone(s), skinny as a rail }

fatso 뚱뚱보 아이들이 놀릴 때 많이 씁니다. fat, big, giant, big boned, fat ass, lard ass, tub of lard,,, 모두 모욕insult 적인 말들이므로 쓰진 맙시다.

over weight, obesity 비만

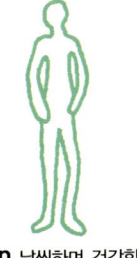

lean 날씬하며 건강한

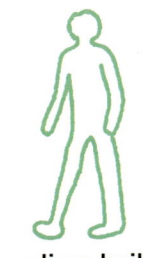

medium built 적당한 체구의

fit 건강하고 알맞은 체구의

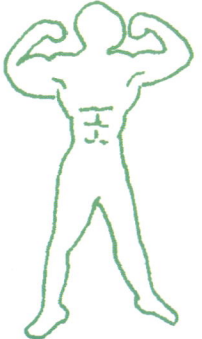

ripped 근육이 보기 좋게 단련된
beefcake 근육을 많이 키운 사람, 근육맨
six pack 王자 복근

voluptuous [vəlʌ́ptʃuəs] 쭉쭉 빵빵한

glamorous는 현지에선 '화려하고 매력적인'의 뜻으로 쓰입니다.

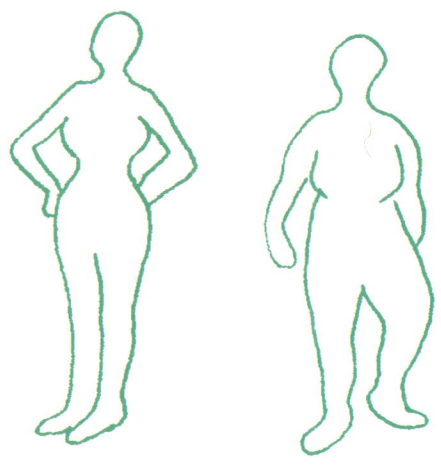

chubby 통통한

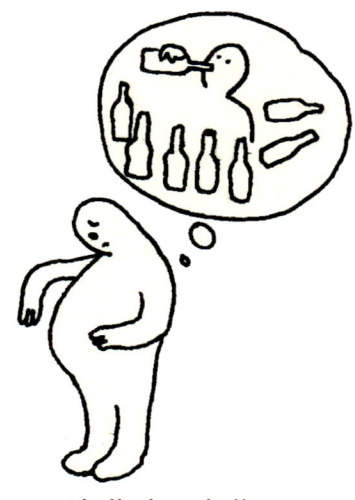

pot belly, beer belly
올챙이배

spare tire, love handles, muffin top 허리둘레의 군살

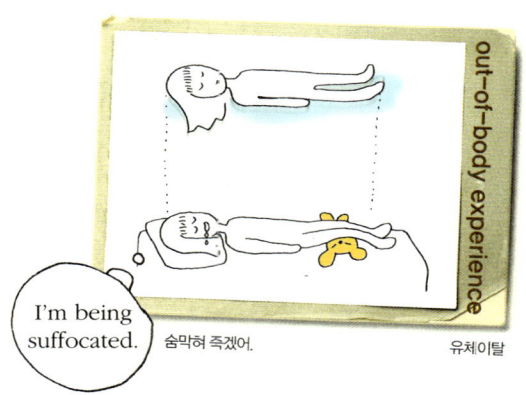

I'm being suffocated. 숨막혀 죽겠어.

out-of-body experience 유체이탈

Mr. Body 생김새도 가지가지

crush on ~향한 짝사랑 | let me see 봅시다, 어디 보자 | stare 뚫어지게 쳐다보다 | pop a zit 여드름 짜다
bite mark 이빨자국 | weight loss diet 살빼기 식이요법

Ailments

ache 통증

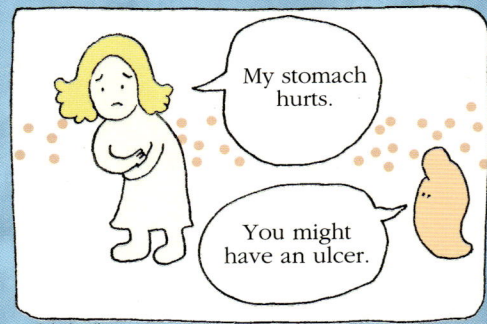

insomnia 불면증 | **anorexia** 거식증, 식욕 감퇴 | **ulcer** 궤양 | **suck** 싫증나다, 불쾌하다 | **neurotic** 노이로제에 걸린

ailments 질환

under the weather 몸이 좋지 않은, 아픈 e.g. She's under the weather today.

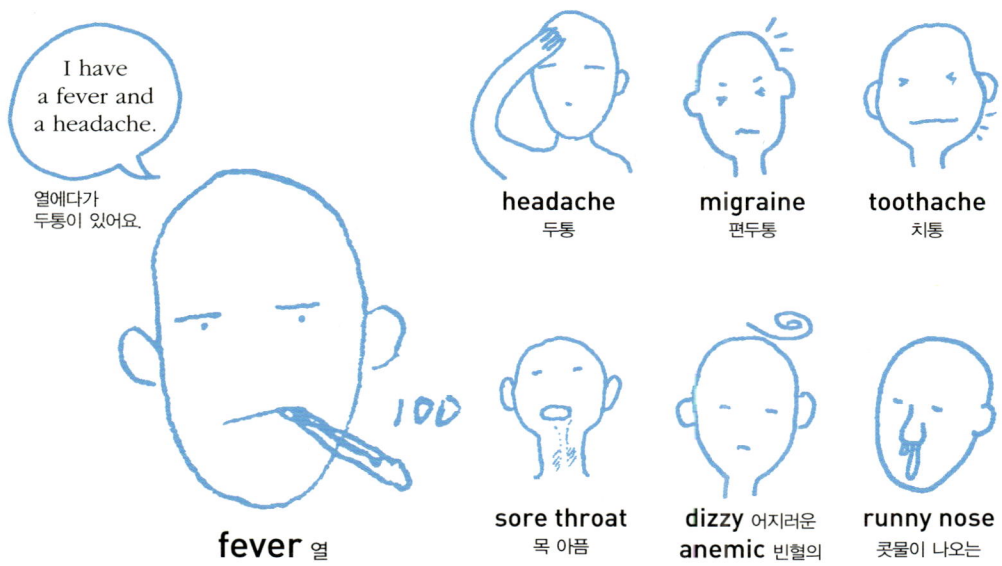

I have a fever and a headache.
열에다가 두통이 있어요.

fever 열

headache 두통

migraine 편두통

toothache 치통

sore throat 목 아픔

dizzy 어지러운
anemic 빈혈의

runny nose 콧물이 나오는

stuffy nose 코 막힘 = nasal congestion
e.g. I have a stuffy nose and a sore throat.
코가 맹맹하고 목이 따가워요.

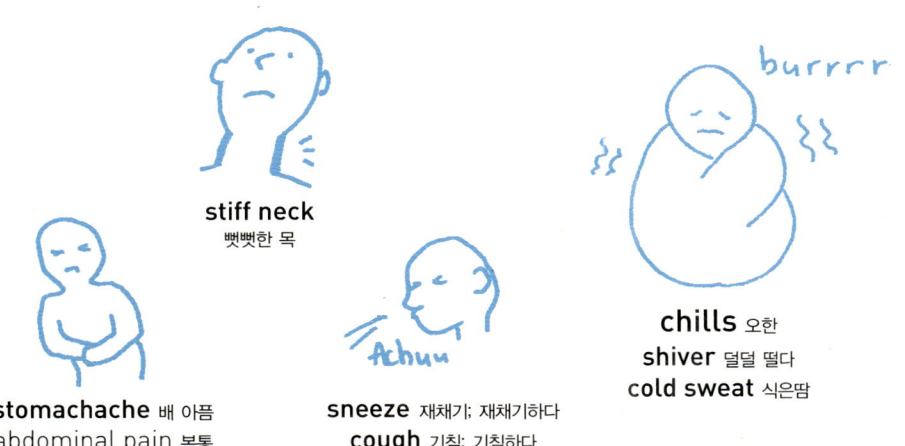

stiff neck 뻣뻣한 목

stomachache 배 아픔
abdominal pain 복통

sneeze 재채기; 재채기하다
cough 기침; 기침하다

chills 오한
shiver 덜덜 떨다
cold sweat 식은땀

: motion sickness 멀미

저기 앉자. / 차 거꾸로 못 타는데. / 토할 것 같아!

내려줘! 고소공포증 있단 말이야.

정말 재미있겠는걸.

그래! 바로 이거야!

안 돼! 거꾸로 가면 안 돼! 멈춰! 왜 그래, 더 재미있잖아.

속이 울렁거려. 서 있을 수가 없어. 토할 것 같아. 괜찮아?

backwards 거꾸로, 뒤를 향해 | **amusement park** 놀이공원 | **nauseous** 메스꺼운

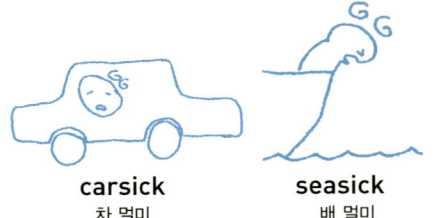

motion sickness 멀미 놀이기구를 타거나 차에 거꾸로 앉아서 갈 때 속이 울렁거리는 것

carsick 차 멀미

seasick 배 멀미

airsick 비행기 멀미

nausea 속 울렁거림

p. m. s. 월경 전 증후군, 짜증 내는 것 = premenstrual syndrome
e.g. You're like a man with P.M.S. 남자가 꼭 생리하는 것 같네.
(짜증을 떠는 남자에게 던진 한 친구의 말.)

hangover 숙취

dehydration 탈수증세

heartburn 속 쓰림

diarrhea [dàiərí:ə] 설사

constipation 변비

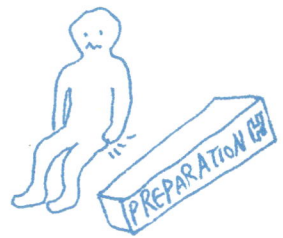

hemorrhoids [hémərɔ̀idz] 치질

insomnia [insάmniə] 불면증

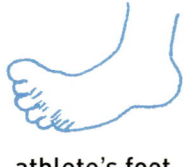

athlete's foot 무좀

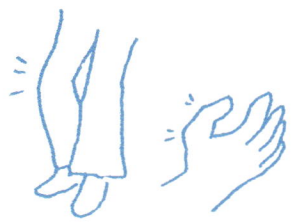

arthritis [ɑːrθráitis] 관절염
bad back, backache 요통

bruise 멍, 타박상

crick 쥐; 쥐나다
spasm 경련
facial tic 안면경련
twitch 눈경련

• • • hemorrhoids 치질

Preparation H Raymond 제가 좋아하는 Talkshow 코미디 프로그램인 Late Night with Conan O'Brein 에 자주 등장하는 캐릭터가 Preparation H Raymond인데 큰 귀를 붙이고 나와 우스갯소리를 던진 후 유명한 치질약인 Preparation H 를 바구니나 자루 같은 데 가지고 나와 방청객들에게 나누어줍니다. 물론 광고효과도 노리지만 이 치질hemorrhoids이 우리나라에서뿐 아니라 미국에서도 코미디 소재로 등장한다는 것이 새삼 사람들은 다 비슷하단 생각이 들더라고요. 전 그 프로를 아주 좋아해서 10주년 라이브 쇼에도 다녀와 Preparation H Raymond도 직접 봤답니다. 발상 자체가 신선하고 꼬이고 해서 정말 재미있는 프로그램이죠.

hurt 상처

Watch out! 조심해!

trip on a rock 돌에 발이 걸려 넘어지다

cut 찢어지거나 베인 상처
It's bleeding. 피가 나.

scrape 까진 상처

scab 딱지

It's too itchy. 너무 간지러워.
itchy: 가려운

Don't pick your scab. 딱지 뜯지 마.

It's healing. 나아가고 있어.
heal: 낫다

no scar 흉터 없는
scar: 흉터

It's healed. 다 나았어.

ailments 질병

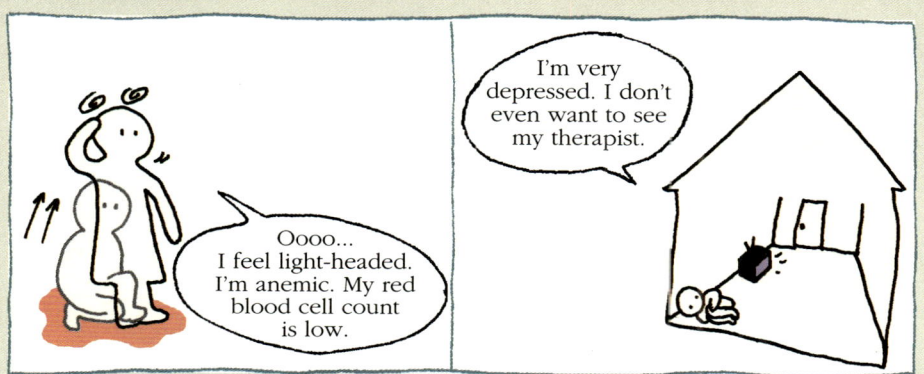

으… 어지러워. 빈혈이 있거든. 내 적혈구 수치가 낮대.   너무 우울하다. 치료 받으러 가기도 싫어.

왜 그렇게 언짢은 표정이니?   진짜 변비여서.

이봐, 잘 지냈어?   우리가 아는 사이던가요? 제가 기억상실중이거든요 50파운드 나가는 청동상에 머리를 부딪힌 후 기억을 잃었죠.

| **light-headed** 머리가 몽롱한, 어지러운 | **anemic** 빈혈의 | **therapist** 치료전문가, 임상의
constipated 반항적인, 고집센; 딱딱한; 변비인 | **amnesia** 기억상실증, 건망증 | **sculpture** 조각

hospital 병원

 conscious 의식이 있는

 unconscious 의식이 없는

 diagnosis 진단, 진찰
acute 급성의
chronic 만성의

 seizure 발작

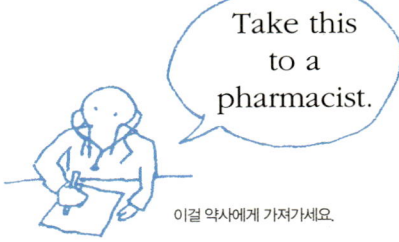
prescribe 처방하다

prescribe 조제하다   prescription 조제

sedative 진정제

antibiotic 항생제

pharmacist 약사

paramedic 구급 대원 등 의료 보조업무에 종사하는 사람

hypodermic syringe 피하 주사

thermometer 체온계

get shot[vaccine] 주사를[백신을] 맞다

blood transfusion 수혈

anesthesia 마취
anesthesiologist 마취전문의

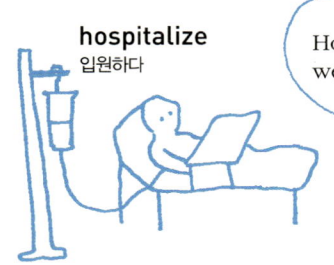
hospitalize 입원하다

IV drips 링거
IV = intravenous (정맥 주사의)

OB/GYN doctor 산부인과 의사

obstetrician 산과 의사
gynecologist 부인과 의사

cervix 경부
midwife 조산사
vaginal infection 질염
sonogram 초음파 촬영
uterine disease 자궁 질환
pregnancy test 임신테스트
fertility test 배란테스트
STD 성병 = sexually transmitted disease

pediatrician
소아과 의사

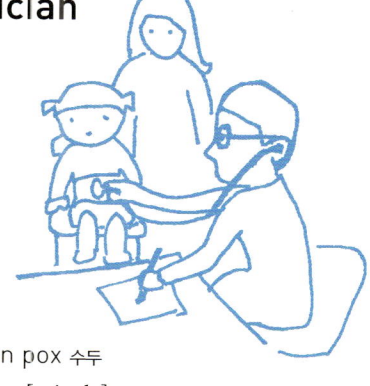

chicken pox 수두
measles [míːzəlz] 홍역
smallpox 천연두, 마마
lead poisoning [led pɔ́izəniŋ] 납중독
vaccinate 예방 접종을 하다
immunization 예방주사, 면역

dermatologist
피부과 의사

burnt 화상을 입은
skin disease 피부병
allergy 알레르기
pimple 여드름
laser hair removal 레이저 제모

oculist 안과 의사
= ophthalmologist, eye doctor

cataract 백내장
glaucoma 녹내장
contagious 전염성이 있는
pink eye, conjunctivitis 결막염

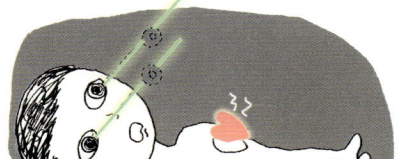

LASIK [léisik] = laser in situ keratotomy 라식수술
상피내 레이저 각막절개술

e.g. I had LASIK surgery and the procedure was quite scary.
라식 수술을 했는데, 수술 꽤나 무서웠어.

psychiatric 정신과 의사 = therapist

placebo [pləsíːbou] 가짜약 (정신과에서 환자를 안심시키려고 주는 약)
valium, prozac 대표적인 우울증 치료제
obsessive-compulsive 강박신경증의, 결벽증의
anxiety disorder 병적인 불안초조, 불안장애
nervous breakdown 신경쇠약증
split personality 정신분열증
panic attack 공황 발작
e.g. I had a panic attack last night.

manic depression 조울증
drug abuse 약물 중독, 마약 중독

제가 미술 하는 사람들과 어울리다 보니 이런 단어들을 더 많이 듣게 된 걸까요. 미국 사람들이 무슨 일만 있어도(심지어는 부모님과 사이가 나빠지거나 남자친구와 싸워도) 정신과 의사를 찾아가더군요. 약 한 병 받아 와서 때마다 챙겨 먹으며 다시 열심히 일합니다. 쓸데없는 데 돈 쓴다는 생각이 들 때도 있지만 정신병이라고 본인도 숨기지 않고, 주변 사람들도 이상한 시선으로 바라보지 않는 분위기를 보면 성숙한 나라라는 생각이 듭니다. 한동안 우울해하던 한 친구는 아침마다 일어나기가 정말 싫다고, 일도 손에 잡히지 않는다고 하더니 어느 날 의사를 찾아가 처방전 prescription을 받아왔습니다. 그리곤 아침에도 일찍 일어나고, 활기차게 살기 시작했죠. 뇌에서 어떤 요소가 부족해서 나타난 증상으로 약으로 밸런스를 잡아주는 거라고 하더군요. diet(식이요법)를 통해 심리상태를 다스리기도 합니다. 건강식품 판매점 health food store에 가서 아미노산 amino acid를 사 먹지요. 가령 오메가3지방산 omega-3 fatty acid가 많이 들어 있는 생선을 먹으면 기분이 좋아지고 일의 능률이 오르는 것 같아요. 마음의 병을 정신력으로 이기려는 자세도 좋지만, 일과 생활에 지장을 준다면 몸이 아플 때처럼 병원을 찾아보는 것이 현명하지 않을까요. 소화불량도 기분 좋으면 낫듯이, 모든 병은 마음에서 온다고 하잖아요.

rehab 갱생시설 알코올 중독자나 약물 중독자들이 치료받고 재활하도록 도와주는 곳. rehabilitation의 줄임말.

AA = Alcoholics Anonymous 술을 끊으려는 알코올 중독자들의 모임

surgeon 외과 의사
physician 내과 의사
cardiac surgeon 심장외과 의사

heartbeat 심장 박동 pulse 맥박
artery 동맥 vein 정맥
blood vessel 핏줄

blood cell 혈구
leukemia [luːkíːmiə] 백혈병
hepatitis [hèpətáitis] 간염

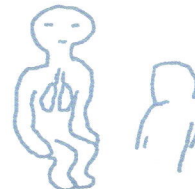

thoracic surgeon 흉부외과 의사
pneumonia 폐렴
asthma [ǽsmə] 천식
bronchitis [braŋkáitis] 기관지염
tuberculosis(TB) 결핵

kidney transplant 신장 이식
kidney infection 신우신염
kidney stone 신장결석

operation 수술

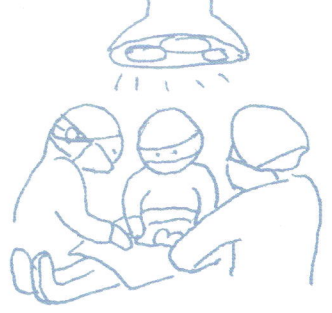

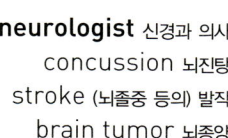

neurologist 신경과 의사
concussion 뇌진탕
stroke (뇌졸중 등의) 발작
brain tumor 뇌종양

heart transplant 심장이식
open-heart surgery 개심술
heart attack 심장마비
heart disease 심장병

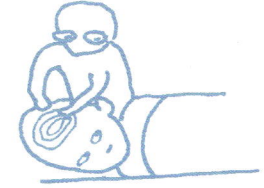

brain surgeon 뇌수술 하는 의사. 미국인들은 이 직업을 가진 사람이 가장 똑똑하다고 생각하는 모양입니다. rocket scientist와 함께 '수재, 천재'의 뜻으로 많이 씁니다.

e.g. I'm not a brain surgeon. How the heck should I know? 내가 그렇게 똑똑하냐, 그런 걸 알게?
  I'll never solve this puzzle. I'm not a rocket scientist. 이 퍼즐은 절대 못 풀어. 난 천재가 아니거든.

vegetable 식물인간 **paralysis** (뇌와 척추의) 마비 **palsy** 마비, 중풍

physician 의사 (내과 – 수술하지 않는 의사)

internist 내과전문의
internal medicine 내과

heartburn 속 쓰림
ulcer 궤양
indigestion 소화불량
diabetic 당뇨병의
antidote 해독제

orthopedist 정형외과 의사

sprained ankle 삔 발목
physical therapy 물리치료
cast 깁스
fracture 골절

cavity 충치
filling 때우기
crown 씌우기
root canal therapy 치신경치료
clean 스케일링
braces 치열교정기
dentures 틀니
gum disease 잇몸질환
third molars 사랑니 = wisdom teeth ('사랑니'라는 표현이 훨씬 낭만적이죠?)

dentist
치과의사

otorlaryngologist
이비인후과 의사
= ear, nose, and throat specialist

ear infection 중이염
sinusitis 축농증
tonsillitis 편도선염
strep throat 목이 아프고 열 나는 세균감염

proctologist
항문전문의

hemorrhoids 치질
rectum 직장
anus 항문
bowel movement 대변 보기 (병원에서)
e.g. Clean your anus after each bowel movement.
대변을 본 후에는 항상 뒤를 깨끗이.

urologist 비뇨기과 의사
anal 항문의 결벽증적인, 왕깔끔쟁이 성격을 가리키는 말이기도 합니다.

plastic surgery 성형수술

face lifting 말 그대로 늘어진 얼굴을 잡아 올리는 lift 수술

eye opening surgery 눈꺼풀이 늘어져 잘 안 보일 때 하는 수술

eye job 여러 종류의 눈 성형수술

cheek implant 광대뼈를 도드라지게 만드는 수술
botox 보톡스

nose job 코 수술 (미국에서는 작게 많이 합니다.)

collagen lip injection 백인여성들이 섹시해 보이려고 많이 하는 입술 부풀리기 수술

breast implants 가슴 확대수술. boob job이라고 흔히 말함

butt implant 엉덩이 확대수술

tummy tuck 뱃살제거수술

liposuction 지방흡입

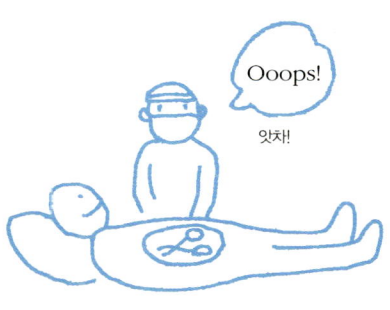

leprosy 한센병, 문둥병

medical malpractice 의료과실

Freudian slip 심리학자, 프로이드의 이름에서 따온 단어로 마음속으로 생각했던 말이 무심결에 흘러나온 경우

: misdiagnosis 오진

IV 영양제 · 전해질 · 약제 등의 링거 = intravenous | antibiotics 항생제 | misdiagnosis 오진

home remedy 민간요법

• • • for a cold 감기에 걸렸을 때

cold 감기
cough 기침

cough drops 목캔디, 호올스 종류

I have a sore throat. I need some cough drops.

목이 아프네. 목캔디를 먹어야 돼.

humidifier 가습기
dehumidifier 제습기

Echinacea tea 에키나시아 채(감기에 잘 듣는 허브)

coffee 커피

stuffy nose 코 막힘

cough syrup 시럽감기약

NyQuil 감기약cough syrup 의 한 종류

e.g. I'm gonna take Nyquil and go to bed. 나이퀼 먹고 자러 갈 거야.

O.J. 오렌지 주스 = orange juice

vodka 보드카

sugar 설탕

homemade cough syrup 집에서 만든 감기약

••• for a stomachache 배가 아플 때

camomile tea with honey 카모마일 차에 꿀 탄 것 카모마일은 소화에 도움을 주고 복통stomachache를 진정시키는 허브입니다.

seltzer water 탄산수 너무 배불리 먹었을 때 트림burp를 유도하죠.

ginger ale 진저에일, 생강탄산음료 역시 배 아플 때 다들 권하죠.

bitters 〈복수형〉음료의 이름. 칵테일 만들 때 쓰거나 배 아플 때 약으로 씀

anti acid 제산제 씹어 먹을 수 있는chewable 알약입니다.

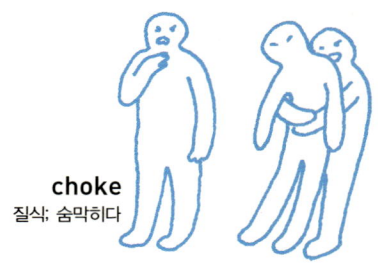

choke 질식; 숨막히다

hangover 숙취

greasy food 기름진 음식

> Have some fries. You need greasy food for hangovers.
>
> 감자튀김 먹어봐. 숙취에는 기름진 음식이 좋아.

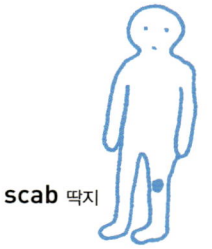

scab 딱지

Neosporin 우리나라의 후시딘 같은 연고
ointment 연고

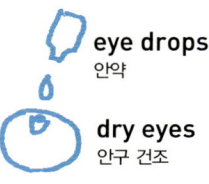

eye drops 안약

dry eyes 안구 건조

eyestrain 눈의 피로

over-the-counter drugs 의사의 처방 없이 살 수 있는 약

drugstore 약국
(약뿐만 아니라 생필품, 잡지, 사진현상소 등이 있음)

Tylenol 타이레놀
진통제(acetaminophen이 주원료)
e.g. Do you have some Tylenol? I have a bad headache. 타이레놀 좀 있니? 나 머리가 많이 아파.

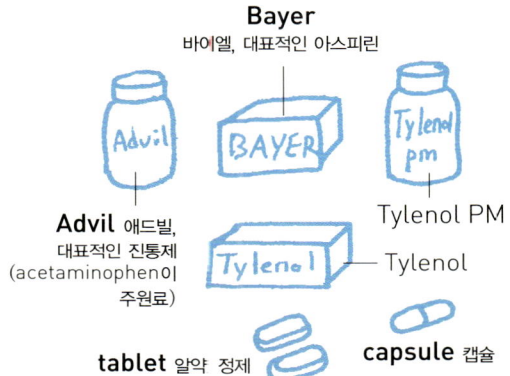

Alka Seltzer 물에 녹여 먹는 아스피린 종류

Tylenol PM 저녁 때 먹는 진통제 종류엔 pm 또는 night라고 쓰여 있습니다. 수면제가 첨가되어 있죠.
non-drowsy pain reliever 졸리지 않은 진통제
drowsy 졸리는
aspirin 아스피린 대표적인 진통제. 피가 엉기는 것을 방지해 심장이 안 좋은 사람들은 일부러 복용하기도 함.

acetaminophen 아세트아미노펜 아스피린에 부작용이 있는 경우, 아스피린을 대신하는 원료로 더욱 많이 쓰임. 아스피린에 산이 들어 있어 위장이 약한 사람들은 acetaminophen 계열의 진통제를 선호.

eating disorders 식습관 장애

미국여자애들이 많이 이야기하는 식습관 장애로 무리해서 살을 빼려다 식습관에 이상이 생기는 anorexia, bulimia 등이 있습니다.

anorexia 거식증 아예 거의 안 먹어서 비쩍비쩍 말라갑니다.

bulimia 폭식증 먹고 싶은 것을 실컷 먹은 후, 살찔 게 두려워 바로 토해내는 병적 증세

malnutrition 영양실조

panic attack 공황증

갑자기 숨이 가빠지고 정신이 혼미해지며 극도의 공포에 사로잡히는 증세

hyperventilation 과호흡 증후군 숨이 가빠져서(가슴 위쪽으로 숨을 짧게 쉬어) 혈액에 이산화탄소 carbon dioxide 양이 적어지는 것

Breathe in and out into a paper bag. 종이봉투에 대고 숨 쉰다

내뱉은 이산화탄소를 다시 들이쉬어 혈액에 부족한 이산화탄소를 보충할 수 있습니다.

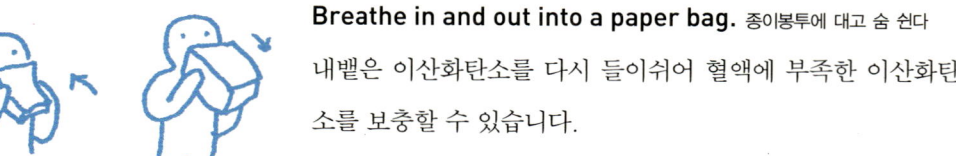

paper bag = brown paper bag 재활용종이로 만든 누런 봉투. 가게에서 많이 쓰며 점심을 싸갈 때도 흔히 씁니다.

handicapped 몸이 불편해요

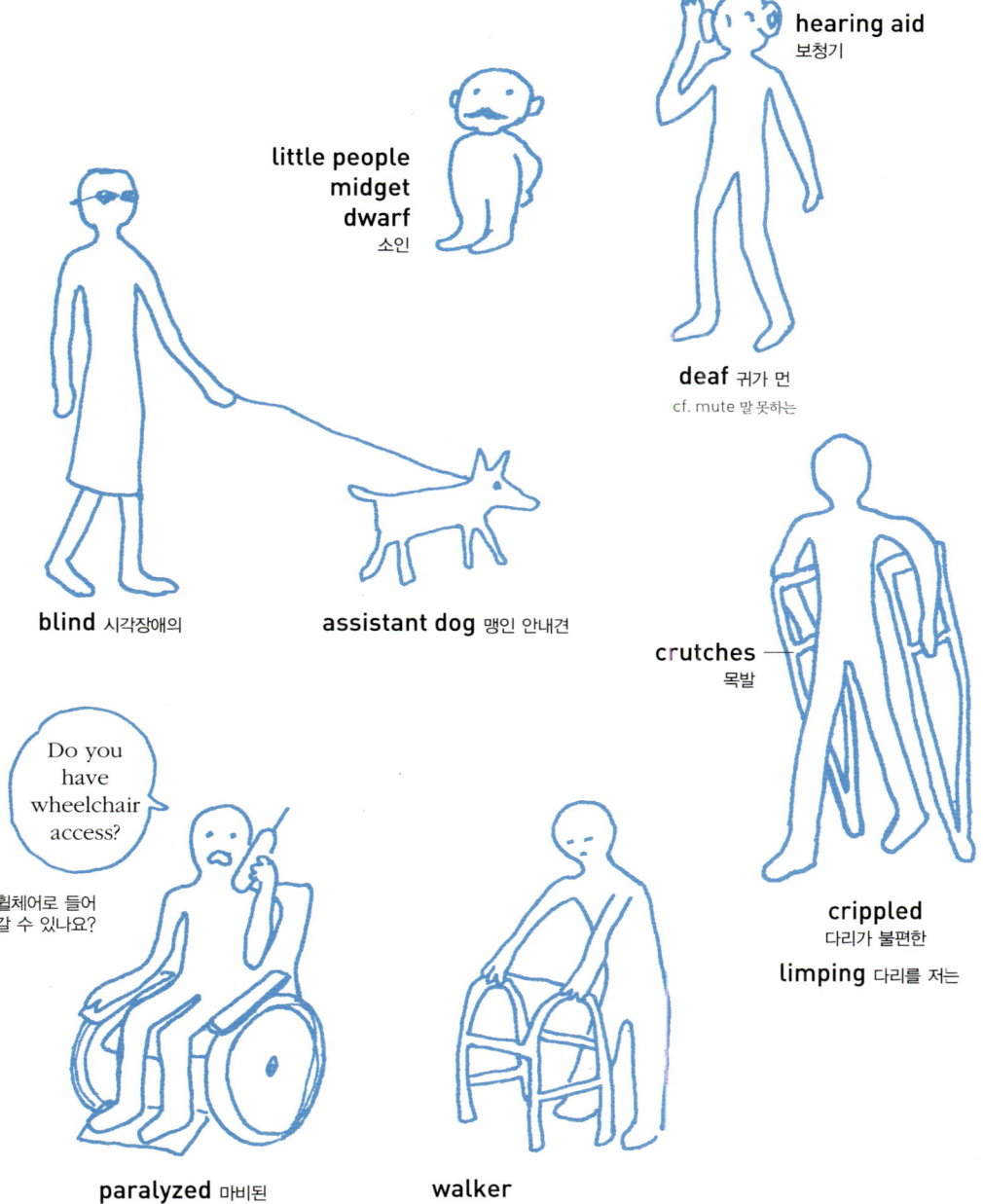

Style

to be stylish in NY
뉴욕에서 멋쟁이 되기

세계 최고의 스타일 좋은 멋쟁이들이 catwalk캣워크로 거리를 오갈 것 같은 뉴욕이지만, Fifth Avenue, Madison Avenue 등 패션 거리를 제외하고는 고가의high-end 명품브랜드luxury brand가 활보하는 곳은 아니었습니다. 아마 뉴요커들이 말하는 뉴욕스타일이란 어느 하나로 정의하기 어려울 만큼 세계적인 다양성과 자신이 만드는 독창성일 것입니다. 그런 자신감과 개성에서 자연스럽게 나오는 멋이 그들을 멋쟁이로 만드는 게 아닐까요.

스타일을 독창적으로 하고 싶다면
지금 갖고 있는 옷을 개조하거나
중고 가게에서 독특한 아이템을 사거나
직접 옷을 만들거나
돈이 많다면 핸드메이드 가게에서 사는 거야.

마지막으로…
몸을 만들고
예술적인 옷을 입으면 멋지게 어울리겠지.

alter 고쳐 만들다　|　**unusual** 평범하지 않은　|　**secondhand store** 중고 상점 = thrift shop　|　**handmade** 수제의, 손으로 만든
be loaded 돈이 많다　|　**get fit** 운동해서 건강한 몸을 만들다　|　**fabulous** 아주 멋진

fashion styles 패션 스타일

hippie 히피 자유, 사랑, 평화를 외치며 60, 70년대를 풍미했던 그들, 아직도 이들의 정신과 스타일은 계승되고 있습니다. 스타일 특징으로는 두건bandanna, 티셔츠 곳곳을 끈으로 묶어 염색해 무늬가 추상적이고 화려한 티셔츠tie-dyed T-shirt, 브이넥에 홀렁하게 흘러내리는 원피스dashiki, 일명 '레게 파마' dreadlocks 혹은 전혀 손을 대지 않은 long hair, 길게 늘어뜨리는 비즈 목걸이가 있습니다.

goth 고스 영화 "아담스 패밀리Adams Family"에 나온 가족 군상처럼 머리부터 발끝까지 검은색, 액세서리는 뾰족한 금속성 일색이지요. 새까만 옷에, 얼굴은 되도록 하얗게, 머리색과 눈과 입술은 되도록 까맣게 분장에 가까운 메이크업을 합니다. '질식시키다' choke에서 이름 붙인 목에 꽉 끼는 목걸이 choker, 송곳처럼 삐쭉 세운 spiky hair, 망사스타킹fishnet stockings, 코끝이 뾰족한 부츠 boots, 검은색 매니큐어black nail polish가 특징입니다. 펑크족이나 그룹 Cure, Marylin Manson의 추종자들이 많이 따라하는 스타일이죠.

preppy 모범생 스타일 preppy라는 말은 주로 재력 있는 집안의 자제들이 대학을 목표로 다니는 사립고등학교prep school의 교복 스타일과 비슷하기 때문입니다. 깔끔하고, 보수적이며, 학구적인 스타일이지요. 특징은 잘 다듬은well-groomed 수염(men's grooming kit 남성 면도 세트), 조끼vest, 면바지khakis(카키색이 아니어도 상관없음), 브이넥 스웨터v-neck sweater, 그리고 끈매듭 달린 남성용 가죽 단화loafers, 혹은 끈이 발등에 걸치는 여성용 구두Mary Jane 등입니다.

hipster 힙스터 주류라는 딱지가 붙은 모든 것을 배격하고 새로운 방식으로 자기를 표현하는 신세대, 혹은 이들의 스타일을 말합니다. 특징은 지금의 trend '복고와 모던의 절충'. 원래는 40년대 재즈음악을 중심으로 움트기 시작한 새 문화에 박식한 사람들을 가리켰다고. hip이란 '쿨을 뛰어넘는' beyond cool과 통합니다. 대표 아이템은 목둘레와 소매에 테두리가 있는 ringer T-shirt, 똑같은 것이 싫어서 선호하는 handmade dress, 바닥이 납작한 단화flats, 70년대 스타일의 중고 가방secondhand purse가 있습니다. 여기에 시집poems을 들면 스타일 완성! (예술에 조예가 깊은 듯 보이려고 무진 애를 쓴다고 해서 artsy-fartsy란 수식어로 이들을 비꼬기도 하죠.) 브루클린 윌리엄스버그의 미니숍에 가면 handmade clothes를 파는 곳이 많은데. 가격은 센 편이어서 직접 만들어 입기도 합니다. 이 동네에 Becon's Closet이란 가게가 특히 인기가 많은데, 입다가 싫증난 것을 팔 수도 있습니다.

EMO 에모 최신 유행 스타일의 하나로 고스에서 한층 밝아진 분위기입니다. 하드코어 펑크에 emotion감성을 가미한 스타일을 표방. 그래서 emotion에서 tion을 떼고 EMO로 통합니다.

°styles by music 음악 장르별 패션스타일

hip hop 힙합 먼저 '두래그'는 흑인 래퍼들이 써서 유행이 시작됐지요. 마치 검은색(다른 색도 있지만 대부분 검은색) 스타킹을 쓴 것처럼 타이트하게 감싸 뒤에서 묶는 두건으로 durag, do-rag, doo-rag, watchu-rag로 철자가 다양합니다. 이외 익히 아는 gold chain(necklace가 아니라 '체인'이라고 하네요), 통 넓고 헐렁한 바지baggy pants, 노출이 심한scanty top이 힙합패션의 필수 아이템이 되겠습니다.

country 컨트리 어깨 쪽에 스웨이드나 가죽을 덧대고, 양쪽 가슴에 주머니가 있는 cowboy shirt, 벨트에 달린 큼직한 쇠장식 belt buckle, 뾰족한 구두코가 인상적인 cowboy boots가 일명 '카우보이 패션'이 되겠습니다. 카우보이를 떠나서 모두에게 사랑받고 있는 country style입니다.

heavy metal 헤비메탈 남자는 착 달라붙는 가죽바지leather pants에, wife beater라는 악명으로 통하는, 목과 어깨 라인이 깊게 파인 러닝셔츠(혹은 muscle shirt, 립탱크rib tank)가 기본 아이템. 술 먹고 들어와 아내를 때리는 백인 남자들이 십중팔구 유니폼처럼 이 옷을 입고 있기 때문이라는 재밌는 속설이 있습니다. 여성용 boy beater도 나와 있지요. 이런 차림의 로커 옆에는 하이힐high heels에 끈 없이 통tube 같은 원피스tube dress나 끈 달린 탑spaghetti strapped top을 입은 여자들이 붙어 있지요. 그리고 '헤비메탈 룩'을 완성하는 문신tatoo이 있습니다.

old school rap 올드스쿨 랩 노래에 랩을 섞어 부르기 시작한 80년대 힙합 음악을 지금의 힙합과 비교해 old school rap[hip hop]이라고 합니다. 바지통이 좁고 길이가 발목 위까지 오는 마이클 잭슨 바지, 아디다스 등의 운동화sneakers, 폭스바겐 로고가 박힌 큼지막한 펜던트 목걸이, 야구모자baseball cap, 렌즈가 큰 선글라스, 반지를 여러 개 끼는multiple rings, 추리닝 세트tracksuits가 특징입니다.

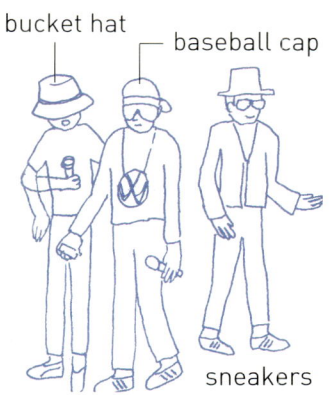

- dyed hair
- boots
- canvas sneakers

punk rock & grunge 펑크록 & 그런지 화려함보다는 꾸미지 않은 듯한 멋이 특징이지요. grunge 스타일의 대표주자는 90년대의 우상 너바나Nirvana. 티셔츠나 격자무늬 남방plaid shirt에 청바지, 여기에 캔버스 스니커즈canvas sneakers. punk rock은 gothic style과 비슷하기도 하고 grunge에 컬러가 강한 것도 있습니다. 분홍이나 파랑으로 염색한dyed 머리도 펑크록 스타일.

○ back in the days 역사 속 복장

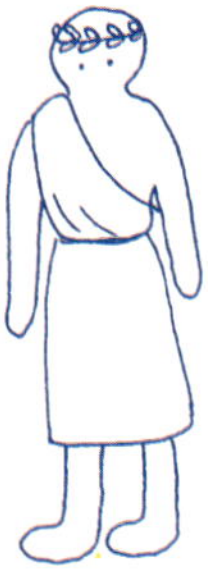

- **felt hat** (펠트천으로 된) 중절모
- **monocle** 외알 안경
- **suspenders** 멜빵
- **cane** 지팡이
- **bonnet** 보닛 여성과 어린아이들이 많이 쓰던 턱에서 끈을 매는 모자 
- **stroller** 유모차
- **toga** 옛날 그리스, 로마 사람들이 입던 긴 겉옷

••• retro style 복고풍

70's 
- **polyester shirt** 폴리에스테르 남방
- **bell bottoms** 나팔바지
- **platform shoes** 통굽 구두

80's 
- **big hair** 크게 부풀린 머리스타일
- **big accessaries** 큼직큼직한 액세서리들

> Ewww... she looks so 80's.
> 으윽... 저 여자 정말 80년대스럽다.

colors 색깔

실생활에서 가장 많이 쓰는 색깔 위주로 모았습니다.

ORANGE 오렌지색

RED 빨간색

BABY BLUE 하늘색
sky blue는 자주빛 기가 약간 도는 밝은 청색

SIENNA [siénə] 연갈색
raw sienna라고도 하고, 붉은 기가 도는 황토색은 burnt sienna.

MAROON 암적갈색, 밤색

TEAL GREEN 초록색

NAVY 감색

TURQUOISE [tə́:rkwɔiz] 청록색

CAMOUFLAGE [kǽmuflɑ̀:ʒ] 개구리 군복색

patterns 무늬

plaid 격자 무늬의

paisley [péizli] 아메바 무늬의

flower printed 꽃무늬의

checkered 바둑판 무늬의

striped 줄무늬가 있는

pinstriped 가는 세로줄 무늬의
e.g. He was wearing pinstriped pants.
그는 세로 줄무늬 바지를 입고 있었다.

polka dot 땡땡이 무늬

solid colored 단색인

vanity table 화장대

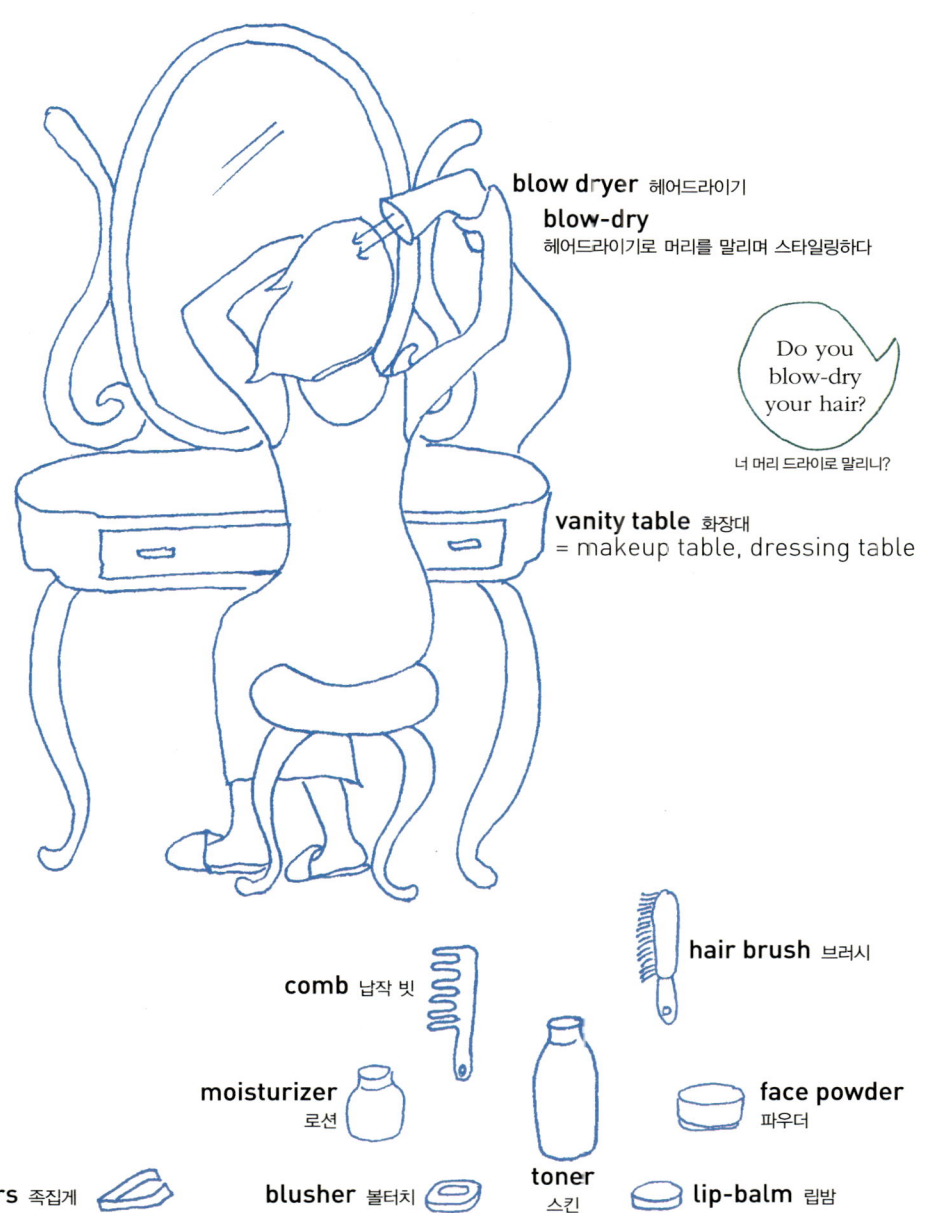

blow dryer 헤어드라이기
blow-dry 헤어드라이기로 머리를 말리며 스타일링하다

Do you blow-dry your hair?
너 머리 드라이로 말리니?

vanity table 화장대
= makeup table, dressing table

comb 납작 빗

hair brush 브러시

moisturizer 로션

face powder 파우더

tweezers 족집게

blusher 볼터치

toner 스킨

lip-balm 립밤

facial hair 수염

beard 턱수염

mustache 콧수염

goatee 염소수염

peach fuzz 솜털

bushy eyebrows 숱검댕 눈썹

unibrow 일자눈썹

sideburns

sideburns 구레나룻 귀밑에서 턱까지 이어진 수염

soul patch 입술 밑에 손톱만큼만 남겨놓은 얌체 수염

handlebar mustache 끝이 말려 올라가는 팔자 콧수염

soul patch

Fu Manchu mustache 중국 사람들에게 많이 있는 얄쌍한 수염

mutton chops 턱만 빼고 기른 예전에 유행하던 스타일

handlebar mustache

Vandyke beard 반다이크 수염 턱밑에 세모 모양으로 뾰족하게 다듬은 수염으로, 화가 이름에서 따옴.

Fu Manchu mustache

mutton chops

Vandyke beard

hair styles 헤어스타일

beehive 만화영화 "심슨가족The Simpsons"에서 호머 심슨의 아내 마지의 정말 '벌통' 같은 머리. 옛날 영화에도 나오지만, 파티에 가면 지금도 가끔 볼 수 있어요. '벌통'의 길이가 생각보다 길진 않지만요.

beehive

mohawk [móuhɔːk] 인디안 모호크족의 이름에서 따온 일명 닭벼슬 머리

mohawk

faux hawk 옆머리를 밀지 않고, 무스나 왁스로 가운데로 몰아 모호크 스타일을 흉내만 냈다고 해서, hawk 앞에 mo를 떼고 '가짜'라는 뜻의 프랑스어 faux[fou]를 쓴 것.

faux hawk

mullet 앞과 옆은 짧고, 뒤쪽은 긴 80년대 남성 헤어스타일의 하나. 촌스러워 보이는 이 스타일에는 '앞은 비즈니스, 뒤는 파티'라는 나름의 모토가 숨겨져 있다고 합니다.

mullet

afro 70년대 흑인들의 대표적인 스타일. 'African American 흑인'에서 앞음절만 따온 이름답게 '아프로'는 흑인다운 머리. 완전 곱슬이어서 그냥 기르면 이렇게 된다고. 마이클 잭슨을 포함한 잭슨 가의 5형제 그룹 The Jackson Five의 머리 스타일이기도 했죠.

afro

ponytail 한 갈래로 묶은 머리 뒤통수에 묶으면 정말 조랑말pony의 꼬리 tail처럼 보이지요.
salt-and-pepper 희끗희끗한 머리 **grey hair** 센머리(흰머리)
white hair 머리 전체가 하얀 백발 **platinum blonde** 백금발

bangs 〈복수형〉 이마 위로 짧게 내리는 머리
pony tail

 **pigtails** 양옆으로 묶은 머리

 **braided pigtails** 땋아서 양옆으로 묶은 머리

 **braided hair** 땋은 머리

 **French braids** 일명 '디스코 머리'

 **pigtail buns** 양쪽으로 빵처럼 묶은 머리

 **braids** 가늘게 여러 갈래로 딴 머리

 **dreadlocks** 레게 머리

 **bald** 대머리의

 **balding** 대머리가 되어가는, 휑한

 **shaved head, skinhead** 빡빡머리   한편 skinhead는 '스킨헤드족' 이라고 해서 인종차별주의 무리를 가리키기도 합니다. 빡빡 밀지 않고, 바짝 친 머리는 closely-cropped hair.

• • • **hair type** 머리카락 유형

 fine hair 가는 머리카락

 **frizzy hair** 잘게 곱슬거리는 머리카락

 **coarse hair** 두껍고 거친 머리카락, 다루기 힘든 머리카락

 **straight hair** 직모

 **curly hair** 곱슬머리

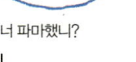 *Did you get your hair permed?* 너 파마했니?

 **wavy hair** 반곱슬 머리

No. Mine is natural. 아니. 원래 이래.

clothes 옷

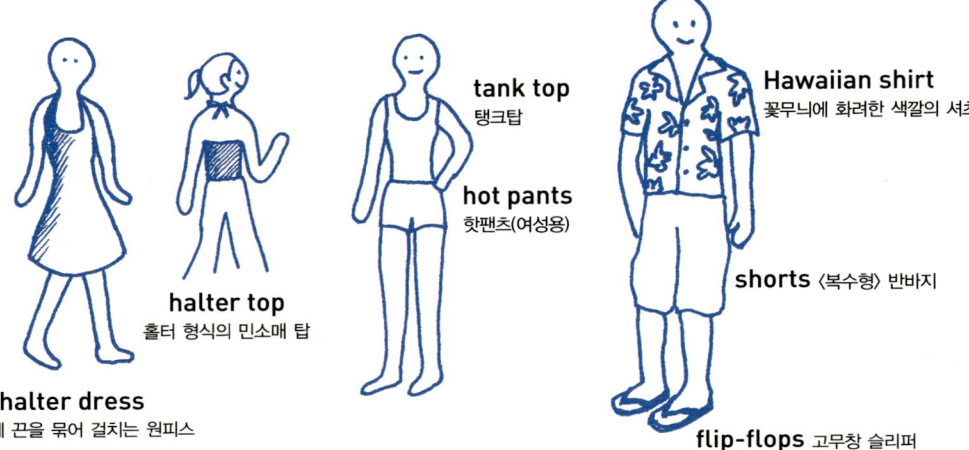

tank top 탱크탑

hot pants 핫팬츠(여성용)

Hawaiian shirt 꽃무늬에 화려한 색깔의 셔츠

shorts 〈복수형〉 반바지

flip-flops 고무창 슬리퍼

halter top 홀터 형식의 민소매 탑

halter dress 목 뒤에 끈을 묶어 걸치는 원피스

baby doll T-shirt 어깨선과 목선이 사선으로 연결되고, 소매가 짧은 타이트한 티셔츠

ripped jeans 찢어진 청바지

sneakers 고무창 운동화

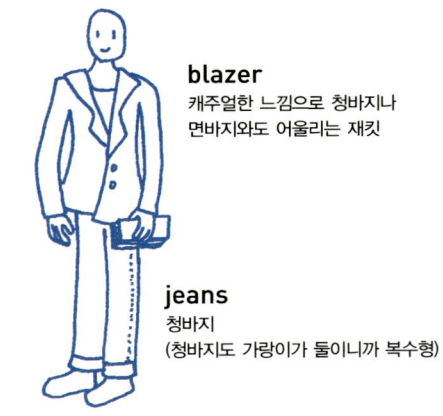

blazer 캐주얼한 느낌으로 청바지나 면바지와도 어울리는 재킷

jeans 청바지 (청바지도 가랑이가 둘이니까 복수형)

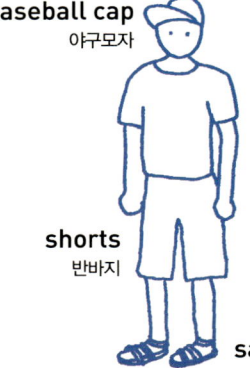

baseball cap 야구모자

shorts 반바지

sandals 샌들

T-shirt 앞에 단추나 깃이 없는 셔츠. 반면, 앞이 트여 있어서 단추로 여미고, 깃이 달린 것은 그냥 shirt라는 사실. 그러니 양복 입을 때 입는 와이셔츠도 그냥 shirt라고 할 수 있답니다.

clogs 나무 굽에 가죽이나 스웨이드천으로 발가락과 발등이 가려지는 슬리퍼

skimpy dress 노출 부위가 많고, 타이트해서 야한 스타일의 드레스

pumps 펌프스 밑창이 아주 얇고 발등이 많이 드러나는 구두

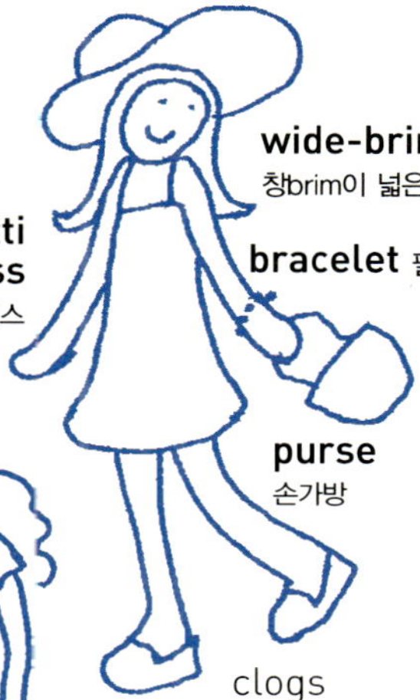

pleather pants 인조가죽 바지 '플레더'는 plastic leather를 뭉뚱그린 신조어

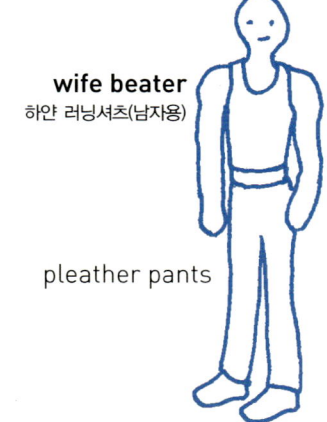

wide-brimmed hat 창brim이 넓은 모자

spaghetti strap dress 어깨끈 원피스

bracelet 팔찌

purse 손가방

clogs

skimpy dress

wife beater 하얀 러닝셔츠(남자용)

pleather pants

pumps

long johns 내복
thermals 보온내복

trench coat 바바리 코트 체크패턴이 트레이드 마크인 영국의 Burberry사가 이런 코트를 만들긴 하지만, 미국에선 '바바리'라고 하지 않고, 트렌치 코트라고 합니다.

hoodie 후드티

영어는 '후드티'가 아니고 '후디'

suit 정장

재킷과 바지, 재킷과 스커트로 아래위가 한 벌로, 남성 정장뿐 아니라 여성 정장도 suit라고 합니다.

- **tie** 넥타이
- **dress shirt** 콩글리시 '와이셔츠'에 해당하는 정장용 셔츠
- **briefcase** 서류가방
- **dress shoes** (남녀의) 정장용 구두

- **tie** 넥타이
- **bow tie** 나비 넥타이
- **bolo tie** 금속고리로 고정하는 끈 넥타이

leotard 체조복, 레오타드

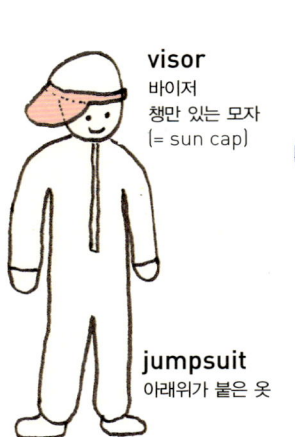

- **visor** 바이저, 챙만 있는 모자 (= sun cap)
- **jumpsuit** 아래위가 붙은 옷

sweatshirt 추리닝 윗도리

sweat[track] pants 추리닝 바지

gym shoes 운동화 '운동화'의 보편적인 명칭으로, athletic shoes라고도 하지만 주로 상점에서 쓰는 용어. 육상이나 조깅용으로 신을 거라면 running shoes라고 콕 집어 말하는 게 좋습니다. 걸을 때 신발소리가 안 난다고 해서 '몰래 살금살금 걷다'는 sneak에서 파생된 스니커즈 sneakers는 운동용보다는 평상화로 애용되지요.

padded jacket 패딩재킷 간혹 우리말처럼 padding jacket이라고도 하지만, padded jacket이 어법상 옳고, 훨씬 일반적인 표현입니다. '파카'는 영어 parka가 맞고요. 우리가 '다운'이라고 하는 오리털 잠바는 오리털 패드를 넣었다고 해서 down padded jacket이라고 하네요.

scarf 스카프 목도리, 머플러(혹은 마후라)… 모두 스카프입니다.

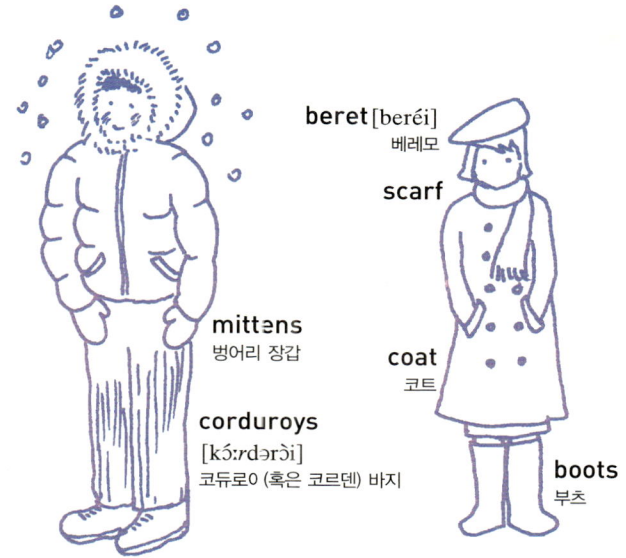

° underwear & footwear 속옷과 양말

corset 코르셋 실제로 겉옷으로 입는 사람은 본 적이 없지만 이런 스타일의 '겉옷'이 유행한 적이 있지요.

bra 브라 brassier의 줄임말인데 우리처럼 모두들 bra라고 합니다.

garter belt 가터벨트 스타킹이 흘러내리지 않게 고정하는 벨트

panties 〈복수형〉 (여성, 아동용) 팬티

slip 슬립

garter belt

corset

bra
panties

slip

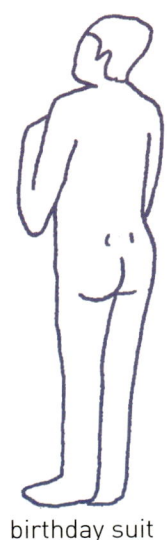
birthday suit

birthday suit 나체 이렇게 우회적으로 표현하기도 합니다. 세상에 나오는 날, 벌거숭이 자연인의 모습으로 나오니까요.

e.g. We were lying on the beach in our birthday suits.
우린 나체로 해변에 누워 있었지.

briefs 남성 삼각팬티

boxers 트렁크

boxer briefs 트렁크처럼 가랑이가 있지만, 삼각팬티처럼 달라붙는 스타일

socks 양말

stocking 스타킹 팬티스타킹은 panty hose

knee socks 무릎까지 오는 양말

tights 타이츠

Christmas stocking
크리스마스 때 걸어놓는 목 긴 양말

loafers 간편화 부드러운 가죽으로 된, 편하게 신고 벗을 수 있는 신발

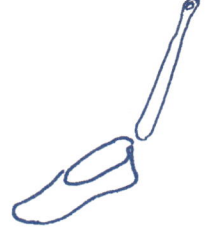

leg warmer 다리덮개

shoehorn 구두주걱

earmuffs 귀덮개

bags 가방

duffle bag 더플백 질긴 천에 원통형으로 이것저것 막 담기 좋죠.

messenger bag 어깨에 가로질러 매는 넙적한 끈이 달린 납작한 사각형 가방

duffle bag

purse 핸드백 = handbag
어깨끈 없는 작은 손가방

suitcase 여행용 가방

briefcase 서류가방

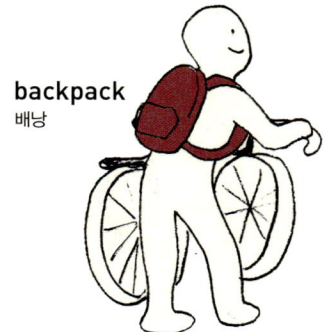

backpack 배낭

change 잔돈, 거스름돈

change purse 동전지갑

wallet 지갑

°hair accessories 헤어 액세서리

scrunchie [skrʌ́ntʃi] 일명 '곱창밴드'

hair tie 머리 묶는 고무줄

barrette [bərét] 똑딱핀

hair clip 집게핀

hair pin 실핀

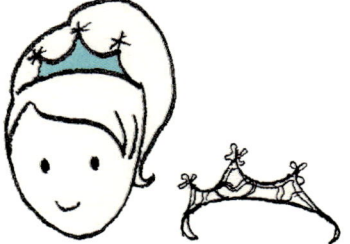

tiara 티아라 (보석 달린 머리 장식)

bandanna 두건

°body treatment 미용

waxing 제모의 한 방법으로 끈적한 테이프를 붙였다 확 뜯어 내어 털을 제거하는 방법

아야!

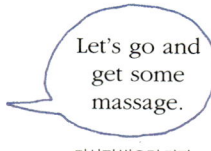
마사지 받으러 가자.

masseur [mæsə́ːr] 남자 마사지사
masseuse [mæsə́ːz] 여자 마사지사

facial mask
얼굴 팩

••• manicure 손 미용

손톱fingernail이나 발톱toenail에 바르는 '매니큐어' 는 nail polish 혹은 nail enamel이라고 합니다. manicure는 사실 우리가 알고 있는 그 액체가 아니라 네일샵에서 받는 여러 가지 손 미용관리를 뜻합니다.

봐! 나 손톱 칠했다.

nail polish[enamel]
매니큐어

nail polish remover
아세톤

nail clipper
손톱깎이

nail file
손톱줄

••• pedicure 발 미용

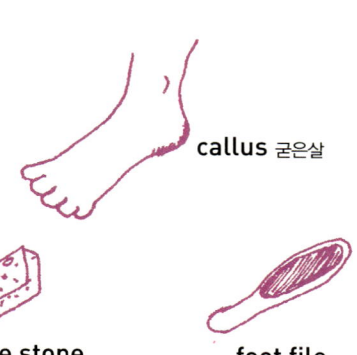
callus 굳은살

pumice stone
굳은살 제거용 돌

foot file
발의 굳은살을 긁어내는 손잡이 달린 도구

가끔씩 발 미용을 받는 것도 재밌네.

size chart 사이즈 표

미국에서의 size chart는 우리와 꽤 다르므로 무엇을 사러 갈 일이 있을 때는 미리 사이즈를 확인해두고 가는 것이 좋겠습니다. 또한 눈짐작보다는 입어보고, 신어보고 사는 게 좋습니다.

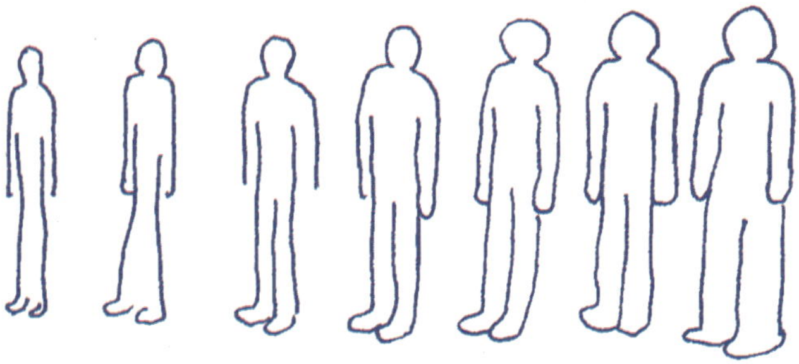

women's clothes size 여자 옷 사이즈	0	2	4	6	8	10	12
	44	55		66	77	88	

women's shoes size 여자 신발 사이즈	5	5½	6	6½	7	7½	8	8½	9	9½
	200	225	230	235	240	245	250	255	260	265

men's shoes size 남자 신발 사이즈	7	7½	8	8½	9	9½	10	10½	11	11½	12
	250	255	260	265	270	275	280	285	290	295	300

Pursuit
6

pursuits 장래희망

jobs 직업

day job 생업   밥벌이로 하는 일을 일컫는 말. day job과 대비되는 표현이 moonlight job으로 moonlight란 단어가 암시하듯 본업 외에 저녁시간이나 밤시간, 휴일을 이용해 하는 부업을 말하죠.

part-time 파트타임   일하는 시간이 주당 몇 시간 미만으로, full-time에서 받는 보험혜택 등에 제약이 있죠.

full-time 정규직

waiter 웨이터

actor 배우

painter 화가

art handler 갤러리나 미술관에 작품 설치하는 사람
(벽 칠하고 못 박는 것부터 시작해 여러 가지 일을 함)

musician 음악 하는 사람

comedian 코미디언

stand-up comedy
무대에 서서 거의 말로만 하는 코미디

bike messenger 자전거 배달부

cabbie 택시운전사

police officer 경찰
NYPD 뉴욕 경찰
= New York City Police Department

seamstress 재봉사

plumber [plʌ́mər] 배관공

locksmith 열쇠공

carpenter 목수

chiropractor [káirəpræ̀ktər] (척추) 지압사

acupuncturist 침술사

electrician 전기 기사

fire fighter 소방관
FDNY 뉴욕 소방관 = Fire Department City of New York

bookkeeper
부기계원
회사에서 거래내역을 기록하는 사람

janitor
건물관리인

stylist
코디네이터

weatherman
기상캐스터

baby sitter 아기 보는 사람
nanny 보모
cat sitter 고양이 보는 사람

hairdresser
미용사

stockbroker
주식 중개인

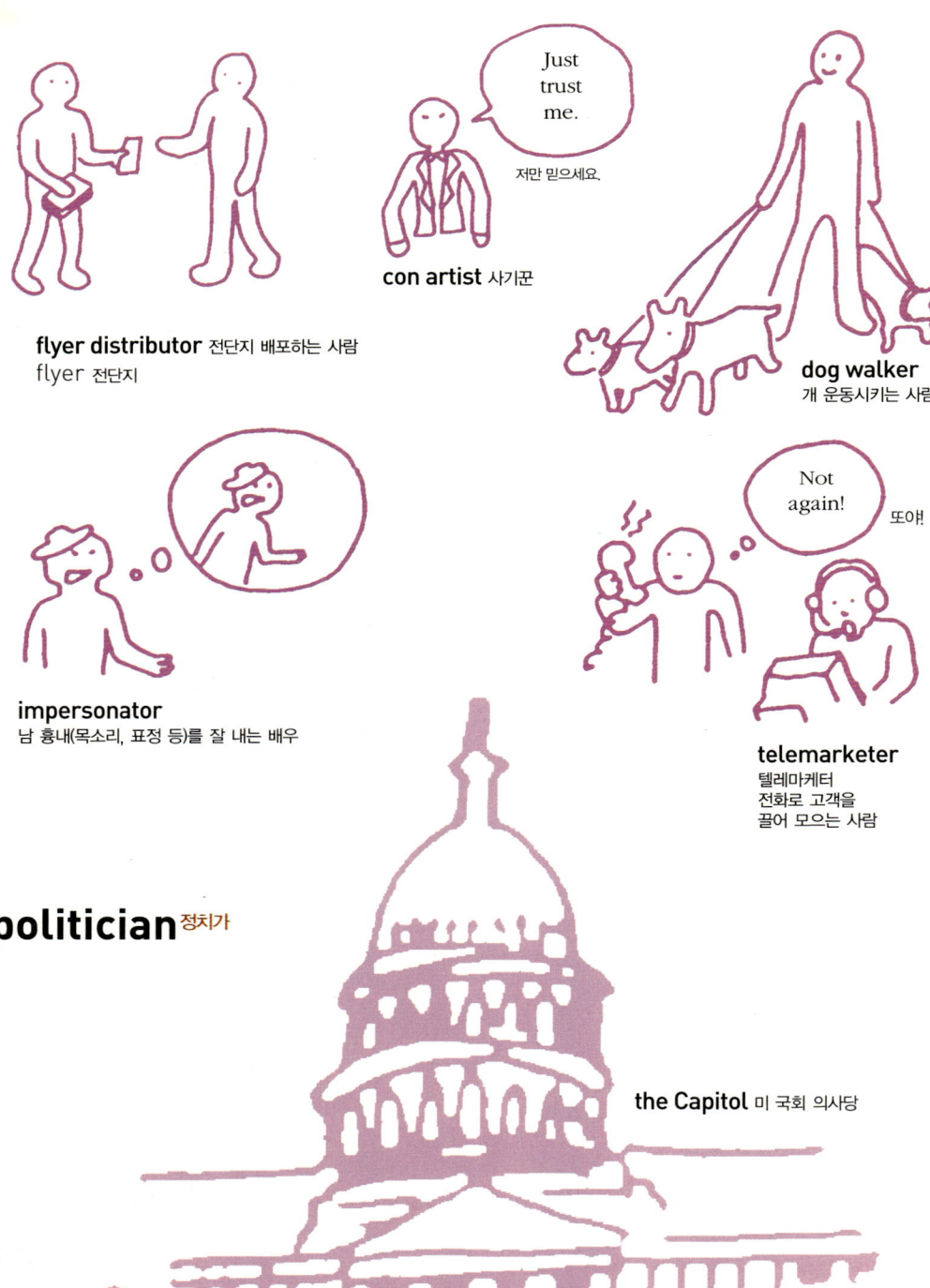

congressman 국회의원, 하원의원
The House of Representatives, lower house 하원

senator 상원의원
upper house 상원

state 주

governor 주지사
e.g. Governor of New York State 뉴욕 주지사
Governor George Pataki 조지 파타키 주지사
Governator = governor + terminator
캘리포니아 주지사가 된 아놀드 슈와츠제네거(영화 〈터미네이터〉의 주인공)의 별명

city 시

mayor 시장
e.g. Mayor of New York City 뉴욕시장
Mayor Michael Bloomberg 마이클 블룸버그 시장

spokesperson 대변인

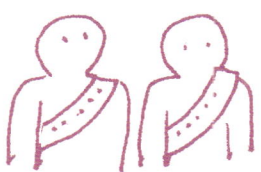

fund-raiser 기금 모으는 사람

blood donor 헌혈자
organ donor 장기기증자
donate blood 헌혈하다
donor 기증자

social worker 사회복지사

senior citizen 노인

panhandler 걸인

writers 작가

screenwriter 시나리오 작가

novelist 소설가
essayist 수필가, 평론가
columnist 컬럼 기고가

playwright 극작가

cartoonist 만화가

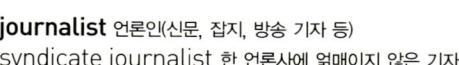
journalist 언론인(신문, 잡지, 방송 기자 등)
syndicate journalist 한 언론사에 얽매이지 않은 기자

poet 시인

singer-songwriter 작곡가 겸 가수

musicians 뮤지션

gig 연주

rock이나 jazz 등의 하룻밤 공연. 관객보다 공연하는 사람이 쓰는 용어입니다.

e.g. We played a gig at that club last year. 우리가 그 클럽에서 작년에 연주한 적이 있어.
I want to see your show. 너희들 공연을 보고 싶어.

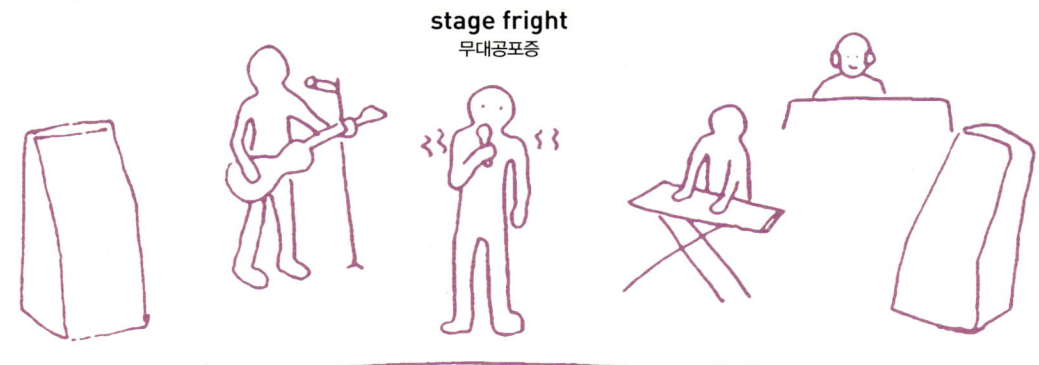

stage fright 무대공포증

opening band 그날의 main band가 나오기 전에 나와 분위기를 살리는 밴드로 무명의 밴드로서는 자신들을 알리는 무대가 되기도.

nice crowd 예의 바른 관중들 opening band가 나왔을 때 떠드는 등의 예의 없는 관중도 많아서 어떤 땐 opening band가 불쌍하게 보일 때도 있습니다.

set 무대, 공연 공연자의 입장에서 많이 쓰고, 관중 입장에선 It was a great show. 또는 They played a great set. 하고 말하지요.

e.g. It was a great set. 정말 멋진 공연이었어.
We played a horrible set. 정말 아닌 공연이었어.

concert 콘서트

local bands 현지 밴드 지역에서 인기 있는 밴드들을 말합니다. New York local bands는 수준이 높죠.

ID check 신분증 검사 대부분 공연장에서 주류를 팔기 때문에 들어갈 때 신분증을 검사합니다. 그래서 만 21세 이상에게는 야광 drink band strap을 채워주는데, 이 띠가 손목에 둘러져 있으면 술을 살 수 있습니다.

bag check 가방 검사 사진기나 무기 등등을 체크하기 위해 가방 검사를 합니다. 큰 가방일 경우엔 맡겨야 될 때도 있습니다. 여자들 작은 손가방은 검사 안 합니다.

ticket holder 입장권 소유자 특히 티켓을 미리 구입해서 가지고 온 사람

will call 인터넷이나 전화로 예약한 사람이 자신임을 확인하고(같은 신용카드와 신분증으로) 표 없이 입장하는 것

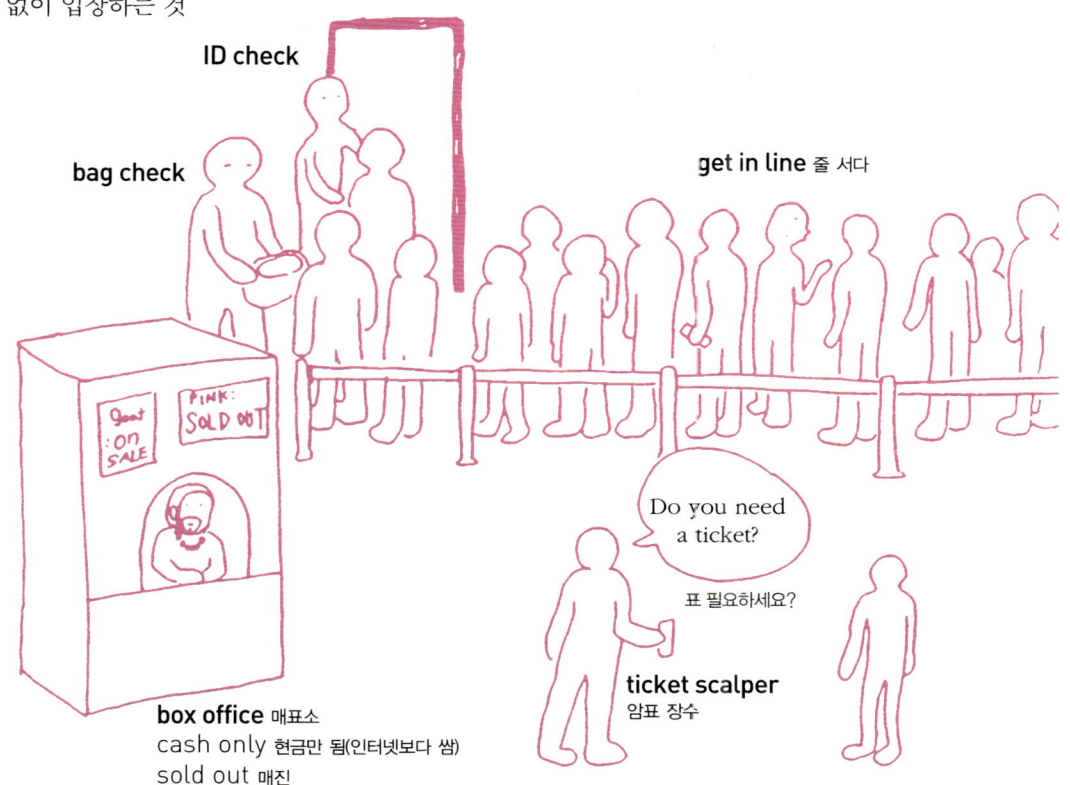

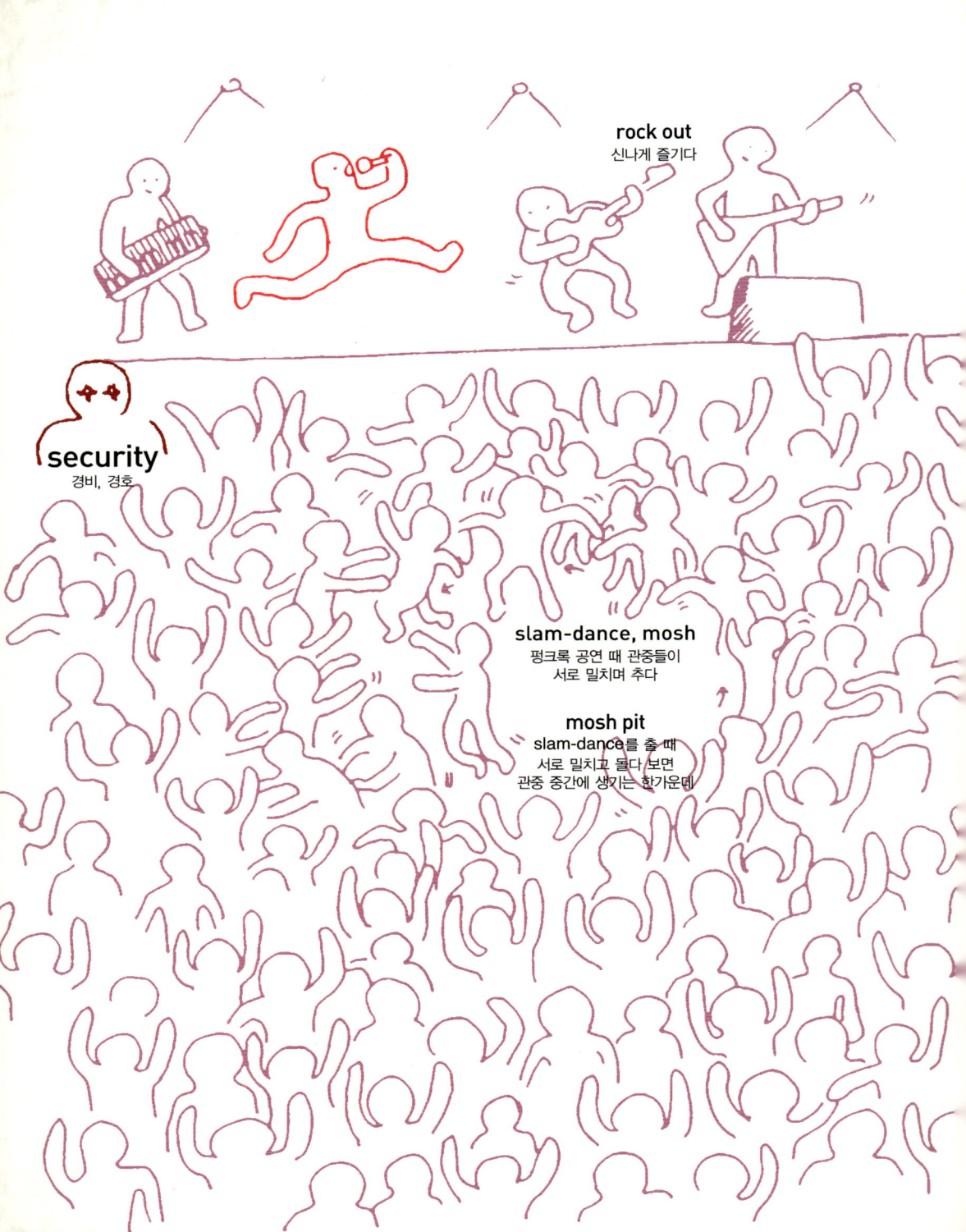

art class 미술수업

art museums 미술관

museum 박물관

gallery 미술 전시실

gallery guide 뉴욕의 갤러리와 미술관의 전시내용을 수록한 작은 월간 책자. 갤러리에서 공짜로 주는 곳도 있고 서점에서 3달러 정도에 구입 가능.

coat check 미술관에 가면 짐과 겉옷을 맡기는 곳

admissions 입장(료)
= fee
student with valid ID
학생증을 소지한 학생
senior citizen 노인
children under 12 12세 이하 어린이

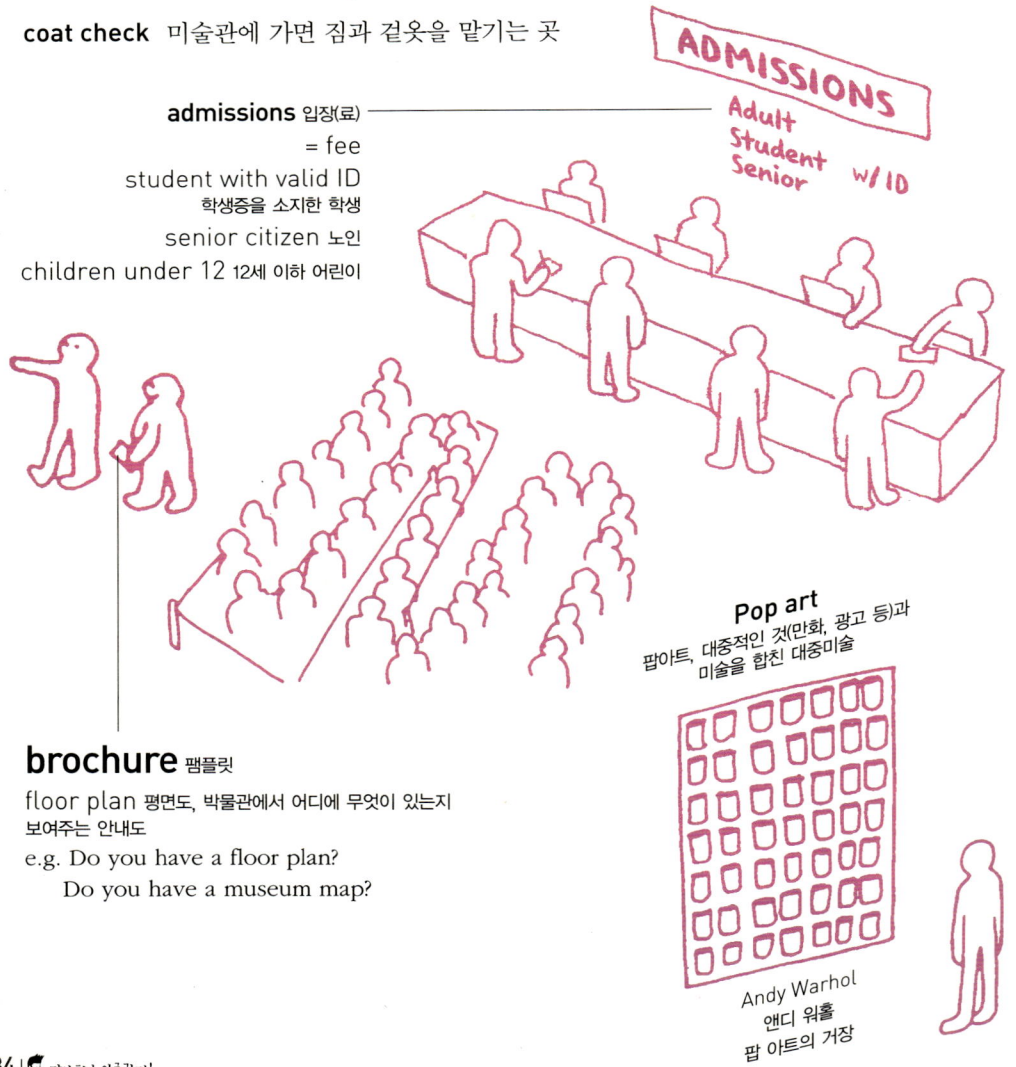

ADMISSIONS
Adult
Student
Senior   w/ ID

Pop art
팝아트, 대중적인 것(만화, 광고 등)과 미술을 합친 대중미술

Andy Warhol
앤디 워홀
팝 아트의 거장

brochure 팸플릿
floor plan 평면도, 박물관에서 어디에 무엇이 있는지 보여주는 안내도
e.g. Do you have a floor plan?
　　Do you have a museum map?

suggested donation 국립미술관, 박물관에서 관람료를 얼마 받기를 희망한다고 가격을 제시하는 경우. 사립 미술관의 경우 주말의 정해진 시간에 원하는 만큼만 내고 들어갈 수 있습니다.
opening reception 새 전시회를 시작할 때 작가와 함께하는 오픈식 행사

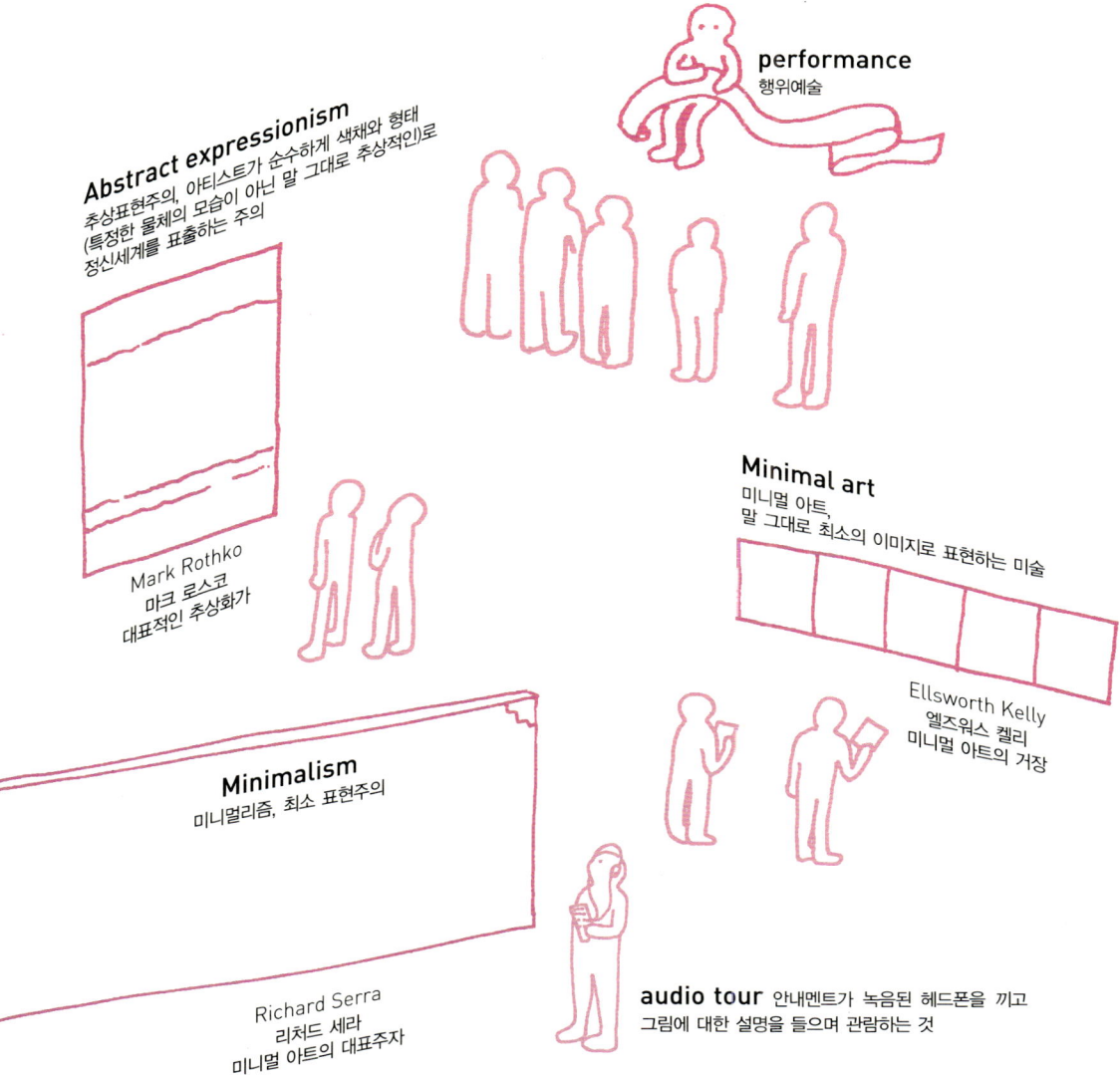

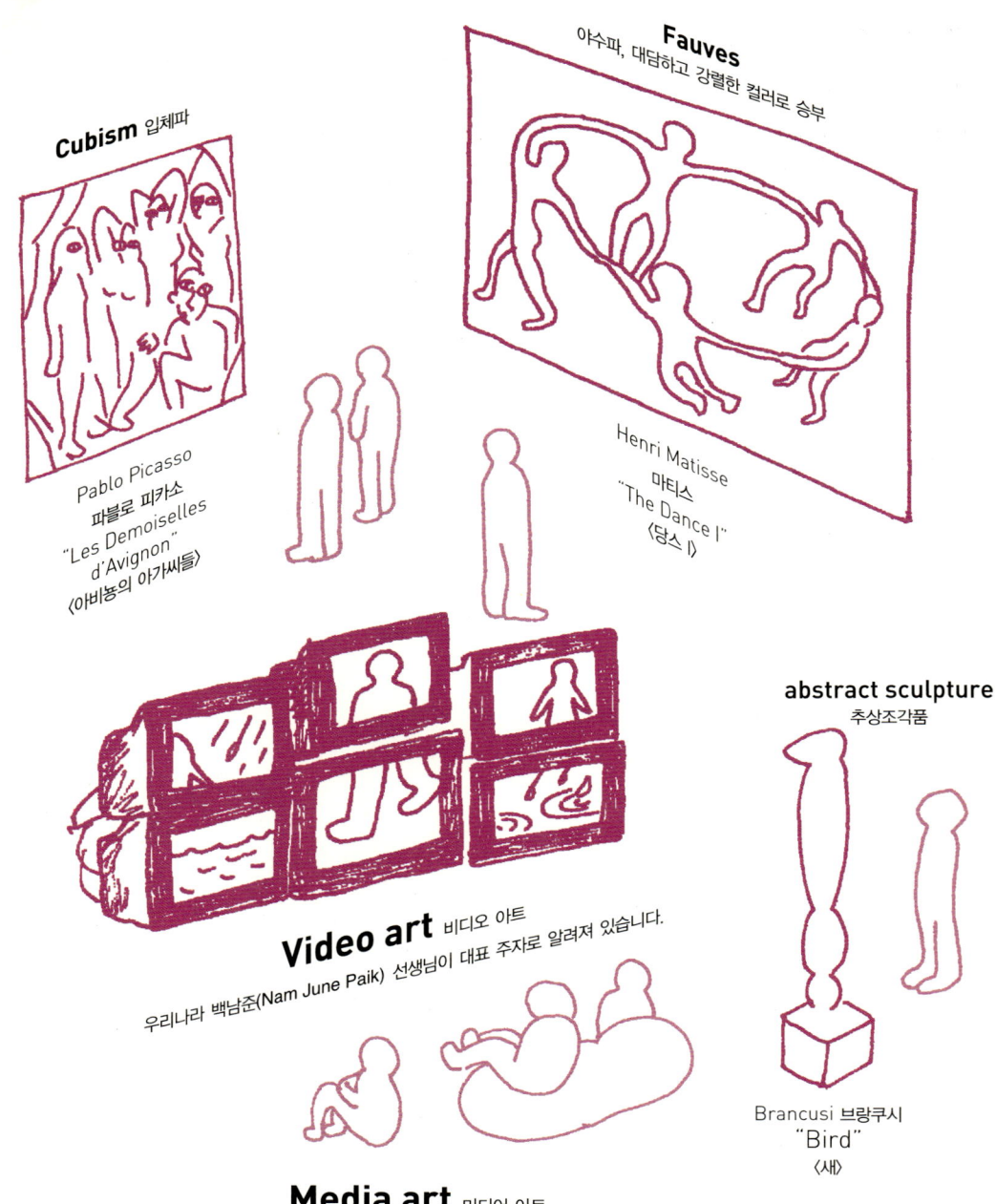

*작품을 대충 흉내내어 그린 것으로 작가에 대한 모독을 줄 의사는 전혀 없음^^

school 학교

enroll 등록하다

semester 학기

• • • international student services office 유학생 사무소에서

I-20 미국 학교 서류로 비자 신청할 때, 입국 심사할 때 필요함.

visa questions 비자와 관련된 모든 궁금증들.

travel authority 미국을 벗어날 때 허가 받는 것. I-20에 서명을 받는다.

employment 외국학생은 캠퍼스나 학교와 연관된 곳에서 일할 수 있습니다. 일하고 싶은 곳의

FINANCIAL AID Office
학자금 지원 사무소

student loan 학생 대출
scholarship application 장학금 신청
working student 근로 장학생

BURSAR'S Office
회계과

pay tuition 등록금 납부
AMS 등록금 분납

Int'l Student Services Office
유학생 사무소

ADMISSION'S Office
입학사무소

application materials
입학 지원에 필요한 것들

- portfolio (예능계열) 포트폴리오
- TOEFL (외국학생) 영어시험
- GRE 대학원 시험
- SAT 수학능력 시험
- letters of references 추천서
- essay 공부할 분야에 대한 글쓰기
- biography 자기소개서
- official transcript
  (학교에서 직접 보내주는) 성적표

REGISTRAR
수강 신청

enroll 등록하다
e.g. She enrolled in music school.
add (과목을) 넣다
drop (과목을) 빼다
transcript 성적표
grade 점수

I'm a confused student a million miles from home.

난 집에서 수만 리 떨어진 곳에 있는 어리둥절한 신입생.

책임자에게 편지와 사인을 받아서 유학생 사무소로 가면 그곳에서 또 무슨 편지와 사인을 해줍니다. 서류들을 챙겨서 사회보장카드social security card를 신청apply합니다. 전 학교 부속의 세 공연장에서 usher(표 받고 자리 안내하는 사람)로 일했는데 공짜로 발레와 연극, 오케스트라, 팝, 각 문화단체 특별공연 등 무수한 공연들을 볼 수 있는 기회였습니다. 물론 주급은 적지만 안 버는 것보다 낫고 주말 저녁 등에 하기 때문에 수업에 지장이 없지만… (노는 데는 지장이 있습니다).

practical training 학교를 졸업하면 일 년 동안 관련 분야에서 일할 수 있습니다. 졸업 무렵 서류를 갖추어 신청하면 몇 주 후 일할 수 있는 카드가 날아옵니다. 직업 구할 때 면접interview 시 인사과human resources에 신분증과 함께 이 카드를 보여주면 됩니다. 순수미술 계통은 직접 관련된 직업이 별로 없어서 전 미술관에 들어가서 1년 일했습니다. 큐레이터 분야가 아닌, 미술관 층층을 돌아다니면서 상태를 확인하고, 표와 회원권을 팔고 커미션 받는 일 등을 했는데 좋은 동료들과 상사를 만난 덕분에 즐겁고 보람차게 일할 수 있었습니다.

tax returns 세금 환급 보통 직장에서 세금을 떼고 주급을 주는데 매년 4월 1일까지 관련 서류를 작성해서 보내면 외국학생은 거의 다 돌려받습니다. 서류 작성하는 게 생각보다 복잡한데 유학생 사무소에 가면 도와줍니다.

LIBRARY

reference 참고서적
periodical 정기 간행물
F 소설, 픽션 = fiction
reserve 대출중인 책을 예약해놓기

xerox 복사하다; 복사본(제품명에서 유래) 못 가지고 나가는 책의 경우, 복사가 가능합니다. 특별한 책은 따로 보관되어 있어 몇 시간만 학생증을 맡기고 빌릴 수 있습니다.

Lecture room
강의실

attendance 출석
assignment 과제
paper 리포트
research paper 논문
presentation 프레젠테이션
projector 슬라이드, 프로젝터 등
midterm 중간고사
final 기말고사
professor 교수
assistant 조교

doc. file and hard copy 교수에 따라서 리포트paper를 이메일로 제출하는 경우도 있는데 그럴 땐 파일 형식을 알려주죠. MS Word의 doc 파일을 가장 많이 쓰며, hard copy도 따로 제출하라고 하면 출력해서 내야 합니다.

Dept. Office
학과사무소
Dept. = department

학과사무소엔 조교가 있지 않고 비서secretary가 있습니다

Cafeteria
구내식당
학교라고 해도 싸진 않아요.

Health Service
보건소

immunization
예방접종

GYM
체육관

Graduate Office
대학원 사무실

graduate admissions
대학원 입학 관련

Bookstore
textbook 교과서, 교재
memory card 메모리 카드
souvenir 기념품

Student Union
학생회
클럽 활동, 학교신문, 파티 계획 등의 정보 제공
housing office
기숙사나 주거 관련 정보 제공

Career Development Center
취업 준비 센터

internship 인턴취업 알선, 직업 연수
resume writing and interview practice
이력서 작성과 인터뷰 훈련
job listing 구인리스트

orientation 오리엔테이션 학기가 시작되기 1, 2주 전 신입생들과 교수들이 만나 자기소개를 하고 과목에 대한 설명, 미술대학원의 경우 작업실 배정문제 등도 상의합니다. 학부생은 과별이 아닌 (전공은 3학년에 가서 정하는 편) 전체적으로 큰 강당에서 orientation을 하며, 외국학생을 위한 orientation도 따로 마련됩니다(우리의 O.T와는 달리 2시간 정도).

field trip 현장학습 가끔 수업을 다른 곳에서 하는 경우가 있습니다. 뉴욕에는 미술관과 갤러리가 많아 미술 과목 수업은 가끔 맨해튼 시내에서 만나서 하기도 합니다. 물론 그런 수업 후엔 꼭 리포트paper를 내야 한다는 부담이 따르기는 합니다. 또 교수님댁으로 초대되어 도넛과 커피를 얻어 먹으며 듣는 수업도 있습니다. 주로 교수님의 작업실을 둘러보고 과거부터 현재까지의 작품 등을 보며 토론할 기회를 갖습니다. 또 서재도 구경할 수 있어 방대한 양의 책들에(전 미술 전공이지만) 입이 벌어지기도 합니다. 제 동기는 책도 하나 그 자리에서 빌려가더군요.

○ graduation 졸업

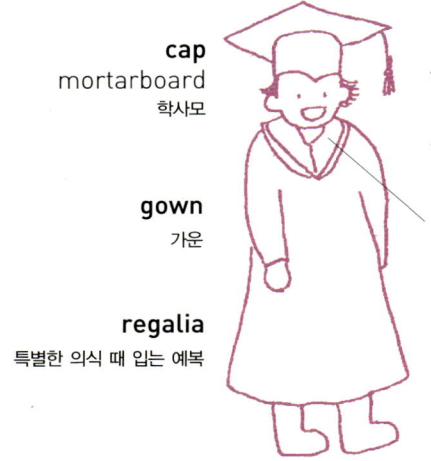

cap
mortarboard
학사모

gown
가운

regalia
특별한 의식 때 입는 예복

tassel 학사모에 달린 술

tams 박사 학위자가 다는 휘장 같은 것

hood 석사 학위자가 다는 후드. 전공마다 색깔이 다르며 미술분야Fine Art는 갈색입니다. 우린 졸업식 때 옆의 음악 전공자들이 pink hood를 단 것을 보고 부러워 했지요.

Ph. D 철학박사 = doctor of philosophy 원래는 철학박사를 말하지만 요즘은 일반대학원 박사 과정을 통칭합니다.

MD 의학박사 = medical doctor 미국에선 차 번호판에 의사는 MD로 시작되는 번호판을 달 수 있습니다.

degree 학위
bachelor's degree 학사 학위
master's degree 석사 학위
doctor's degree 박사 학위

••• commencement 졸업식

졸업은 끝이 아니라 새로운 시작이라고 하죠. '졸업식'을 그 출발점으로 본다는 의미에서 commencement라고 합니다. 졸업식은 미리 참가신청을 하고 학사모와 가운은 구내서점에서 삽니다(학교마다 좀 다릅니다). 각 과마다 일정한 곳에 모여 졸업식장까지 행진을 합니다. 총장, 시장, 졸업생 등의 인사와 학위수여가 있고 밴드의 공연도 있는데 재미있으면서도 웅장하지요. 학교마다 학위 수여하는 방식이 다른데, 우리 학교에선 단대별로 따로 모여 학장이 의복regalia를 갖추어 입은 가운데 한 명 한 명 받았습니다. 그 후 파티가 진행되고 멀리서 딸의 졸업식을 보러 오신 부모님도 제가 태운 교수님들과 인사도 나누고 사진도 찍으며, 또 졸업동기(미국에선 입학년도가 아닌 졸업년도로 동기를 맞춥니다. 전 Class of 2000입니다)들의 부모님과도 인사하고, 샴페인도 마시면서 축하합니다.

Phi Beta Kappa 미국대학 성적 우수자 모임
summa cum laude 수석 졸업의; (졸업 때) 수석으로
magna cum laude 차석 졸업의; (졸업 때) 차석으로

before → after

receive a degree
학위를 받다

science 과학

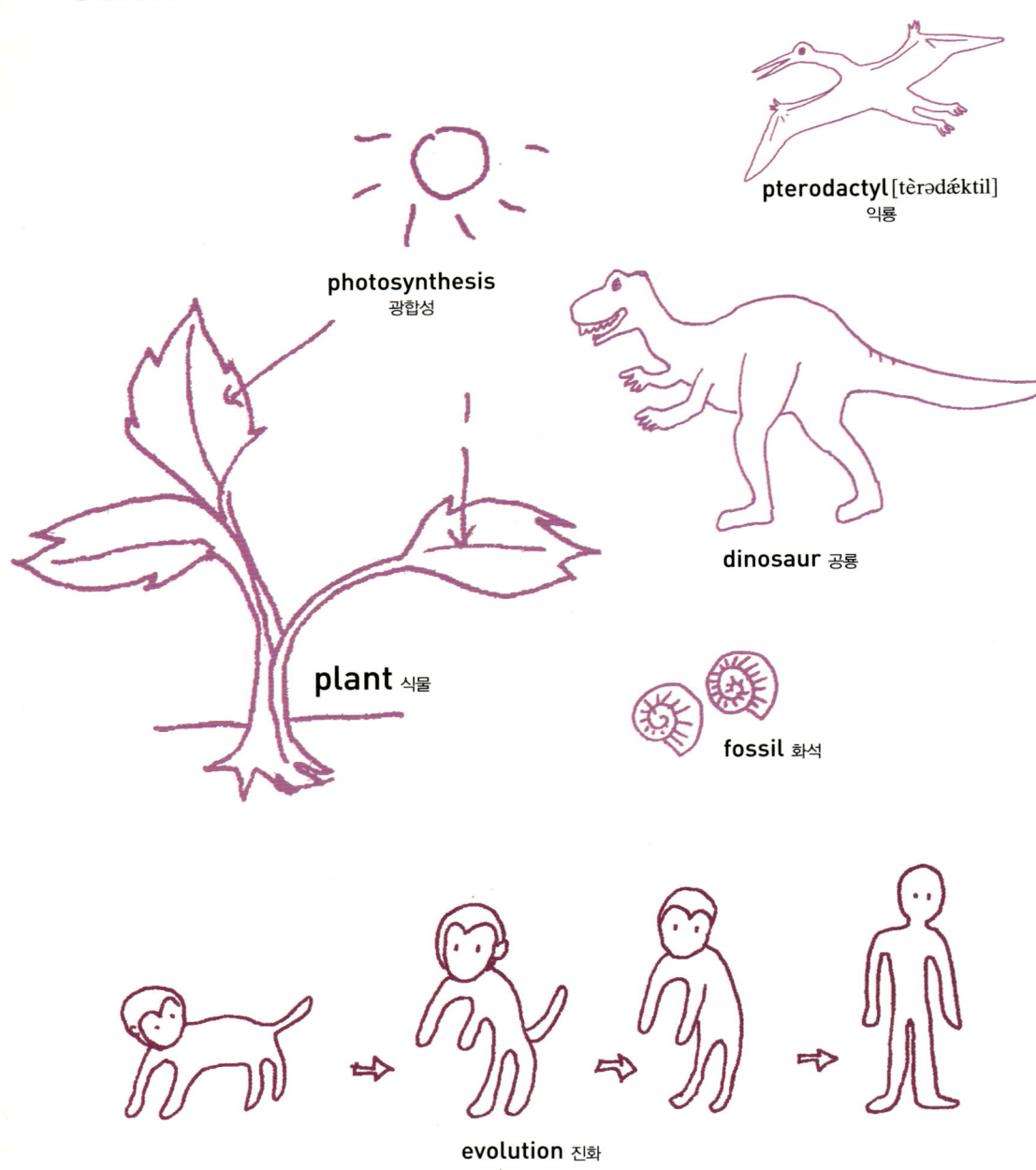

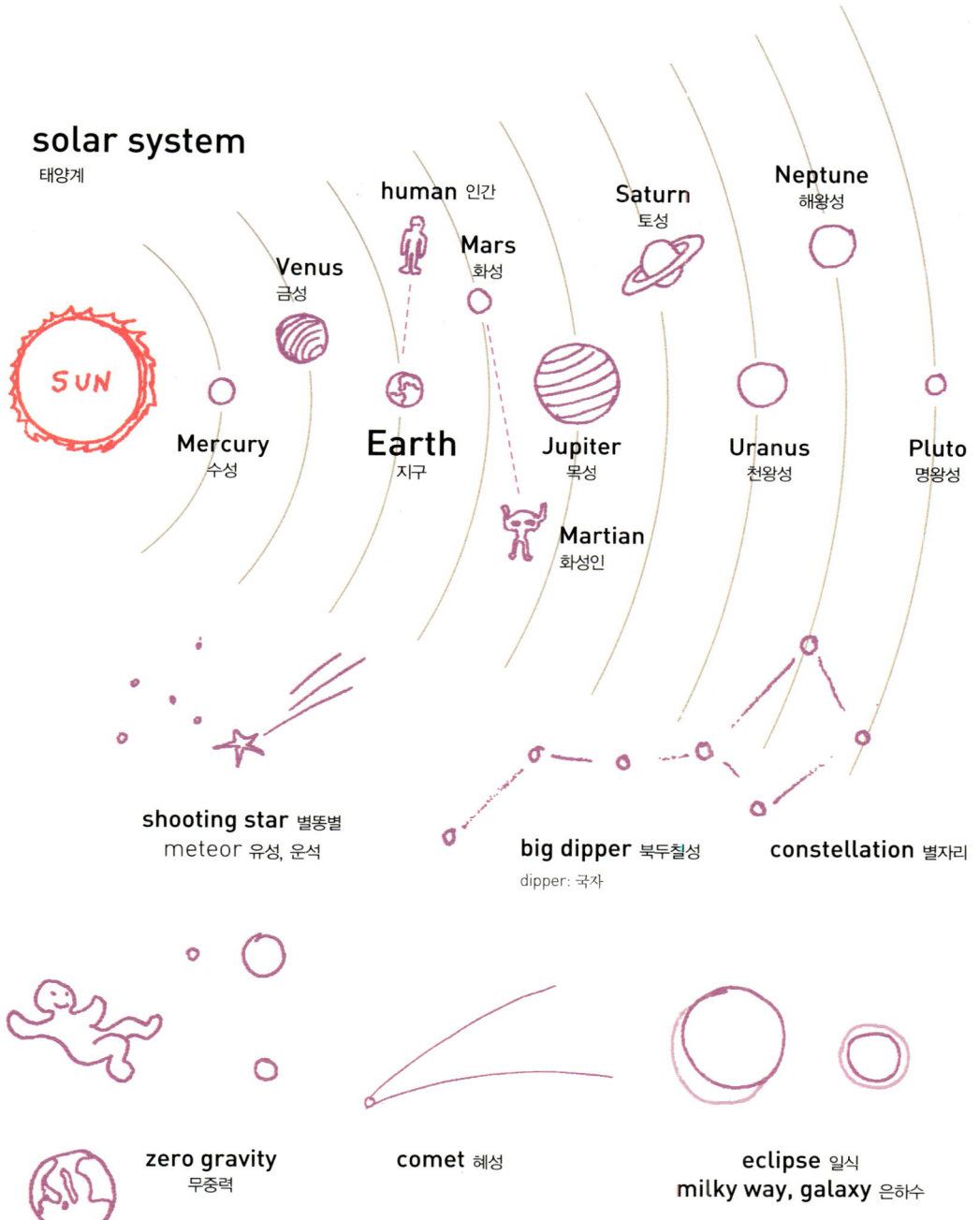

physics & chemistry 물리와 화학

atom 원자

molecule [máləkjùːl] 분자

inventor 발명가
patent 특허

chemist 화학자

physicist 물리학자
physician 의사

Theory of Relativity 상대성 이론
$E=mc^2$ (E equals m times c-squared)

gravity 중력

velocity 속력

inertia [inə́ːrʃiə] 관성

motion 운동

mass 질량

elasticity 탄성
elastic 탄력 있는

scientists 과학자

geologist 지질학자

geographer 지리학자

archaeologist
[à:rkiáləd ʒist]
고고학자

cytologist 세포학자

zoologist 동물학자

botanist 식물학자

ornithologist
조류(새)학자

marine biologist 바다생물학자
oceanographer 해양학자

anthropologist
인류학자

alchemist 연금술사

psychologist 심리학자
psychic 점쟁이

• • • nicknames for some jobs 직업을 부르는 속칭

주의!
비어들이니
당사자에게 대놓고
쓰지 않도록
합시다.

pig 경찰

the suits 사업가

cat 재즈뮤지션

bean counter 회계사

grease monkey 자동차 정비공

Human

meet humans

정말 다양한 사람을 만났습니다. 성격, 외모, 살아가는 방식, 가치관, 성적 취향이 제각각인 사람들이 부대끼며 살아가는 모습을 보고, 어느새 나와 같은 사람으로 이해하는 자신을 보며 어른이 되었다고 생각하였습니다. 우리는 이렇게 서로 너무나 다르지만, 같은 일생을 거칩니다. 엄마 뱃속에서 태어나 사춘기를 겪고, 사랑을 하고, 실연하고, 어느덧 어른이 되고, 아이를 낳고, 진짜 부모가 되어갑니다. 자, 우리를 만나볼까요?

성장과정

types of character 성격 유형

hypocrite 위선자

hysterical 흥분 잘하는

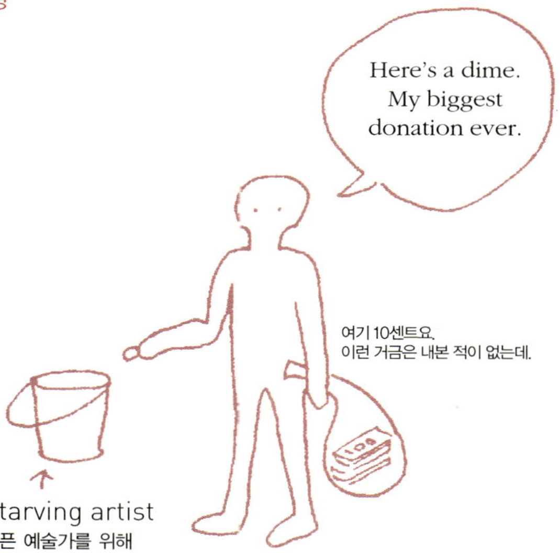

"Here's a dime. My biggest donation ever."
여기 10센트요. 이런 거금은 내본 적이 없는데.

for starving artist
배고픈 예술가를 위해

stingy, cheap 인색한, 쪼잔한 ↔ generous
cf. **frugal** 검소한

"me... my... me... me"

egoistic 자기만 생각하는, 자신만 항상 옳고 대단하다고 생각하는
egomania 자아도취에 빠진 사람, 자기 자신에 대해 너무 많이 생각하는 사람

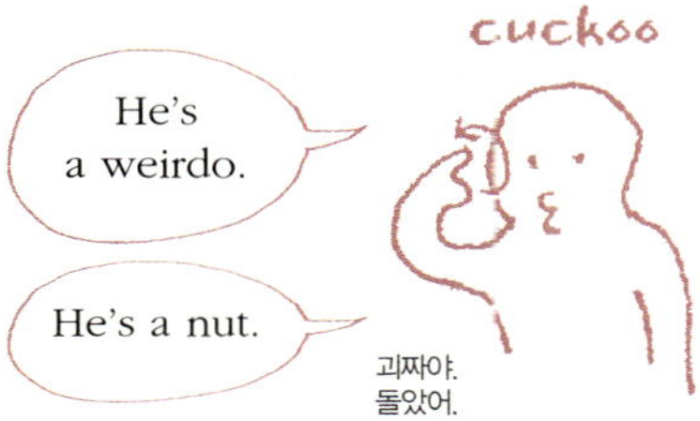

"He's a weirdo."
"He's a nut."
cuckoo
괴짜야. 돌았어.

weirdo, nut, fruitcake, nutball, cuckoo
정신상태가 의심스러운 괴짜
cuckoo "돌았냐?"라는 뜻으로 머리에 손가락을 대고 빙빙 돌립니다. 뻐꾸기 울음 소리도 cuckoo로 표현합니다.
e.g. He's a cuckoo. 그는 돌았어.

eccentric 특이한, 괴상한, 약간 미친

headstrong, stubborn 황소고집인, 고집불통인

ballsy 대담한, 용감한, 배짱 있는

Have some balls! 배짱 좀 가져봐! 사내가 말야, 배짱이 있어야지!

이때 balls는 남자의 고환testicles을 뜻하는 속어예요.

••• high maintenance 유지하는 데 돈 꽤나 드는

maintenance는 자동차의 '유지보수'나 '정비'를 뜻하지만, 남자들 사이에서 여자친구를 두고 이 단어를 자주 씁니다. 때마다 선물해야 하고, 비싼 거 사줘야 되고, 비싼 거 먹여야 되고… 유지maintenance에 돈이 많이 들어가는 여자를 말합니다. 반대는 물론 low maintenance. 하지만 이것 역시 좋은 뜻은 아니지요.

Four Seasons 고급 레스토랑 체인

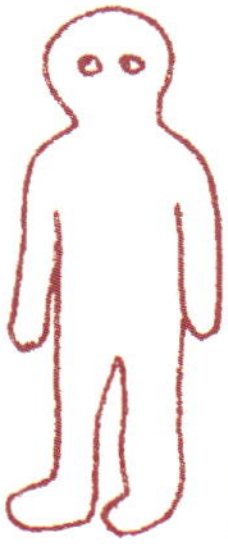

misfit 겉도는 사람, 어떤 무리나 직업에 잘 적응하지 못하는 사람

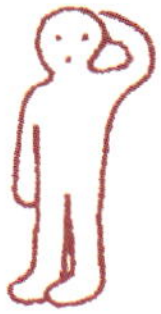

outcast 왕따

It's a pint-half-empty.

반밖에 안 남았어.

pessimist 염세주의자
pessimistic, pint-half-empty
(성격이) 비관적인

It's a pint-half-full.

반이나 남았어.

optimist 낙관주의자
optimistic, pint-half-full
낙천주의의

oblivious 둔한, 눈치가 느린 사무실의 바로 옆자리 동료가 머리를 새로 했는데도, 오늘 특별히 신경 써서 옷을 입었는데도, 회사 앞에 있는 가게가 바뀌었는데도 전혀 눈치코치 못 채는 사람을 가리킵니다.

Honey, do you like my new haircut?

여보, 나 머리 새로 한 거 어때?

Huh? Is it new?

허? 새로 한 거야?

oblivious

: bad nerd *vs.* good nerd 나쁜 범생이 vs. 좋은 범생이

child prodigy 신동 | **goody-goody** 모범적으로 행동하는 사람; 못 봐줄 정도로 모범적인 cf. goody two-shoes 바른생활 맨
I'll pass 난 안 할래 = Count me out | **nerd, geek** 공부만 하는 범생이, 고리타분하고 사교에는 젬병인 사람

four eyes 안경 쓰고 공부만 하는 모범생을 놀리는 말 | **I can't help myself.** 나도 나를 어쩔 수 없다.
dorky 범생틱한, 어리버리한

slob, slacker 지저분한 인간, 게으름뱅이
laid-back 천하태평인

obsessive-compulsive 강박증인

condescending
친절하게 해주면서 얕보는,
겸손한 척하면서 생색 내는

intellectual 지적인
intelligent 총명한

I don't want her in our reading club. She's obnoxious.

I hear ya.

걔가 우리 독서클럽에
있는 게 싫어.
밉살맞아.

맞아.

obnoxious
(같이 있으면) 불쾌하고 짜증나는

What are you doing?

I'm reading.

뭐 해?

신문 봐.

illiterate 문맹인

obsessed with dots
예술로 승화된 점에 대한 집착

visionary artist란 정식 미술교육을 받지 않고 미술활동을 하는 작가들로, 마치 아이들이 그린 그림처럼 자유롭고 상상력이 풍부한 그림이 있는 반면, 머리카락처럼 가는 점과 선을 이용해 아주 세밀하게 그리는 화법도 있지요. 뉴욕의 American Museum of Folk Art, 볼티모어의 Visionary Art Museum에 가면 이런 작품들을 많이 볼 수 있답니다. 한 수업시간에 작품모음 슬라이드를 감상한 적이 있는데, 자신의 작품은 물론이고 집과 집안의 물건에까지 다 점을 찍어놓은 작가도 있더군요.

: wishy-washy 이랬다저랬다, 우유부단

는 너무 멋져! 맞아.

는 정말 밥맛이야! 맞아.

early bird, morning person
아침형 인간

hit the ceiling
폭발하다, 분노하다

night owl, night person
저녁형 인간

short-tempered, hot-tempered
다혈질인, 쉽게 화내는

hot-blooded 열정적인

down to earth, realistic, practical
현실적인, 꾸밈없는, 소탈한

snob
고상 떠는 속물, 콧대만 높은 사람

snobbish, snobby, snooty
고상한 척하는, 속물스런, 속 보이는

pretentious, showy
겉멋에 빠진, 허세 부리는

fake boobs
가짜 가슴

superficial, shallow
겉만 보고 판단하는, 얄팍한, 천박한

bimbo
예쁜데 머리는 빈 여자

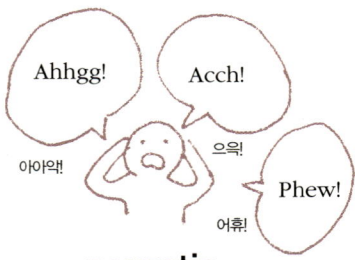

neurotic
노이로제 걸린, 과민성인

mimbo
〈신조어〉 잘생겼지만 머리는 빈 남자

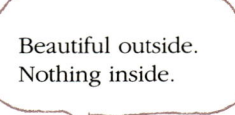

Beautiful outside. Nothing inside.

겉은 멋있는데, 머리에 든 게 없어.

mischievous 장난이 좋아

wedgie 우리나라에 똥침이 있다면 미국엔 wedgie가 있습니다. 엉덩이 사이에 속옷이 끼게 만드는 장난이란 점이 비슷하고, 차이라면 직접적으로 손을 대느냐 안 대느냐이지요. 보통 등 뒤에 바지 위로 삐져나온 속옷을 힘껏 잡아당깁니다. 엉덩이가 바지를 먹은 것도 wedgie라고 합니다.

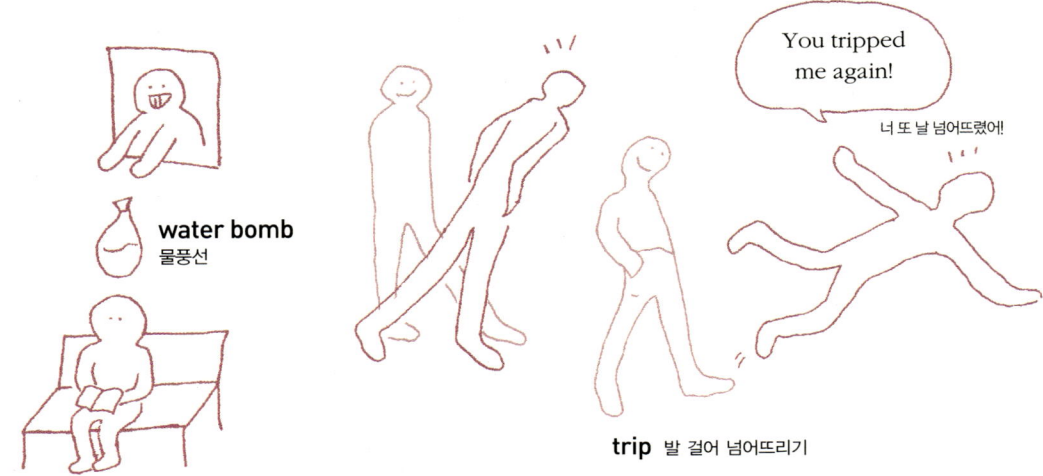

°sexual orientation 성적 취향

동성애자를 부르는 말은 많습니다. 남녀 가리지 않고 동성애자를 가리키는 정식 용어 homosexual이 있습니다(bisexual은 양성애자, heterosexual 혹은 straight는 이성애자). informal 하게는 queer, gay가 일반적이고, 남자 동성애자인 경우 catcher라고도 하죠. catcher에 얽힌 흥미로운 에피소드 하나. 스코틀랜드 밴드 Belle and Sebastian의 노래 중에 Mike Piazza New York Catcher라는 노래가 있습니다. 당시 잘생긴 외모에도 불구하고 여자친구가 없는 New York Mets의 catcher(포수)였던 마이크 피아자를 가리킨다는 건 말할 것도 없었죠. 그런데 이때 catcher가 중의적으로 '게이'를 의미한다는 걸 뒤에 나오는 가사 Are you straight or are you gay?에서 눈치챌 수 있지요. 사실 잘 생긴 외모에도 여자친구가 없는 피아자를 두고 게이라는 말들이 많았어요. 결국 이 노래를 들은 피아자가 기자회견을 열어 I am straight.라고 발표하는 소동이 벌어졌지요. 그런데 영화 등을 보면, 남성 동성애자를 욕할 때 fag 혹은 faggot이라고 부르는데, 아주 허물없는 사이끼리 장난스럽게 쓰기도 하지만, 그렇지 않다면 욕으로 돌변하니 쓰지 않는 게 좋습니다.

gay 동성애자 (남녀 모두를 지칭)

lesbian 여성 동성애자

dyke 레즈비언을 경멸조로 부르는 표현

lesbian

gay

metrosexual 성적 취향은 정상 straight 이면서 옷은 동성애자처럼 입는 남자입니다. 대표적인 스타로 데이비드 베컴을 말하곤 하죠. 스타일이 좋고, 유행에 민감하며, 피부나 화장품 등에 신경쓰고, 다리털을 밀기도 합니다.

transvestite, drag queen 여장남자 뉴욕의 명소 Meat Packing District에 가면 자주 눈에 띕니다.

hermaphrodite [həːrmǽfrədàit] 옛날 미술품에 등장하는 반은 여자, 반은 남자.

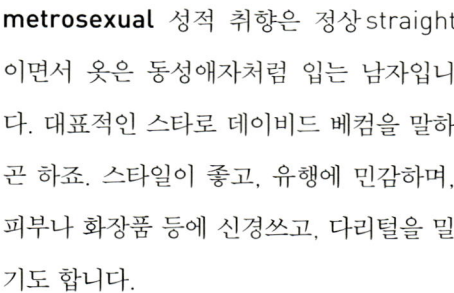
metro sexual

transvestite, drag queen

hermaphrodite

family tree 가계도

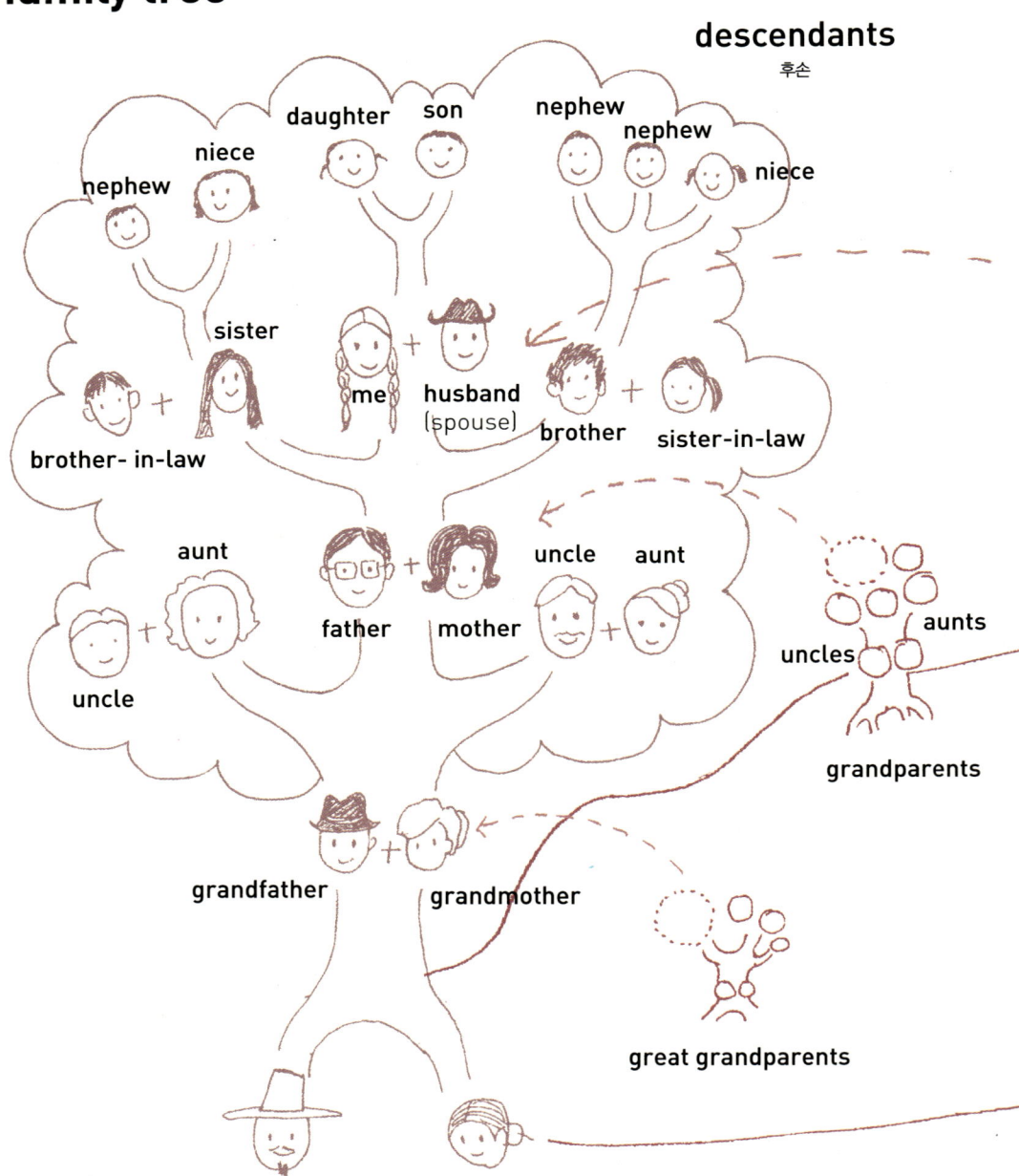

husband 남편
wife 아내
} spouse 배우자

father 아버지
mother 어머니

father-in-law 시아버지, 장인
mother-in-law 시어머니, 장모

sister 여자형제
brother 남자형제

sister-in-law 아내 또는 남편의 여자형제들, 시누, 올케, 처제, 처형 등
brother-in-law 아내 또는 남편의 남자형제들, 매형, 도련님, 형부, 제부 등

daughter 딸
son 아들

nephew 남자 조카
niece 여자 조카

uncle 삼촌, 외삼촌, 이모부, 고모부, 백부, 숙부 등
aunt 이모, 고모, 백모, 숙모, 외숙모 등

brother-in-laws

sister-in-laws

father-in-law   **mother-in-law**

in-laws
시댁 식구들, 처가댁 식구들

great great grandparents
고조할아버지 할머니

great great great grandparents
5대조할아버지 할머니

ancestors
조상

growing up 성장

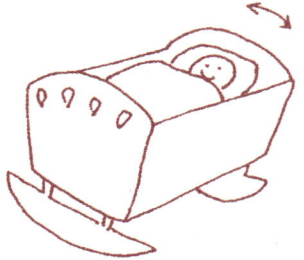

newborn baby 갓난아기

cradle 요람

rob the cradle 도둑 장가[시집]가다, 나이 많은 사람이 어린 사람과 결혼하다

baptize 세례 받다

circumcise 포경수술 하다

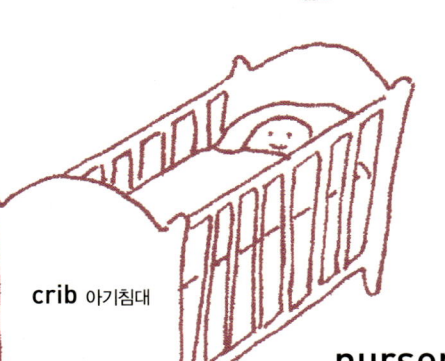

crib 아기침대

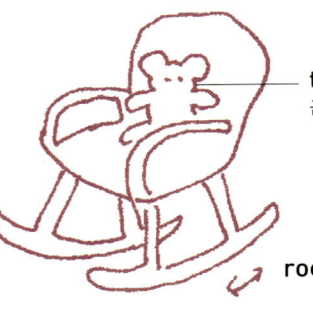

teddy bear 곰인형

rocker 흔들의자

nursery room 아이방

infant 유아

toddler 아장아장 걷기 시작하는 아기

diaper 기저귀

crawl 기어가다

potty chair 아기용 변기

toilet[potty] train 화장실 가는 연습

high chair 유아용 식탁의자

• • • nursery rhyme 자장가

nursery rhyme 동요, 자장가 = lullaby

"Rock-a-bye baby, in the tree top
When the wind blows, the cradle will rock
When the bough breaks, the cradle will fall
And down will come baby, cradle and all"

> 잘 자라, 우리 아기, 나무 꼭대기에서
> 바람이 불어 오면 요람이 흔들리겠지
> 나뭇가지가 부러지면 요람도 떨어지고
> 우리 아기도 떨어지겠지
> 요람도 우리 아기도 모두

"The itsy-bitsy spider
Climbed up the spout
Down came the rain
And washed the spider out
Out came the sun
And dried up all the rain
And the itsy-bitsy spider
Climbed up the spout again"

> 쬐그만 거미가
> 홈통을 타고 올라갔네
> 비가 와서
> 거미는 쓸려 내려갔네
> 해가 나서
> 빗물이 다 마르자
> 쬐그만 거미는 다시 홈통을 올라갔네

nursery school 유아원

"Mary had a little lamb, little lamb, little lamb
Mary had a little lamb; it's fleece was white as snow.
And everywhere that Mary went, Mary went, Mary went
Everywhere that Mary went, the lamb was sure to go."

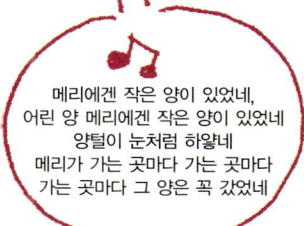

> 메리에겐 작은 양이 있었네,
> 어린 양 메리에겐 작은 양이 있었네
> 양털이 눈처럼 하얗네
> 메리가 가는 곳마다 가는 곳마다
> 가는 곳마다 그 양은 꼭 갔었네

time out 벌 서기

집안의 정해진 장소에서 꼼짝 앉고 몇 분간 서 있는 벌

scold 야단치다, 훈계하다
↔ praise 칭찬하다

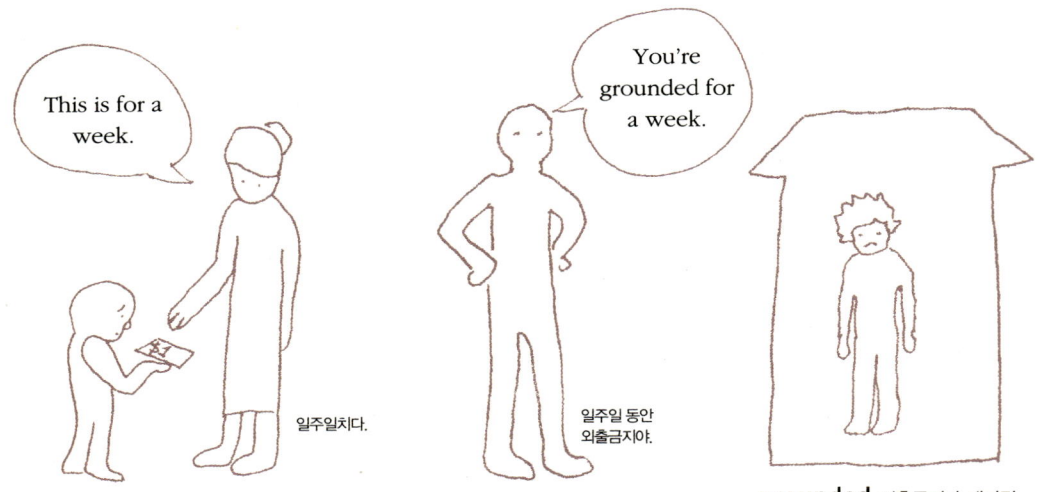

allowance 용돈

grounded 외출금지가 내려진

whine 징징거리다, 투덜대다
misbehave 못된 행동을 하다

• • • wake up to love 사랑에 눈 뜨다

crush on ~를 향한 짝사랑
e.g. He has a crush on her.
그 애는 그녀를 몰래 좋아하고 있어.

smitten 단번에 사랑에 빠져버린, 뿅 간

lovey-dovey 깨가 쏟아지는, 좋아 죽는

What a lovey-dovey couple!
닭살 커플 같으니!

That wouldn't work.
잘 안 될 걸.

You never know.
그건 모르는 일이야.

Hi, I'm Tarzan.
안녕, 난 타잔이라고 해.

Hi, I'm Jane.
안녕, 난 제인이야.

love at first sight 첫눈에 반하다

I'm going out with Tarzan.
나 타잔하고 사귀고 있어.

I'm dating Jane.
난 제인하고 사귀는데.

go out with, date 데이트하다, 사귀다

hickey 키스자국

hit on 흑심 품고 접근하다, 끈덕지게 구애하다
e.g. Don't hit on my girlfriend or you're dead.
내 여자친구한테 딴 맘 먹으면 죽을 줄 알아.

flirt 유혹하다, 꼬시다; 바람둥이
e.g. She a flirt.

hook up 눈이 맞아서 같이 어울리다

aphrodisiac [æ̀froʊdízièk] 최음제 왠지 나쁜 말 같지만 발렌타인 데이 아침 뉴스에 '초콜릿과 딸기는 좋은 aphrodisiac 이다' 라고 나올 정도로 '로맨틱한 무드를 돋우는 먹거리'를 가리킬 때 흔히 쓰는 말입니다.

mess around
더듬거리며 애무하다

one-night stand
하룻밤 상대

relationships 연애

committed, involved
진지하게 사귀는

infidelity, cheating
외도, 부정

faithful, loyal
한눈 팔지 않고 서로에게 충실한, 신뢰가 깊은

adult talk 어른들의 발칙한 이야기

우리 몸에서 가장 은밀한 부분, 시대와 세대를 초월해 질리지 않는 화젯거리이지요. 우리 몸에서 섹스와 연관지어 신체를 가리키는 별칭, 속칭이 수도 없이 많습니다. 그 중에서 가장 많이 쓰고, '비속어' 라는 사전적 규정에도 불구하고 무리없이 통용되는 것들만 모아봤습니다.

private parts 은밀한 부위

men's private parts   women's private parts

penis ⎫   **vagina** ⎫ 여성의 성기
weenies ⎬ 남자의 성기   **testicles** ⎫   **pussy** ⎭
cock   ⎬   **balls**   ⎬ 고환
dick   ⎭   **nuts**   ⎭   e.g. Don't be a pussy.
                                                계집애 같이 굴지 마.

e.g. He doesn't have the balls to do that.
걔는 그걸 할 만한 남자다운 배짱이 없어.

woman's breast

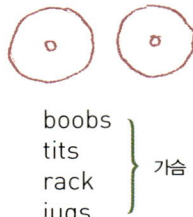

boobs
tits   } 가슴
rack
jugs

boobs, tits, rack, jugs… 여자의 가슴에 대한 관심이 지대한(?) 만큼 이것을 부르는 이름도 많습니다. 의사가 환자의 가슴을 가리킬 때는 breast라고 하겠지요. 격식을 차린formal 상황이니까요. 그러나 우리끼리 "누구 가슴이 크더라… 누구 가슴은 가짜라더라…"처럼 격식이 필요없는 편안한 상황에서는 boobs, tits, rack, jugs 등을 씁니다. 섹시 레스토랑으로 알려진 Hooters도 가슴을 뜻하는 속어라고 해요.

e.g. I like women with a huge rack. 난 가슴 큰 여자가 좋더라.
You're shallow. 엉큼한 놈.

• • • **ass** 엉덩이가 들어간 표현들

kiss ass 알랑 방귀를 뀌다, 아부를 떨다   e.g. She's an ass kisser! 그 여자 어찌나 아부를 떠는지!

Kiss my ass. (내 엉덩이에 뽀뽀를 해봐라, 내가 어디 들어주나) 어림 반푼어치도 없어, 엿이나 먹으셔!

I have to save my ass. 우선 나부터 살고 봐야지, 내 코가 석자야.

T&A = Tits and Ass 가슴 크고 엉덩이 빵빵한 눈요기거리 여성

badass (칭찬으로 쓰일 땐) 무척 잘하는   e.g. He's a badass drummer.

kick-ass 끝내주는   e.g. I watched a kick-ass movie.

asshole (똥구녕 같은) 나쁜 놈

asswipe (엉덩이나 닦을) 별 볼 일 없는 놈

bare ass 완전 전라, 홀딱 벗음

pain in the ass[butt] 골칫거리

dumbass 멍청이

butt
arse
ass   } 엉덩이   buttocks
buns
rump

e.g. Shake your rump. 엉덩이를 흔들어봐요.
(Beastie Boys의 노랫가사에서)

sex acts 성행위

Welcome to the "Mile High Club!"

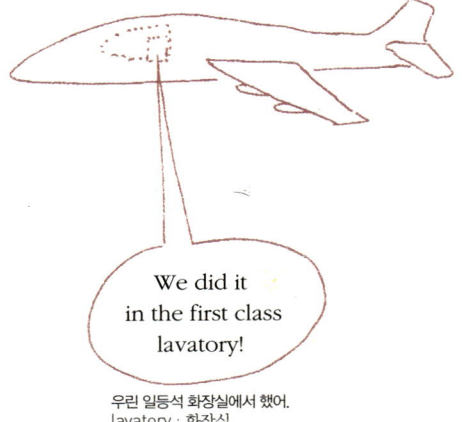

mile high club 비행기의 화장실에서 일 벌인 사람들을 부르는 속칭. 처음엔 비행 마일리지가 많은 사람들 클럽인지 알았다는 TT;;

We did it in the first class lavatory!

우린 일등석 화장실에서 했어.
lavatory : 화장실

Why are they rushing to get married?

Because she got knocked up.

shotgun wedding 임신으로 갑자기 하는 결혼

be knocked up 임신하다

쟤들 왜 결혼을 서두르는 거야?

여자애가 임신했거든.

○ **guy talk** 남자들의 수다

hot, gorgeous 예쁘고 섹시한

knockout 기절할 만큼 예쁘고 섹시한 여자

brick shithouse 체격 좋고 힘 좋게 생긴 사람, 억세고 단단해 보이는 것

horny 성적으로 흥분되는, 후끈 달아오른

grrrrrrrls

r의 개수는 엿장수 마음. girl이 아니라 이렇게 부르면 반항적이고, 진취적인 10, 20대 girl이란 느낌이 실려 있습니다. 실제로 처음에는 이런 새로운 걸들을 가리키는 개념으로 등장했으나 요즘은 젊은이들이 말장난 삼아, 재미로 많이 쓰지요.

e.g. Bad grrrrrrrls, go grrrrrrrrrrrrrrls!

tomboy 말괄량이 남자애처럼 법석대고, 스포츠나 전쟁놀이 같은 것을 좋아하는 선머슴 같은 여자애.

girly girl 다소곳하고 얌전한 여성스러운 여자애.

girlfriend 여자 친구
boyfriend와 달리 '애인'이란 뜻뿐 아니라 그냥 여자 친구의 개념으로도 쓰입니다.

miss 젊은 여성을 부를 때
ma'am 결혼한 여성을 부를 때

chick flick 남자들이 말하는 '여자들이 좋아하는 영화.' chick은 '젊은 여자'를 가리키는 속어이고, flick은 '영화'를 말함.

e.g. I hate chick flicks, but I can handle them for a pretty girl. 여자애들이 좋아하는 영화는 정말 싫지만, 예쁜 여자가 보자고 하면 참을 수 있지.

catfight 남자들이 말하는 '여자들 싸움.' 앙칼지게 빽빽 소리를 지르는 말다툼을 고양이 싸움에 빗댄 것이지요. 이외에 '시끄러운' 싸움이라는 뜻으로 자주 나옵니다.

••• girl[gal] power 걸파워

의욕적인 자기성취, 확고한 자기주장, 개인주의로 대변되는 여성들의 자신감 넘치는 태도를 규정하는 개념으로 2001년에 정식으로 사전에 올랐지요. 팝문화에서 일어난 걸 파워 붐은 유럽발로, 그 중심은 90년대 초 대중적 반향을 일으킨 여성 밴드들입니다. 팝펑크 듀오 Shampoo(Girl Power라는 제목의 앨범 및 싱글을 발표하기도 했지요.), 걸 파워와
수식어를 달고 자주 거론된 스파이스걸스 Spice Girls, 그리고 브리트니 스피어스 Britney Spears에 와서 걸 파워는 가공할 위력을 전 세계에 과시했지요. 스파이스걸스는 "Feminism has become a dirty word. Girl Power is just a 90s way of saying it.(페미니즘이란 말은 별로예요. 90년대에는 걸 파워라고 해야죠)"이라며 페미니즘을 대신할 새로운 여성연대운동으로 제시하기도 했지요. 이와 발맞춰 영화 "터미네이터", "에일리언", TV 드라마 "Buffy the Vampire Slayer" 등에서는 강하고 투지 넘치는 여성 액션히로인의 전형을 제시하였지요.

'걸 파워'란 표현을 노랫가사에 처음으로 사용한 웨일즈의 인디밴드 Helen Love의 데뷔싱글 Formula One Racing을 잠깐 맛볼까요.

I bought these jeans to make you love me.	너의 사랑을 얻으려고 이 청바지를 샀어
I cut a hole so your hand would fit.	너의 손이 들어갈 수 있게 구멍을 냈지
Now I don't care about you.	이제 너 같은 건 신경 안 써
So I'm going to sew up all the rips.	그래서 찢어진 부분을 모두 꿰맬 거야
Girl power.	걸 파워
I bought these boots to make you happy.	널 기쁘게 하려고 이 부츠를 샀어
I strapped them up to turn you on.	널 흥분시키려고 부츠에 끈을 칭칭 감았어
Now I don't care about you.	이제 너 같은 건 신경 안 써
I've got my Huggy Bear T-shirt on.	허기베어 티셔츠를 입었어
I'm not going to dress up for you.	이제 널 위해 옷을 차려입지 않아
I'm not going to pay your rent.	네 집세도 내지 않을 거야
Outside the sun is shining.	밝은 햇볕이 내리쬐고 있어
I'm hanging out with my girlfriends.	난 내 여자친구들과 놀 거야
Girl power.	걸 파워

all-girl band
여자들로만 이루어진 밴드

○ period 저주인가, 마법인가

puberty
사춘기, 이때 나타나는 성징 중 하나가 pubic hair(음모)

period, menstruation, menses 생리, 월경 우리는 한 달에 한 번 '마법'에 걸린다고 하지만 영어는 정반대로 저주curse라고도 합니다. '생리중'이라는 표현은 on one's period, on the rag을 씁니다. rag는 '생리대'의 속칭.
e.g. I'm on my period. Leave me alone. 나 생리중이야. 좀 가만 놔둬.

menstrual cycle 생리 주기

sanitary pads[napkins], feminine pads 생리대
그냥 pad라고도 해요. 패드는 우리나라 것이 훨씬 좋더군요.^^

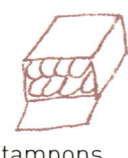
tampons

sanitary pads
feminine pads

tampons 탐폰 미국에서 젊은 여자애들은 생리대보다 탐폰을 많이 쓰나봅니다. 우리나라에서도 여자친구들끼리 그러듯이 조용히 Do you have any tampons? 하고 종종 물어오죠.

feminine hygiene products 여성위생용품 잡화점drugstore에서 생리용품을 찾으려면 이 푯말을 찾아가세요.

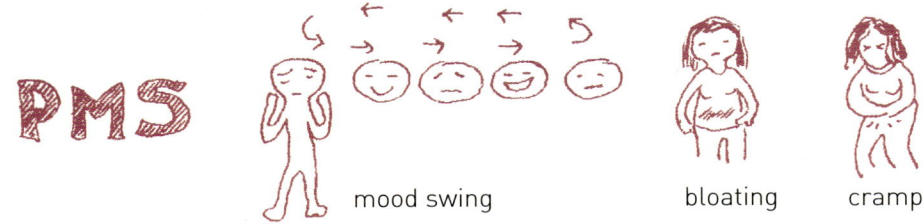

mood swing　　　bloating　　cramp

P.M.S. = premenstrual syndrome 월경 전 증후군 보통은 약자로 자주 씁니다.

e.g. I think I have P.M.S. I don't feel good. 나 PMS인가봐. 컨디션이 안 좋아.

이때 나타나는 대표적인 증상들은 다음과 같습니다.

mood swing 기분이 이유 없이 좋았다 또 이유 없이 나빠지는 것이 반복되는 증상

bloating 아랫배가 빵빵하거나 묵직하게 느껴져 기분이 찝찝하고 불쾌해지는 증상

cramps '경련, 쥐, 복통'을 뜻하기도 하지만, 여자들이 사용하면 보통 '생리통'을 뜻합니다.

e.g. I have cramps. Will you get some Midol for me? 나 생리통이야. 미돌 좀 사다줄래?

Midol 생리통 진통제 중 하나

cranky 극도로 민감해져서 곧잘 짜증내고 성질 부리는 증상

e.g. She's cranky today. 걔 오늘 성질머리가 장난이 아니야.

••• **It's P.M.S.** 종잡을 수 없는 그녀… 혹시 그거?

• • • **maternity** 엄마가 되다

maternity라는 단어에는 여자가 엄마로 태어나는 과정이 모두 포함돼 있습니다. '임신의' 란 뜻도, '출산의' 란 뜻도, 무엇보다 '어머니다움, 어머니 역할, 모성' 이란 뜻도 있지요.

maternity leave 출산휴가

maternity clothes 임부복

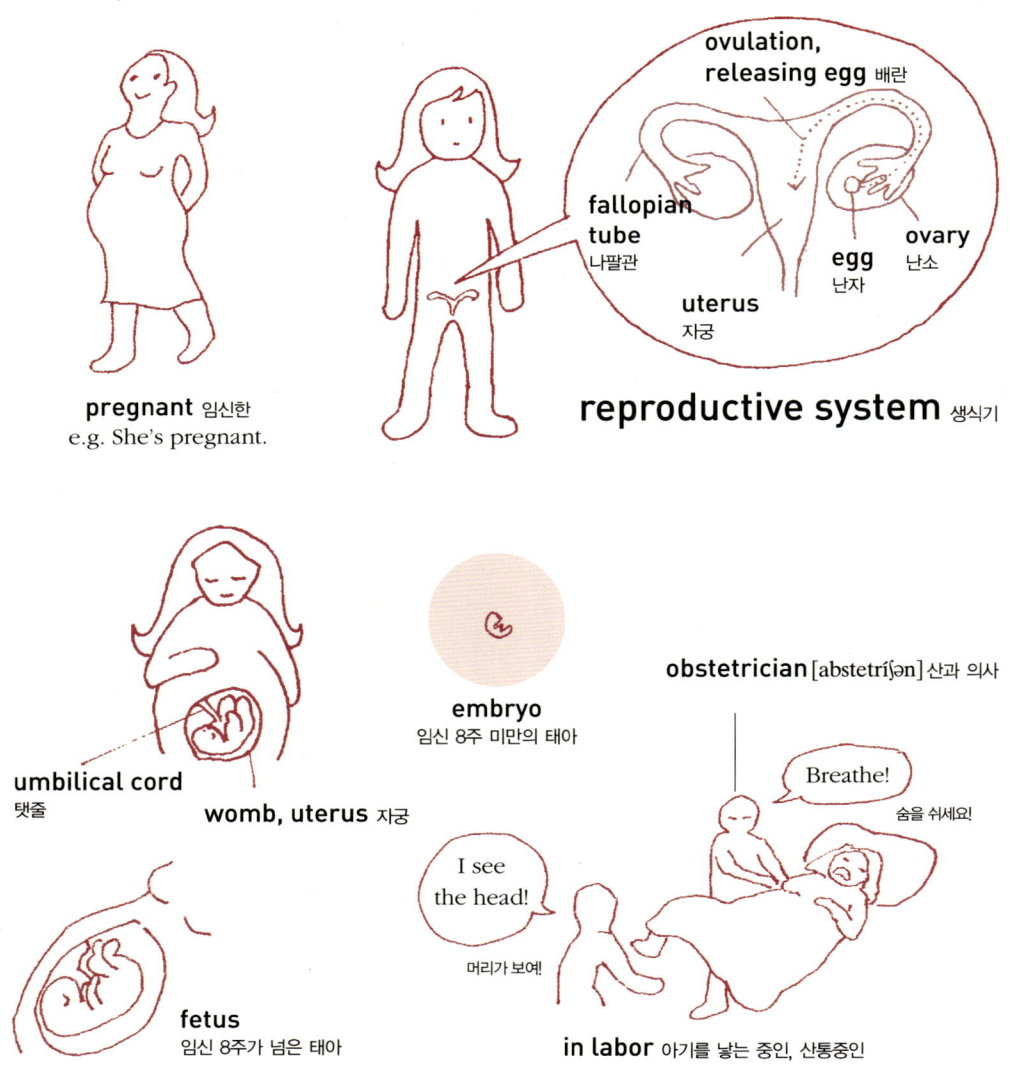

premature baby 조산아 인큐베이터incubator 안에서 남은 기간을 마저 채워서 건강한 아기로 자라 퇴원하지요.

 **breast feeding** 모유 먹이기

twins, triplets, quadruplets... 쌍둥이, 세쌍둥이, 네쌍둥이… 예전에 제가 '세쌍둥이'를 말하고 싶은데 단어는 모르고 해서 twins that are three라고 바보 같은 소리를 했더니, 친구가 다시 물었지요. Do you mean by triplets? 지금 생각해봐도 무안한 일이지만, 말은 우선 하고봐야 배웁니다. 망설이지 말고 말하세요. 그러면 옆에서 알아서들 듣고 고쳐주곤 합니다.^^ 참고로 일란성 쌍둥이는 identical twins, 이란성 쌍둥이는 fraternal twins.

twins

triplets

quadruplets

barren 불임인, 아기를 낳지 못하는
↔ fertile 임신이 가능한

miscarriage 유산

abortion 낙태

B.S.E. = Breast Self Exam 유방암 자가진단 월경을 시작한 지 1주일 후 반듯이 누워서 하는 게 좋다고 합니다.

contraception, birth control 피임 점잖게 family planning이라고도 합니다. 피임을 위한 pills, patch, ring, sponge, diaphragm 등등 별의별 게 다 있더군요. 한 시트콤에서 여자주인공이 약국에 가서 sponge를 사려는데 없자, 크게 상심해서 자신은 스펀지만 쓰기 때문에 꼭 스펀지를 사야 한다고 해서 이해가 안 간 적이 있었습니다.

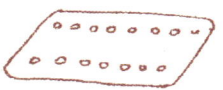

birth control pill 피임약 contraceptive pill이라고도 하고, 그냥 pill이라고만 해도 여자들끼리는 피임약이란 의미로 통합니다.
e.g. Are you on the pill? 너 피임약 먹니?

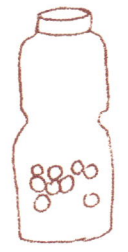

cranberry juice 크랜베리 주스 미국 여성들이 아마도 가장 많이 마시는 주스일 겁니다. 맛도 좋고, 비타민이 풍부해서 여성의 몸에 좋고, 특히 요도감염urinary tract infection 예방 및 치료에 좋다고 해요.

yogurt 요구르트 이 또한 여성들이 많이 먹는데 이스트 감염yeast infection을 예방·치료한다고 합니다. yeast infection은 가장 흔한 여성질환이라고 해요. 우리나라에선 여자 친구들끼리 이런 얘기를 했던 것 같지 않은데, 미국에선 여자 애들이 이런 얘기나 정보를 흔히 주고받습니다.

biological clock 생체시계 신체 나이를 뜻하죠.
Biological clock is ticking. 이 시계가 똑딱똑딱 가고 있다는 것은 몸이 아기를 가질 수 있는 시간이 얼마 남지 않았다는 의미.

I want to have a baby soon. My biological clock is ticking, but I haven't found the man yet.

어서 아기를 갖고 싶어.
아기를 가질 수 있는 나이가 얼마 남지 않았는데,
아직 남자가 없다니.

menopause 폐경기
e.g. She's moody because she's going through menopause.

폐경기를 겪고 있기 때문에 기분이 오락가락 해.

I'm in my 50s and I don't get my period anymore.

My bones are starting to weaken.

osteoporosis
골다공증

나이가 50대이니, 더 이상 생리도 없군.
뼈는 약해지기 시작하고.

8 Social Issues

blackout 정전

2003년 8월 15일 무더운 어느 여름날, ceiling fan(천장에 달린 선풍기)이 갑자기 멈췄습니다. 빌딩 공사가 있나보다 했지만 한참이 지나도 들어오지 않아, 마침 충전돼 있던 노트북으로 인터넷(전화선에 연결된 느린 모뎀이었으므로 가능했던) 뉴스를 보니 미국 동부와 캐나다에 걸쳐 대규모 정전(blackout, power out)이 발생했고, 테러냐 아니냐는 추측이 분분했습니다. 날은 어둑해지고, 동네 슈퍼엔 양초와 배터리, 아기이유식, 물 등을 사려는 줄이 이어졌죠. 여기저기 전화해보니 한 친구는 조금만 늦었어도 지하철에 갇힐 뻔했다고 했지요. 테러가 아니라는 소식이 퍼지자 사람들은 안도했고, 거리엔 9.11 테러 때처럼 걸어서 퇴근하는 이들이 물결을 이루었죠. 칠흑 같은 어둠에 싸인 생경한 뉴욕의 밤을 보러 나온 우리는 차 없는 차도를 손전등flashlight으로 비추며 걸어 다녔지요. 선풍기도 에어컨도 멈춘 집을 나온 사람들은 경찰이 있건 말건(뉴욕에선 건물 밖에서 술 마시면 불법) 인도에 걸터앉아 맥주를 마시며 얘기도 나누고 뉴욕 하늘에 뜬 수많은 별에 감탄하기도 했습니다. 인간의 불빛 때문에 하늘의 별이 보이지 않았던 걸 그때야 깨달았지요. 무서울 수도 있었던 정전은 그렇게 낭만적으로 평화로이 지나갔습니다. 이튿날 오후에야 전기가 들어와 많은 사람들이 일을 하루 더 쉬었고, 경제적으로 보면 손실도 많지만, 잊지 못할 추억은 더 많을 것입니다. 그날 정전으로 인한 사건사고는 병원에서 기계가 멈추는 바람에 한 명 사망, 도둑질 한 건뿐이었습니다.

social issues, 조금 무거운 테마입니다만, 우리에겐 사회가 앓는 여러 가지 문제와 병을 치유할 수 있는 힘이 늘 숨겨져 있다고 생각해요.

menaces to society 범죄와 폭력

pickpocket
소매치기 하다; 소매치기

robbery 강도
armed robbery 무장강도

hate crime 증오범죄
인종, 피부색, 종교 등이 다르다는 이유로
증오를 품고 상해를 가하는 범죄

hit-and-run
뺑소니

hostage 인질

kidnap
납치, 유괴; 납치하다

arson 방화

assault 폭행하다; 폭행
sexual assault 성폭행

stab 찌르다

homicide 살인
murder 계획적 살인
manslaughter 우발적 살인, 과실치사

get arrested[busted] 체포되다

panhandling 구걸

domestic violence 가정폭력

child molestation 어린이 성추행

child abuse 아동학대

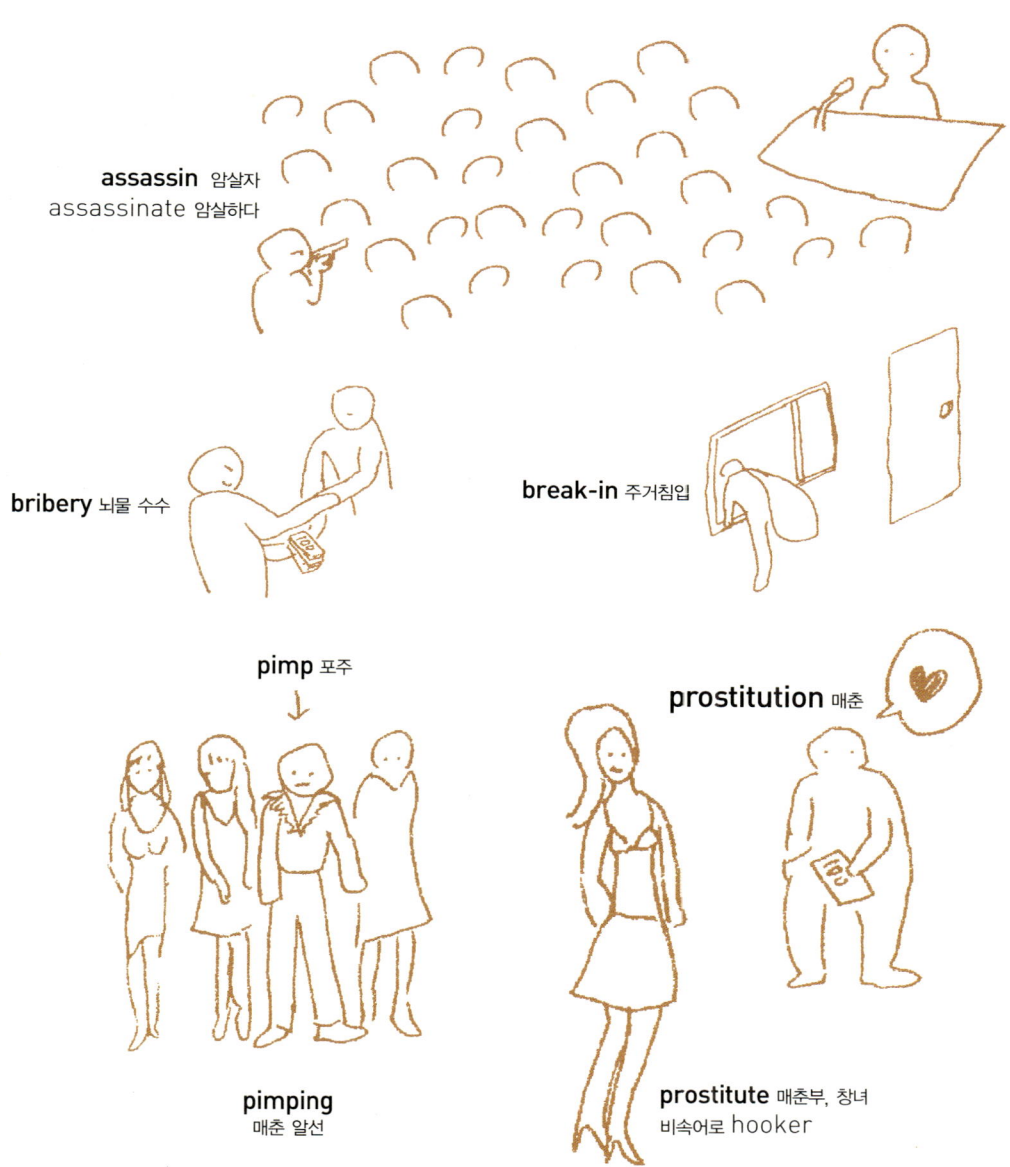

courtroom 재판소

the supreme court 대법원
an appellate court 항소법원

직접은 아니어도 영화에서 볼 기회가 있었을 미국의 재판소 풍경입니다. 어떤 죄로 기소된accused 피고가 오른쪽에, 피고를 고소한 원고가 왼쪽에 앉고 그 옆에 양측의 변호사가 자리합니다. 사건case이 재판trial까지 가지 않고 쌍방합의out-of-court settlement로 끝나기도 하지만, 일단 기소되면prosecuted 피고에게 감형해주는 대신 첫 재판 때 죄를 인정하도록 유도하기도 합니다. 이렇게 형량을 흥정하는 것이 바로 plea bargain입니다. 이 거래를 거부하면 양측의 주장을 들어보는 심의hearing가 열리고, 판사judge는 유죄인지 무죄인지 판결내리고find guilty or not guilty, 유죄이면 형을 선고하지요sentence. 이것이 일반적인 재판절차인데, 우리와 달리 일반인이 판사와 같은 역할을 하는 배심원 제도가 있습니다. 시민 중에서 무작위로 선발된 배심원 juror으로 배심원단jury을 구성하고, 이들의 만장일치로 유무죄를 판결하는 경우도 있지요. 이밖에 자주 들어보는 단어가 death penalty이지요. 사형, 즉 최고형이므로 capital punishment라고도 하죠. 또 전과자를 ex-con(vict)라 하는데, 이때 convict는 '죄수' 또는 '유죄를 선고하다' 는 뜻이지요.

Jury

constitution 헌법

summons 소환장

summons 소환장, 법원출두 명령서 | **sneak** (과거형은 snuck) 살금살금 들어오다 | **turnstile** 회전식 개찰구

애 카드, 자유이용권인데요.
지하철 카드가 안 됐어요. 막 산 건데.

신분증 좀 보여주시죠?
요금을 제대로 지불하지 않았으니 법을 위반하셨습니다.

지하철을 두 대나 놓쳤다고요.

벌금 65불입니다. 부당하다고 생각되면 심리에 부치세요.

undercover cop 사복 경찰(plainclothes police officer), 비밀 경찰

It's Not Fair! 억울해!

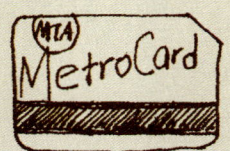

뉴욕 지하철역에서 친구 사라와 만나기로 약속한 날이었습니다. 나보다 먼저 도착한 사라는 가게에서 사야 할 물건이 생각나서 지하철역 밖으로 도로 나왔다가 마침 가게 앞을 지나던 저와 만나 같이 지하철을 타러 갔죠. 뉴욕의 지하철표 Metro card는 타는 횟수만큼 돈이 차감되는 a pay per ride와 자유이용권인 an unlimited card, 두 가지가 있는데, 사라가 그날 산 것은 unlimited였습니다. 그래서 다시 긁고 들어가면 되겠다고 생각했지만 아무리 긁어도 "just used"라는 말만 뜨고, 회전대가 꼼짝하지 않았습니다. unlimited는 사용 후 20분이 지나야 재사용이 가능했기 때문이었지요. 그때 train이 들어오기 시작했고 급해진 사라는 회전대 밑으로 통과해 내 뒤를 따라 지하철을 향해 달렸습니다. 그런데 뒤에서 우리를 부르는 소리가 들려 돌아보니 제복 경찰 두 명과 평상복 차림의 한 남자가 쫓아오고 있었죠. NYPD라고 적힌 배지를 제시한 사복 경찰에게 사라는 unlimited를 보여주며 어차피 무제한 탈 수 있는 표인데, 20분이 채 되지 않아 기계가 카드를 읽지 못한 것뿐인데, 잡는 건 너무하지 않느냐며 사정을 설명했습니다. 그런데 지하철을 공짜로만 타본 경찰은 unlimited를 잘 모르는지 "그래, 너 카드 사는 건 우리가 봤다. 하지만 넌 기어들어오지 않았냐"며 결국 65달러의 벌금을 물리고는 억울하면 판사 앞에 가서 얘기하라며 summons를 끊어주는 것이었습니다. 이미 약속에도 늦고, 표 사는 것을 봤다면서도 막무가내인 경찰에게 화가 날 대로 난 사라는 '할 일이 그렇게 없느냐, 지하철 공짜로 탈까봐 경찰관이 셋씩이나 한 사람을 쫓아오느냐, 이럴 시간에 진짜 도둑이나 강간범들을 잡으라' 며 버럭 소리를 쳤습니다. 그러나 공무집행방해까지 더해져 벌금만 130달러로 불어났을 뿐이었죠. 아닌 게 아니라 이런 일을 다른 친구들도 겪었더군요. 그리고 저에게도 있었습니다. unlimited를 갖고 있었지만, 개찰구 문을 열어놓았길래 그냥 통과했습니다. 가끔 수리중일 때 그냥 보내주는 적도 있기 때문이었죠. 그 즉시 경찰이 쫓아왔고, 난 카드를 보여주며, 이미 탈 돈을 지불했고 문은 니들이 열어놓지 않았느냐고 항변했지만, 역시 summons를 받았습니다. 역시 당해보니 기가 막히더군요. 난 그 여경관의 이름을 묻고 판사에게 가서 다 말하겠다고 으름장을 놓았지요. 물론 법정에 나갈 엄두가 나지 않아서 퉤퉤하며 벌금을 냈답니다. 뉴욕에서 지하철 탈 땐 보이지 않는 감시의 눈이 어디선가 여러분을 보고 있다는 걸 기억하세요.

public demonstrations or rallies 시위와 집회

protest 시위; 시위하다
silent protest 침묵시위
protest march 시위행진

strike 파업
labor dispute 노사분규
walkout (파업의 한 형태인) 동맹파업

demonstration 데모

riot 폭동

○ politically correct 정치적으로 편견 없는 = p.c.

비록 속마음은 그렇지 않더라도 '정치적으로' 즉 외교상, 대외적으로 '올바른' 이란 뜻의 p.c.는 아마도 90년대 미국을 특징지을 수 있는 키워드가 아닐까요. 생긴 모습도 출신도 성향도 제각각인 사람들이 모여 사는 미국에서 기득권을 쥔 majority와 사회적 약자인 minority의 뿌리 깊은 갈등은 여러 사회문제뿐 아니라 정치 판도에 영향을 미쳐왔죠. minority group은 권리나 기회에 있어서 상대적으로 불리한 여러 그룹을 말합니다. 미국의 한인사회도 minority group의 하나고요. 남성에 대해 여성, 백인에 대해 흑인, 히스패닉도 소수 그룹입니다. 한편 백인, 그 중에도 앵글로색슨계의 백인을 dominant group, majority group으로 봅니다. 그러나 90년대에 들어와 feminism, gay pride에 대한 인식이 높아지면서 이런 논란은 첨예화되었고, 그 일환의 하나로 p.c.표현들이 대거 쓰이는 현상이 나타났죠. '의장'을 chairman 대신 중성적인 chairperson, '대변인'을 spokesman 대신 spokesperson으로 쓰는 것도 이런 p.c.의 차원이죠. 이제는 새삼스러울 것 없이 많은 표현들이 인종주의racism, 성차별sexism 등 온갖 차별discrimination을 걷어낸 표현으로 대체되었습니다. 상대방의 입장을 배려하는, 불쾌하지 offensive 않은 p.c.표현들을 알아두기로 해요.

African-American 미국의 흑인 black도 p.c.표현으로 African-American보다는 informal해서 일상적으로 사용할 수 있습니다. nigger는 흑인들끼리는 써도 되지만 타인종이 흑인에게 사용하면 매우 민감한 인종차별적인 단어로 둔갑해버립니다. '인디언'은 Native American 혹은 American-Indian.

Asian-American 동양계 미국인
Chinese 중국인 중국 본토mainland China에 사는 중국인을 말합니다. 중국인을 Chink라고 부르는 걸 들으면 따라하지 마세요. 중국인을 비하하는 말이니까요. **Taiwanese** 대만인 대만인을 Chinese로 부르면 꽤 불쾌해합니다.

chair person 의장, 회장 -man, -woman이 들어간 단어들은 성차별이라고 해서 대부분 -person으로 교체되었습니다. 물론 보통사람들끼리 쓰는 경우는 크게 상관없고, 공식적인 자리에선 가려 쓰는 게 좋겠지요.

actor 배우 연극계에서는 여자 배우를 따로 actress라고 하지 않고, 남녀를 모두 actor라고 합니다. 그러나 영화계에선 아직도 actress로 쓰지요. 아주 가끔 male actor, female actress라고… 도무지 무슨 생각인지 알 수 없는 표현도 쓰고요.

flight attendant 항공기 승무원 공식적인 글이나 말에서는 steward, stewardess가 아니라 flight attendant를 사용하는 추세예요. 그러나 waiter, waitress는 아직까지 wait staff라는 p.c.표현보다 흔히 쓰입니다.

fire fighter 소방관 대부분의 소방관이 남자이긴 하지만 fireman보다 fire fighter가 대세. fireman은 옛날에 화덕에 불을 지피는 사람을 가리켰기 때문에 소방관들도 fire fighter란 명칭이 더 적합하다고 생각하고, 좋아한다고 해요. 경찰관도 policeman보다 police officer로, 일반인들도 많이 씁니다.

pro-life 낙태 반대 = anti-abortion

pro-choice 낙태 찬성   반대anti보다는 찬성pro, 낙태abortion보다는 생명life, 또는 개인의 선택choice이란 긍정적 이미지를 가진 단어로 대체해 쓰고 있네요.

nurse 간호사   여성이 주로 종사하는 직종에 남성이 진출한다거나, 혹은 그 반대의 경우 male, female을 직업명 앞에 붙였는데, 이것 역시 이제는 남녀 구분을 없앴습니다. 간호사라면 당연히 여자라는 생각, 의사라면 당연히 남자라는 생각, 이제는 안 하지요. 남자간호사라고 male nurse라고 하지 않고, 그냥 nurse.

doctor 의사

"I have to see my doctor." 나 의사한테 가봐야 돼.

"Is he nice?" 그 의사 괜찮아? (의사가 당연히 남자일 거라고 넘겨짚고 묻는 경우)

"It's a she. She's a little mean." 여자 의사야. 좀 쌀쌀맞아.

Ms. 결혼한 여성을 Mrs. 미혼 여성을 Miss라고 구분해 호칭하던 것을 Ms.[miz]로 통합해 씀으로써 결혼 여부를 가리지 않는 남자의 Mr.와 동등해졌습니다.

physically challenged 몸이 불편한, 장애를 가진 우리말도 '장애자, 장애인' 보다는 '장애우' 라는 표현이 더 좋은 것처럼, challenged는 말 그대로 도전을 받은 것처럼 팔이나 다리를 쓰고 싶지만 의지대로 쓰기 힘들다는 느낌을 담고 있죠. 불편한 신체 기능에 따라서 physically 자리에 관련 부사를 넣고 이어서 challenged나 handicapped, impaired(손상을 입은)를 쓰면 됩니다. 그런 장애를 가진 사람들을 말할 때는 뒤에 그냥 people을 쓰거나 'the + 형용사 = 복수보통명사' 공식에 따라 앞에 the를 쓰면 됩니다(disabled people, the disabled, the handicapped 등). people with disabilities라고도 하구요.

visually challenged 시각장애를 가진 blind가 아니라 visually challenged(handicapped, impaired). 그럼 청각장애는 deaf가 아니라 audially challenged가 좋겠지요.

mentally challenged[retarded]
정신지체인

그런데 이렇게 일률적으로 challenged를 적용하다 보니 웃기다 못해 역효과만 내는 듯한 표현도 있습니다. '난쟁이, 소인'이란 뜻의 dwarf, midget 대신 vertically challenged를 쓰는 것인데요. '수직상승 장애'란 의미가 되나요? p.c.가 지나치면 이렇게 난감해지기도 해서 p.c.를 비꼬는 코미디 풍자나 패러디도 꽤 유행했었죠. 어디까지나 상상이긴 하지만 이렇게까지 될 수 있습니다.

"Yes, I'd like a black coffee, please." 블랙 커피 주세요.
"Excuse me, sir, that's uncalled for. It's coffee without milk." 실례지만, 선생님, 그렇게 부르지 말아주세요. 우유 넣지 않은 커피입니다.
"Just bring me my coffee, you stupid liberal!" 커피나 가져와, 이 짜증나는 진보주의자야!
liberal : 진보주의자, 자유주의파(소수민족과 동성연애자, 여성 등 소외받는 그룹 지지자)

이밖에도 노인들은 old people보다는 elderly people, senior citizens, the elderly가 p.c.로 통용됩니다.

physically challenged

⁰euphemism 완곡어법

강도가 세거나 나쁜 말을 완화해서 쓰는 것이 euphemism입니다. 듣는 사람에게 반감이나 불쾌감을 줄 수 있는 언어 대신 듣기 편한, 순화된 언어로 바꿔 쓰는 것이죠. 주로 신체 기능, 섹스, 죽음과 관련된 것들이 많습니다. prostitute(매춘부)를 lady of the evening이라고 하는 것처럼요.

restroom, ladies' room, men's room ← bathroom, toilet 화장실

What are you looking at?

뭘 보냐?

f*ck ← fuck 젠장, 지랄, 빌어먹을

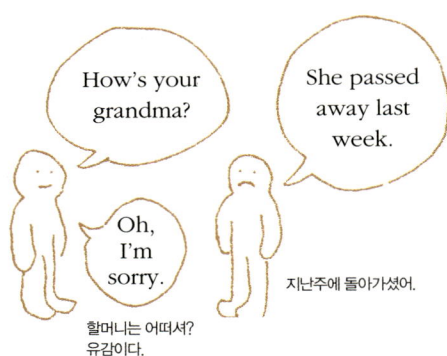

pass away ← die 죽다

four-letter words 심한 욕으로 쓰는 네 글자짜리 성기 표현 (fuck, shit, cock, cunt, piss, twat...)의 p.c.

SOB ← son of bitch x자식

shoot ← shit 에이x, 젠장

Dang it ← Damn it 제기랄!

racism 인종차별

같은 말이라도 누가 하느냐에 따라 180도 달라지는 법. 인종이 개입되면 정말 민감해지지 않을 수 없습니다. 아무리 의도가 그렇지 않다고 해도 무심코 내뱉은 말이 듣는 사람에 따라 인종차별적인 발언이 될 수도 있습니다. 가령 You guys look all the same.(너희들은 다 똑같이 생긴 것 같아.)를 백인이 백인에게 했을 때는 괜찮지만, 다른 인종에게 했다면 인종차별적이 되죠. 재밌는 것은 흑인이 백인을 차별하는 발언에는 그다지 '발끈' 하지 않는 분위기입니다.

Coney Island
코니아일랜드

뉴욕 교외, 맨해튼 섬의 남쪽 바닷가에는 Coney Island라는 미국 최초의 본격 유원지가 있습니다. 역사와 전통이 깊어 classical이란 수식어가 붙곤 합니다. 코니아일랜드란 이름은 네덜란드어로 '토끼가 사는 섬'이라는 뜻으로 뉴욕이 아직 네덜란드의 식민지였을 때 붙여졌다고 합니다. 1800년대 초만 해도 상류층의 여름 휴양지로 유명했지만 비치호텔, 도박장, 놀이기구, 서커스 등이 들어서면서 뉴욕의 대표적인 유락지가 되었지요. 아름다운 모래사장에 면해 있고, 지하철에서도 가까워 하루 100만 명이 몰릴 때도 있습니다. 이곳의 놀이공원 Astroland에는 무려 100년 역사를 자랑하는 목제 롤러코스터 Cyclone이 있습니다. 목제 롤러코스터로는 세계에서 경사가 가장 심하다고 합니다. 또 매년 6월 마지막 주 토요일이면 Mermaid Parade가 열리는데, 인어처럼 차려입고 직접 가장행렬에 참여하는 것도, 보는 것도 재미있습니다. 몸이 이상한 기인이나 신기한 묘기를 선보이는 동물들을 볼 수 있는 freak show도 상시로 하고 있지요. 세계 각국의 어류가 전시된 야생생물 보호 수족관도 있습니다. 뉴욕에 오면 누구나 꼭 들른다는 타임광장도 좋지만, 이색적이고 진기한 즐길거리를 원한다면 코니아일랜드를 추천합니다.

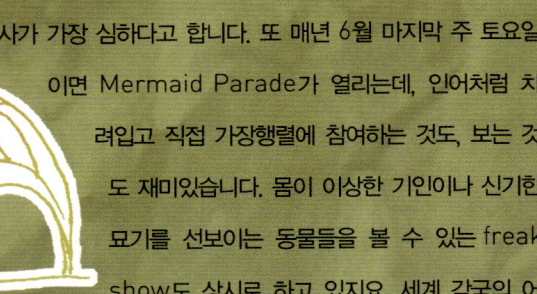

kids' party games 아이들 놀이

국경을 뛰어넘어 세계로 퍼지는 것 중 놀이문화는 그 전파력이 꽤나 강하다는 생각을 많이 하니다. 코흘리개 시절 많이 하고 놀았던 추억의 놀이를 성인이 되어 이국땅의 아이들이 하고 노는 모습을 본 느낌은 된장 고추장 같은 푸근함이었지요. 사람들이 여럿 모이는 파티 (우리 식으로 '동네잔치')에서 하는 놀이를 party game이라고 합니다. 친구의 생일파티라든가 아이들이 주인공으로 초대되는 파티에 가보면 낯설지 않은 놀이를 즐기고 있었습니다.

pin the tail on the donkey 당나귀 꼬리 붙이기 어렸을 때 당나귀 꼬리를 들고 눈을 가린blindfolded 채 당나귀 그림에 꼬리를 붙이며 놀던 기억이 나는데 신기하게 미국에도 이런 놀이가 있습니다.

horseback riding 말타기
승마 horse riding가 아니라 horseback riding

trampoline 트램펄린

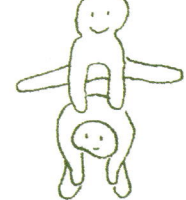

leapfrog 등 짚고 뛰어넘기

playing cards 트럼프카드 cards가 아니라 playing cards가 이 카드의 이름입니다. 또 패가 어떤지 얼굴에 드러내지 않는다고 해서 무표정한 사람, 좀처럼 표정 변화가 없는 사람, 무슨 생각을 하는지 알 수 없는 사람을 poker face라고 하죠.

e.g. Do you have playing cards? 트럼프카드 있나요?

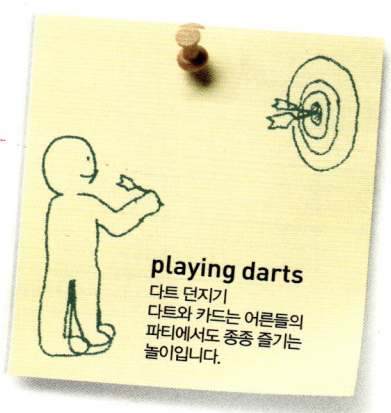

playing darts
다트 던지기
다트와 카드는 어른들의 파티에서도 종종 즐기는 놀이입니다.

spin the bottle 병을 돌려서 멈추면 병의 주둥이가 가리키는 사람에게 키스하는 게임. 주로 십대들이 즐겨합니다.

규칙 여러 명이 둥그렇게 둘러앉아서 한 사람이 가운데 놓인 병을 돌립니다. 돌린 사람 spinner이 병의 주둥이가 가리키는 사람에게 키스하고, 키스를 받은 사람은 그 다음번 spinner가 되는 게임이죠. 병의 주둥이로 지목당

한 사람이 병을 돌린 사람과 동성이면 병을 다시 돌리는 것이 일반적이지만, 같은 성이어도 무조건 키스하는 방식도 있어요. 이 게임에 truth or dare 게임을 접목해, 병이 가리킨 사람에게 매우 사적인 질문을 하고, 추호의 거짓 없이 대답할 것을 요구합니다. 대답하기 싫으면 벌칙으로 무모한 미션을 수행하는 거죠.

truth or dare 진실을 말하거나 시키는 대로 무모한 행동을 하거나 둘 중 하나를 선택하는 게임

school yard games 실외 놀이

학교운동장이나 동네 공터에서 아이들이 삼삼오오 모여서 하는 놀이는 정말 비슷한 것이 많았습니다. '사방치기'와 놀이 방식이 같은 hopscotch도 있었는데, 우리나라에서도 보기 힘든 놀이여서 더욱 향수를 불러일으키더군요.

dodge ball 피구

kickball 발야구

hopscotch 사방치기   칸이 하나인 경우에는 한 발로, 두 칸인 경우에는 두 발로 뜀뛰며 제일 첫 칸부터 돌을 이동시키는 놀이

marble shooting 구슬치기

... 48, 49, 50
Ready or not, here I come!

··· 48, 49, 50
숨었든 말든 이제 찾으러 간다!

hide-and-seek 숨바꼭질

slingshot 새총

top 팽이

e.g. play with a top 팽이를 돌리다

hacky-sack 아이들보다는 고등학생, 대학생들이 즐기는 놀이. 우리나라 대학의 구내식당에서 점심을 먹은 학생들이 삼삼오오 모여 커피 마시고 난 종이컵을 구겨서 공처럼 차는 것처럼, 미국의 캠퍼스에도 이런 놀이가 있습니다. 종이컵 대신 모래나 플라스틱 좁쌀을 넣은 오자미를 사용하는 것이 다르지요. 캠퍼스뿐 아니라 캠핑 가서도 곧잘 하는 놀이 중 하나입니다.

°indoor games 실내 놀이

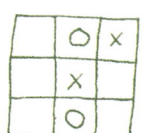

tic tac toe 우리의 바둑알 삼목두기와 마찬가지로 가로, 세로, 혹은 대각선으로 세 칸을 먼저 자기 마크(×혹은 ○)로 메우는 사람이 이기는 게임.

monopoly 집 사기 놀이
우리나라에서는 '블루마블' 게임이 알려져 있죠.

dollhouse play 인형 놀이

paper doll 종이인형

table top games 오락게임

Atari game 플레이 스테이션이 나오기 전 TV나 컴퓨터에 게임기를 연결해 조이스틱 버튼 하나로 작동했던 게임. 아타리는 1972년 최초로 비디오게임을 개발한 후 70, 80년대에 위세를 떨쳤던 게임기 회사입니다. 이 회사에서 만든 '수퍼 마리오', 'donkey kong' 등의 게임을 모두 아타리 게임이라고 부릅니다.

Pac-man

Pac-man 팩맨 게임 어른 아이 할 것 없이 즐기는 대중적인 게임입니다.

arcade game 동전 넣고 하는 오락실 게임

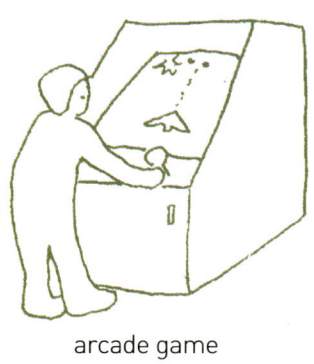

arcade game

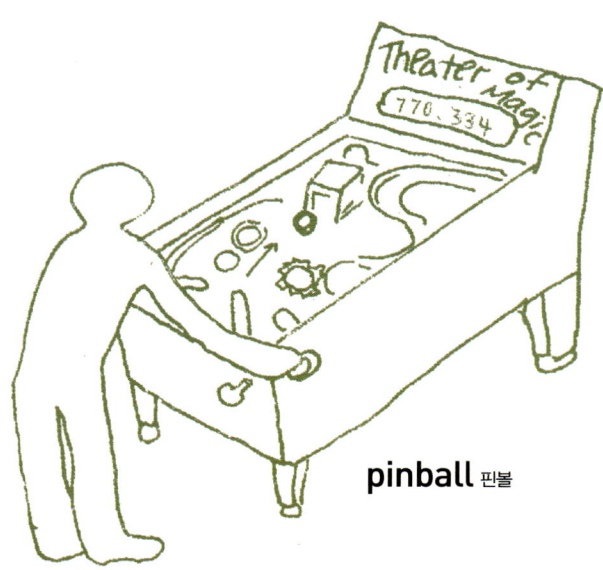

pinball 핀볼

foosball 양쪽에서 두 명이 손으로 조종하면서 하는 축구게임기. 일명 table soccer. 어른들에게도 인기 만점!

air hockey 동전을 넣으면 공기가 나와서 퍽puck을 칠 수 있는 하키 게임

○ all about television TV에 관한 모든 것

commercial films 광고 광고용 영상물을 통털어 가리키지만, 다 개TV광고TV commercials를 말합니다. 줄여서 commercials. 우리에게 익숙한 CF란 표현은 쓰지 않습니다. 또 광고모델, CF모델은 model이라 하지 않고 보통 actor라고 부르더군요. 모델은 패션모델을 가리킬 때 사용하구요. 미국의 방송에서도 우리나라 대기업들의 멋진 광고를 자주 볼 수 있습니다.

soap opera 낮시간대의 멜로드라마 daytime soap opera, 그냥 soap이라고도 하며 주시청층인 주부를 겨냥한 드라마로 애증, 복수, 질투가 주요 코드.

TV shows 우리가 '프로그램'이라고 부르는 개개의 방송을 '쇼'라고 합니다.

TV series 주로 저녁 황금시간대에 하는 드라마 등의 인기 많은 시리즈물.

prime time 황금시간대 시청자가 가장 많아 이때 내보내는 광고는 단가도 더 높고, 각 방송사의 간판 프로그램을 걸고 시청률 경쟁을 벌이지요. prime time은 나라마다, 미국내에서도 지역마다, 공중파냐, 케이블방송이냐에 따라 조금씩 다르지만, 보통 월요일부터 토요일 저녁 8~11시, 일요일 7~10시를 말합니다. 물론 1시간 정도의 시차가 나는 동부와 태평양 지역은 7~10시(월~토), 6~9시(일)가 됩니다. 그러나 케이블 방송cable networks의 경우 7일 내내 8~11시가 황금시간대입니다.

sitcom 시트콤 situation comedy의 약칭으로 라디오에서 처음 시작된 코미디 프로그램의 한 장르. 재밌는 대사로 웃음을 유발하는 시나리오, 관객의 웃음소리가 들리는 것이 특징. "Seinfeld", "Friends"가 대표적인 히트작.

10 o'clock news, 11 o'clock news 저녁 뉴스

reality show 배우가 아닌 보통 사람들이 주인공이 되어 거액의 상금이나 우승 혜택을 놓고 경쟁하는 프로그램

talk show 토크쇼 comedy sketch(재미있게 만든 클립, 인터뷰, 실제 공연 등)와 유명 게스트와의 이야기, 여기에 꽤 지명도 있는 밴드가 musical guest로 나오는 쇼. 앞서도 얘기했지만 개인적으로 코난 오브라이언이 진행하는 NBC방송의 "Late Night with Conan O'Brien"이 제일 재미있더군요.

rerun 재방송

TV dinner 냉동식품 데워서 바로 먹을 수 있는 음식으로 급식처럼 식판tray에 들어 있어 그대로 들고 가 TV 앞에 앉아 먹을 수 있는 데에서 이런 이름이 붙여졌다고 합니다. 2차 대전에 참전했던 군인들의 급식 식판에서 아이디어를 얻은 것으로 전쟁 후 50, 60년대 TV가 많이 보급되면서 이 TV dinner도 인기가 많았다네요.

• • • **animation** 만화영화

South Park 사우스파크

The Simpsons 심슨가족

The Jetsons 우주가족 "젯슨" 만화시리즈로 우주선을 타고 여행하는 가족의 이야기로 상상 속에서만 가능한 미래세계의 첨단 기기들이 가득.

• • • **make-believe** 인형극

The Wizard of Oz "오즈의 마법사" 1939년 제작된 고전영화로 안 본 사람이 거의 없을 정도로 인기가 많았습니다. 광고 없이 교육, 예술, 문화 위주의 방송물을 보여주는 channel 13에서는 아직도 〈오즈의 마법사〉에서 도로시Dorothy 역을 했던 주디 갈랜드가 나오는 옛날 흑백 뮤지컬을 자주 방영하고 있습니다.

Kermit

Miss piggy

The Muppets "머펫" 지금 20, 30대라면 이 프로그램에 나온 동물 캐릭터들의 이름을 꿰고 있을 "Sesame Street"의 아버지뻘 되는 어린이 프로그램. 정말 오랜 기간 아이들로부터 사랑받은 프로그램이었다네요.

the Muppets

Gonzo

Animal

Fozzi

• • • 70's hit series 70년대 히트작

M.A.S.H. 군병동을 중심으로 펼쳐지는 참전 군인들의 코믹 드라마. 배경이 한국전이지만 정치적인 색깔은 없고, 세트도 당시 한국을 흉내냈으며, 가끔 우리말을 잘 못하는 한국 사람도 나옵니다. M.A.S.H는 Mobile Army Surgical Hospital(이동 외과 야전 병원)의 줄임말. 예전에 꽤 인기가 많았다고 합니다. 저는 이 드라마 때문에 아직도 우리나라가 이런 모습인 줄 알까봐 조바심도, 짜증도 났었죠.

CHiPs! "기동순찰대" California Highway Patrols의 약칭. 70년대 초반 태생의 시청자들에게 전폭적인 인기를 누렸습니다.

• • • 80's hit series ^{80년대 히트작}

The A Team "A특공대" 정의감 넘치는 착한 탈옥수들이 경찰에 쫓기면서 사건을 해결해 나가는 80년대 절찬리 방영된 외화시리즈 중 하나.

Mr. T

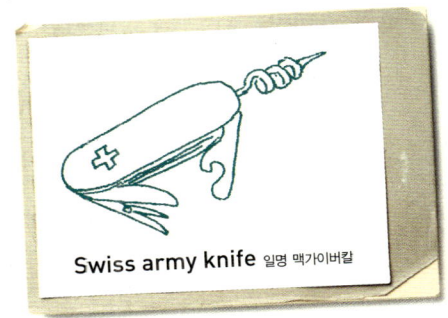

Swiss army knife 일명 맥가이버칼

The Knight Rider
"전격 Z 작전"

K.I.T.T. now!
키트, 지금이야!

Be Careful, Michael.
조심해요, 마이클.

・・・ most beloved shows 인기 프로그램

Seinfeld "사인펠드" 종래의 시트콤 캐릭터처럼 가족도, 직장동료도 아닌 네 명의 30대 백수들이 맨해튼 웨스트사이드의 한 아파트를 배경으로 펼치는 시트콤. 이렇다 할 가족도, 자아감도, 도덕심도 없는 30대 캐릭터들, 진지함과 거리가 먼 소재, 그러나 앞뒤가 꼭 맞아 떨어지는 치밀한 구성과 재기 넘치는 대화로 시즌 4를 넘어서면서 1998년 5월 시즌 9 180회 방송으로 종영되기까지 시청률 1위를 내놓은 적이 없었답니다. 일레인, 조지, 제리, 크레이머, 이 네 명의 인물이 유행시킨 유명한 대사들은 사전에까지 수록되었고, 2002년 "TV가이드"가 뽑은 역대 최고의 프로그램 50에서 당당히 1위를 차지했습니다. 또 제리 사인펠드는 편당 5백만 달러에 연장 계약하자는 제안을 뿌리쳐서 '가장 큰돈을 거절한 사람'으로 기네스북에 올라 있기도 하죠.

Jeopardy 1960년대에 시작된 퀴즈 프로그램quiz show으로 여전한 인기를 누리고 있습니다. 정답을 말할 때 What is kimchi. 라며 What is를 말하지 않으면 그 답은 무효라고 합니다.

SNL NBC방송의 Saturday Night Live. 1975년에 시작, 미국 텔레비전 방송 사상 최장 롱런을 기록중인 오락 프로그램. 배우에서 가수, 운동선수, 스캔들 메이커 등 화제에 오른 유명인사가 매주 한 명씩 초대되어, 고정 출연진과 함께 다양한 형식의 코믹극을 연기합니다. 막간에는 유명 뮤지션이 musical guest로 나와서 공연하고, 일주일 동안 일어난 말 많고 탈 많은 이슈를 비꼬는 패러디도 하지요.

Martha Stewart Living 마사 스튜어트는 집안일에 전혀 관심 없던 저에게까지 살림 바람을 불어넣은 살림의 여왕 domestic diva입니다. 요리, 집 꾸미기, 정원 가꾸기, 옷 만들기 등 집안 살림에 관한 모든 것을 잡지에서 시작해 방송, 상품판매 등으로 어마어마하게 사업화한 여성 수완가이죠. 그러나 내부자 정보를 받고 주식에 투자한 일로 6개월간 감옥신세를 지기도 했죠.

Domestic Diva

Isn't this gorgeous?

이거 정말 근사하지 않아요?

reality TV show 리얼리티쇼

The Apprentice 뉴욕의 부동산 대부 도널드 트럼프 Donald Trump가 자신과 함께 일할 인재를 뽑는 프로그램으로 쟁쟁한 실제 지원자들이 등장해 최종 선택을 받기까지 치열하게 경쟁합니다. 트럼프는 한 사람을 떨어뜨릴 때마다 You're fired!라고 탈락 선고를 내리는데 이 대사가 한때 대유행하기도 했지요.

You're fired!

당신을 해고합니다.

You're hired.

당신을 채용하겠습니다.

contestants 경쟁자들

candid camera 몰래카메라

Jamie Kennedy Experience Jamie Kennedy라는 코미디언이 분장을 하고 사람들에게 다가가서 특정한 행동을 해서 반응을 알아보는 프로그램

Queer Eyes for the Straight Guy 다섯 명의 동성애자들이 패션, 인테리어, 음식스타일을 바꾸는 프로그램

queer 동성애자, 게이
straight, heterosexual 이성애자(의)

Leave me alone.

냅둬요.

American Idol 가수 지망생들의 스타 등용문 프로그램. 7개 도시에서 오디션과 본선 심사, 시청자들의 지지율로 최종 선택된 도전자는 음반 발매와 함께 정식 데뷔 기회를 갖게 됩니다. 수차례의 심사를 거치는 동안 실력과 끼를 인정받으며 올라오기 때문에 최고의 아이돌을 뽑는 과정 자체가 이미 팝스타의 탄생을 예고하기도 하죠. 특히 심사위원 중 한 명이자 제작자인 사이먼 코웰의 독설과 도전자들의 예측 불허 반응들이 여과없이 보여지며 숱한 해프닝과 화제를 낳고 있습니다.

Extreme Makeover 여러 가지 이유로 자신의 외모를 바꾸고 싶은 사람들이 도전해서 성형수술, 다이어트, 운동 등으로 완전 변신하는 프로젝트를 수행하는 프로그램입니다.

The Bachelor 총각 한 명이 여러 신부감 후보들을 차례로 탈락시키며 최종 두 명 중 한 명을 고르는 리얼리티 쇼

bachelor 총각, 독신남

The Bachelor

The Bachelorette

The Bachelorette 처녀 한 명이 여러 신랑감 후보 중 한 명을 고르는 리얼리티 쇼

bachelorette 독신 여성

blooper NG모음 라디오나 TV, 방송에서의 실수. NG는 No good의 약자로 쓸 수 없는 필름 촬영컷을 의미.

Special Occasions

party party party

미국에 살다보면 이런저런 이유로 파티에 초대받게 되는데요. '파티의 생활화'라고 할 만큼 그 종류가 다양합니다. 우리는 '파티' 하면 화려한 이브닝드레스에 샴페인을 마시는 모습을 떠올리지만, 미국사람들은 '여러 사람이 모여서 얘기를 나눈다'는 이미지를 먼저 떠올릴 거예요. 여기에 음료와 음식, 춤과 음악이 가미해 흥을 더하는 것은 당연하겠지요. 파티를 비롯해 축제가 열리는 특별한 날 special occasions로는 대표적으로 칠면조를 먹는 Thanksgiving Day, Christmas, Halloween이 있습니다. 이런 공식 명절 외에도 출산을 앞둔 친구에게 여자친구들이 선물을 주는 baby shower, 미국 고등학생에게는 평생의 추억이 되는 prom party, 친구네 집에서 하룻밤 묵으며 수다도 떨고 배개 싸움도 하는 십대 여자애들의 slumber party... 나이대별로 주제별로 다양합니다.

파티는 미국사람들의 일상을 들여다볼 수 있는 좋은 기회이니 망설이지 말고 응해보세요. 춤을 추는 파티라면 처음 보는 이성과도 자연스럽게 친해질 수 있지요. 춤신청을 거절하지만 않는다면요. 파티에서 빠질 수 없는 것이 술인데, 미국에서는 음주 관련 단속이 엄격해서 언제 어디서나 술을 살 수는 없답니다. 일요일에는 liquor store가 문을 다는 쥬(state)가 많으니, 파티가 일요일에 있다면 토요일에 미리 사두세요. 그리고 나이가 만 21세가 되어야 합법적으로 마실 수 있으니, 아직 어린 친구들은 파티에서 원칙적으로는 마실 수 없다는 것도 알아두세요. 파티문화가 발달한 미국에서는 파티를 광적으로 좋아하는 사람을 party animal이라는 재미난 별명으로 부른답니다. 속정 없어 보이는 미국사람들도 친분을 맺고 우정을 돈독히 쌓아나가면 언어를 떠나서 진정한 친구가 될 수 있답니다.

party 파티

BYOB 마실 술은 각자 지참 요망
= Bring Your Own Booze
booze : 술, 알코올음료

pick up line 꼬시는 말, 일명 '작업 멘트'
flirt 꼬리치다; 바람둥이; 바람둥이
e.g. She's a flirt.

small talk, chitchat, gossip 가벼운 대화, 담소
e.g. I don't normally make small talk. 난 잡담 잘 안 해.

lava lamp 라바램프 흘러내리는 듯한 은은한 조명

chip '파티의 감초' 칩
pretzel 프레첼 격식 없이 즐기는 파티에 잘 나오는 과자로, 맛은 담백 짭짤하고 좀 딱딱합니다.

keg 맥주를 따라 마시는 큰 쇠통

paper cup 종이컵

MoMA party 뉴욕현대미술관 파티

교수님이 뉴욕현대미술관 전시회 오프닝 파티 초대장을 보내셨어!
새 전시회를 큐레이트하셨구나! 신난다!

정장 요망. 흠… 뭘 입어야 할지 모르겠네.

이게 내가 가진 것 중 가장 정장스러운데.

와아! 할리우드 레드 카펫 행사 같잖아.

거봐… 내 옷차림이 적절하지 않는 것 같아.
뭐 어때? 어쨌든 보기 괜찮아.
초대해주셔서 고맙습니다. 전시회 정말 훌륭하네요.
고마워. 네 리포트 가능한 한 빨리 돌려줄게. 재있게 놀아.

invitation 초대, 초대장 | **exhibition** 전시회

dress code 드레스코드

파티 초대장에 "dress code : black tie"라고 쓰여 있으면 격식을 갖춰야 하는 formal한 파티를 의미하지요. 남자는 턱시도에 나비넥타이, 여자는 드레스 차림을 말합니다. 유학시절 MoMA(New York Museum of Modern Art:뉴욕현대미술관) 큐레이터셨던 교수님의 초대로 MoMA 후원자 파티에 갔었지요. black tie라고 해서 옷장을 뒤져, 블라우스 비슷한 셔츠에 아주 무난한 치마를 받쳐 입고 가보니… 여자들이 모두 마치 레드 카펫 위를 걷는 할리우드 스타처럼 어깨가 훤히 드러나는 진짜 드레스를 입고 있었지요. 격식 있는 모임이나 파티에 갈 때는 그 정도로 입어준다는 걸 그때 처음 알았죠. 난 70년대 복고패션 코스프레라고 해도 너무 재미없는 차림이어서 민망했지만 저만큼 눈치 없이 찢어진 청바지에 티셔츠를 입고 온 몇몇 학생들과 함께 먹고 마시며 나름 전시회를 즐겼습니다. 물론 드레스 자락을 우아하게 끌며 전시물을 감상하는 모습은 정말 근사해 보입니다. 뉴욕에 사는 재미 중 하나는 미술관 museum이나 화랑gallery을 둘러보는 것이죠. 주말에는 입장료를 마치 기부금처럼 내고 싶은 만큼만 내는 pay as you wish 미술관에 가서 그림과 음악에 젖을 수 있습니다. 미술관마다 관람시간이 다르므로 시간은 미리 알아보세요. 무료는 아니지만 1센트라도 내면 들어갈 수 있어서 기다리는 줄도 깁니다. 구겐하임 미술관은 재즈, 메트로폴리탄 미술관은 클래식 음악을 주로 들려줍니다. 갤러리 오프닝 파티는 전시하는 아티스트와 그 지인들뿐만 아니라 누구나 함께할 수 있습니다.

미술에 관심이 있고 사람과 어울리는 걸 좋아하면 주말 저녁에 첼시 주변 화랑에 들러보세요. 예술가도 만날 수 있고, 공짜 맥주나 와인으로 목도 축일 수 있습니다. 돈 받고 음료를 주는 곳도 있지만요.

hors d'oeuvres

hors d'oeuvres 오르되브르 파티에 많이 등장하는 음식으로 한 입에 먹을 수 있도록 작고 앙증맞게 만든 요리. 전채appetizer의 프랑스어.

birthday 생일

For he's a jolly good fellow
For he's a jolly good fellow
For he's a jolly good fellow
Which nobody can deny

sing a birthday song 생일 축하노래를 부르다

Happy Birthday to You도 많이 부르지만,
Jolly Good Fellow도 생일 때 많이들 불러줍니다.

너무 멋진 친구라서
너무 멋진 친구라서
너무 멋진 친구라서
누구도 거부 못해.

make a birthday wish when you blow the candles
생일케이크 촛불 끌 때 소원을 빌다

e.g. "Did you make a wish?" 소원 빌었어?
"I did." 응.
"What did you wish?" 뭘 빌었는데?
"I'm not telling you." 안 가르쳐줄 거야.

seaweed soup 미역국

my birthday tradition in NY 케이크보다 미역국

엄마는 미국에 있는 딸의 생일이면 미역국 끓여 먹으라는 전화를 잊지 않으시는데요. 안 그래도 원래 미역국을 좋아해서 생일이면 미역국만큼은 꼭 끓여 먹었습니다. 내 생일에 케이크를 만들어준 룸메이트에게 보답으로 나도 케이크를 만들어주마 했더니 케이크 말고 미역국을 끓여달라고 하더군요. 다른 룸메이트와 살 때도 마찬가지였죠. 미역국을 싫어할 줄 알았던 미국인 친구들은 모두 맛있어 했습니다.

왜 생일날 미역국을 먹을까요? 한 번은 누가 이렇게 묻길래 한국에서는 해산을 하고 나면 미역국을 먹는데 생일날 그 미역국을 먹으며 낳아주신 고마움을 되새긴다고 멋대로 지어냈죠. 이 근거 없는 이야기에 감동 받은 친구는 이제부터 자기 생일에도 미역국을 먹겠다고 하더군요. 그래서 생일이면 불려가 미역국을 끓이기도, 만드는 법을 강습하기도 했습니다. 미끌거리는 질감과 특이한 맛 때문에 선입견을 가지면 맛이 없을 수도 있지만, 음식에 의미를 부여하길 좋아하고, 새로운 것에 호의적인 뉴욕의 힙스터hipster, 유행을 좇는 사람들은 자신들에게도 통할 수 있는 음식이자 신선한 생일 문화라고 받아들이는 것 같습니다.

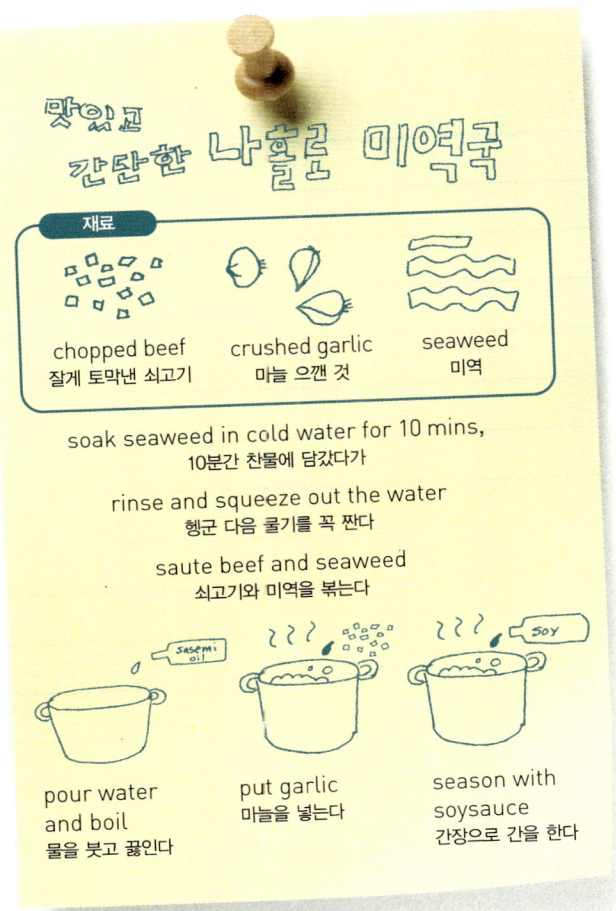

맛있고 간단한 나홀로 미역국

재료

chopped beef 잘게 토막낸 쇠고기
crushed garlic 마늘 으깬 것
seaweed 미역

soak seaweed in cold water for 10 mins,
10분간 찬물에 담갔다가

rinse and squeeze out the water
헹군 다음 물기를 꼭 짠다

saute beef and seaweed
쇠고기와 미역을 볶는다

pour water and boil
물을 붓고 끓인다

put garlic
마늘을 넣는다

season with soysauce
간장으로 간을 한다

before wedding 결혼을 앞두고

write invitations 초대장 쓰기 보통 RSVP(참석여부를 알리는 회신) 형식으로 초대장엔 우표를 붙인 봉투(SASE, self-addressed stamped envelope)와 참석여부를 표시하는 카드를 동봉해 보냅니다. 우리처럼 100명, 200명으로 어림짐작하는 것이 아니라, 초대장을 받고, 오겠다고 답장을 준 사람 수에 맞게 식사를 준비하고, 각자 앉을 자리도 지정해놓기 때문입니다.

wedding registry 축의금을 내는 이들도 있지만, 대부분은 선물을 합니다. 선물이 겹치는 것을 방지하는 차원으로, 별로 로맨틱하진 않지만 실속 있게 wedding registry라는 것을 합니다. 큰 백화점이나 주방용품 전문점에서 예비부부는 사고 싶은 물건들을 점찍어두고, 이것을 목록으로 만듭니다.
그럼 선물할 사람들은 목록에 있는 것 중에서 고르는데, 이미 누가 사준 것은 표시가 되어 있기 때문에 겹치지 않게 되죠.

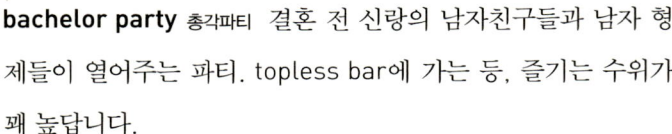

bachelor party 총각파티 결혼 전 신랑의 남자친구들과 남자 형제들이 열어주는 파티. topless bar에 가는 등, 즐기는 수위가 꽤 높답니다.

bachelorette party 신부의 여자친구들이 파티를 열어 선물을 주는 bridal shower를 많이 하지만, 최근엔 남자들의 총각파티에 대항해 이런 처녀bachelorette 파티란 것을 하기도 하죠. 끈팬티만 걸친 근육맨들이 나와 춤을 추기도 하는데, 총각파티 못지않게 수위가 높습니다.

bridal shower 결혼 전 신부를 위해 여자친구들과 자매들이 열어주는 파티

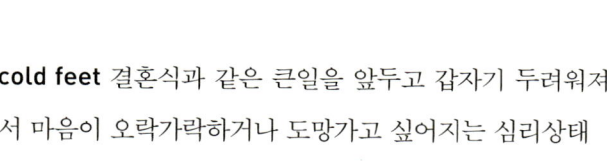

cold feet 결혼식과 같은 큰일을 앞두고 갑자기 두려워져서 마음이 오락가락하거나 도망가고 싶어지는 심리상태로 prewedding blues라고 부르기도 합니다.

e.g. "Didn't they get married?" 걔네들 결혼하지 않았어?
"No. At the last minute, she got cold feet and canceled the wedding."
아니. 막판에 여자가 겁을 집어먹고 결혼식을 취소했어.

Am I doing the right thing?
이게 정말 잘하는 짓일까?

Is he the man?
이 남자가 정말 내 짝일까?

put a penny in the bride's shoe for wealthy marriage 결혼 생활의 풍요를 비는 뜻으로 신부의 구두에 동전 넣기. 원래는 good luck coin으로 알려진 6펜스를 신랑과 신부의 구두에 모두 넣었다고 해요.

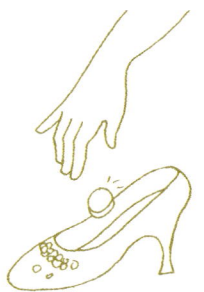

wedding ceremony 결혼식

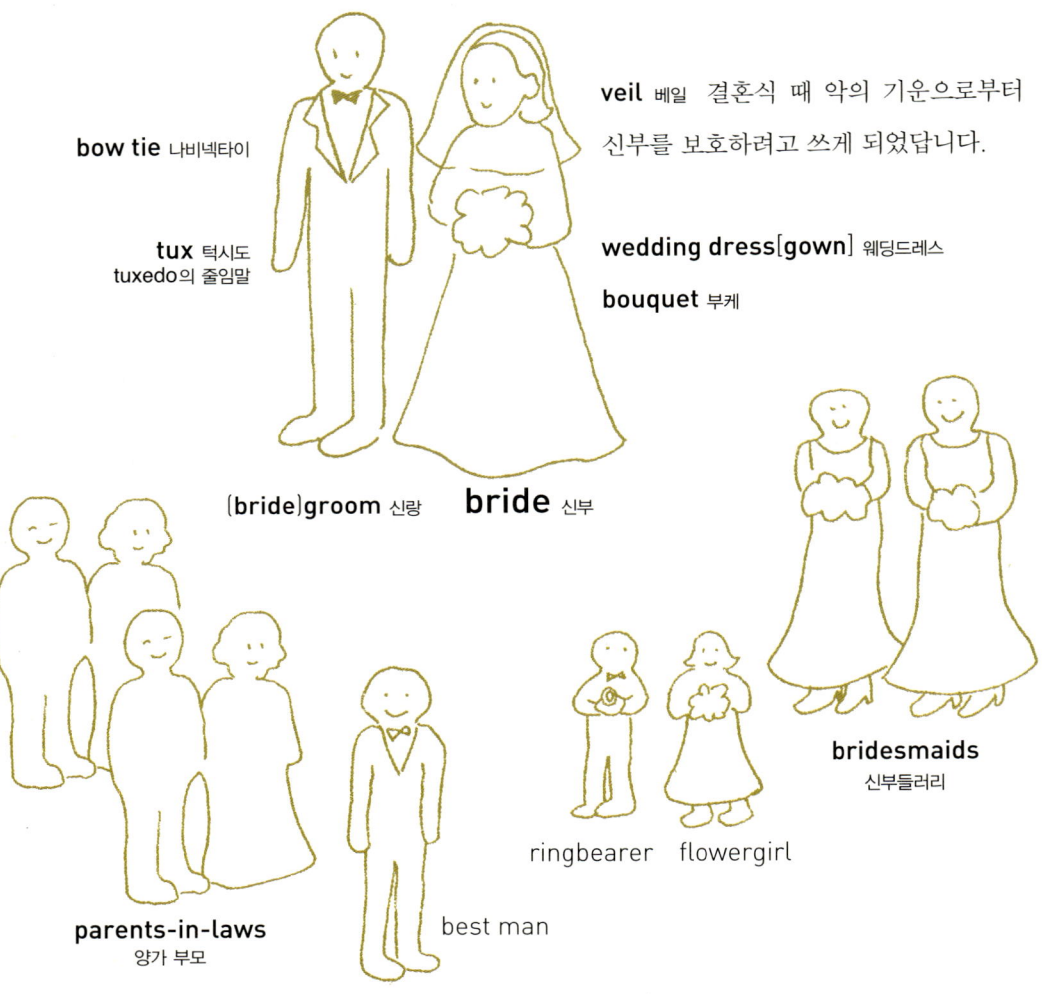

bow tie 나비넥타이

tux 턱시도
tuxedo의 줄임말

veil 베일 결혼식 때 악의 기운으로부터 신부를 보호하려고 쓰게 되었답니다.

wedding dress[gown] 웨딩드레스

bouquet 부케

(bride)groom 신랑

bride 신부

bridesmaids 신부들러리

ringbearer **flowergirl**

parents-in-laws 양가 부모

best man

best man 신랑들러리 대표 신랑들러리 groomsmen 중 신랑과 가장 가까운 친구가 하며, 신랑이 신부에게 줄 선물을 들고 있지요.

maid of honor 신부들러리 대표

ring bearer 결혼반지를 대령하는 남자아이

flower girl 입장하는 신부 앞에 꽃을 뿌리는 여자아이

wedding vow 혼인서약 종교마다 조금씩 다르지만 "나, 누구는 누구를 아내로 맞이하여… 사랑하고 존경하고…" 식의 흐름은 비슷합니다. 종교가 없어도 이런 내용의 혼인서약을 합니다. 그런데 요즘에는 자기들만의 혼인서약을 직접 작성하는 경우도 있다네요.

> I, Juliet, take you, Romeo, to be my husband. I promise to be true to you in good times and bad, in sickness and in health. I will love you and honor you all the days of my life.

throw rice 새로 탄생한 부부에게 자식 많이 낳으라고 쌀 뿌리기

throw bouquet 부케 던지기

throw garter 하객 중 미혼인 남자에게 신랑이 신부의 garter(스타킹이 흘러내리지 않도록 고정하는 허벅지 밴드) 던지기. 신부의 가터를 받은 남자는 부케를 받은 미혼 여성처럼 다음 번 결혼할 사람이 된다고.

The groom cannot see the bride before the wedding ceremony on a wedding day.
식전에 신랑이 웨딩드레스 입은 신부를 보면 결혼생활에 불행이 따른다고 해서 결혼식 날 서로 다른 곳에서 단장합니다.

wedding reception 결혼피로연

피로연의 메인 이벤트는 역시 춤입니다. 맨 먼저 신랑과 신부가 춤을 추고, 그 다음에는 신부가 자신의 아버지 그리고 시아버지와, 신랑은 자신의 어머니 그리고 장모님과 춤을 춥니다. 할머니 할아버지가 계시면 할머니 할아버지와도 춤을 춥니다. 이렇게 신혼부부가 양가의 부모, 조부모와 돌아가며 춤을 추고 나면 모든 하객들이 춤을 춥니다.

wedding cake 웨딩 케이크

feed cake to each other 피로연 때 신랑과 신부가 같이 케이크를 자르고 직접 손으로 떠서 서로에게 먹여줍니다. 또 웨딩 케이크의 제일 윗단은 따로 떼어서 냉동해 놓았다가 결혼 1주년이 되는 날 해동해서 먹는 풍습이 있습니다.

The top layer of the wedding cake should be saved for the couple's first anniversary. Freeze it.

freeze: 얼리다

do the chicken dance 피로연에서 사람들이 술기운이 오르기 시작하면 추는 닭춤. 닭의 부리와 날개짓, 몸짓을 흉내 낸 동작으로 이루어져 있습니다.

The groom should carry the bride over the threshold when they first enter their house after their wedding. threshold:문지방

결혼식 후 처음 신혼집에 들어갈 때 신랑은 신부가 현관 문지방을 밟지 않도록 신부를 안고 집안에 들어갑니다.

Thanksgiving 추수감사절 11월 네 번째 목요일

Thanksgiving dinner 추수감사절 만찬 추수감사절은 미국에서 크리스마스와 함께 가장 큰 명절입니다. 모처럼 온가족이 식탁에 둘러앉아 Turkey Day라는 애칭답게 칠면조를 메인 메뉴로 한 저녁만찬을 즐기지요. 미국에서 처음 맞은 추수감사절 때 한 친구에게 뭐 하는 날이냐고 물었더니 '많이 먹는 날' 이라고 하더군요. 추수감사절 만찬에 몇 번 가본 결과 과장은 아니었습니다. 집에 돌아올 때마저 가방 가득 칠면조와 브라우니, 스터핑 등을 담아주셔서 가져왔죠. 한번은 친구를 따라 추수감사절 파티에 간 적이 있었죠. 20명 가까이 되는 사람들이 한 식탁에 빼곡히 끼어 앉아 추수감사절 건배Thanksgiving toast를 하는데, 그 낯선 분위기에서 왠지 모르게 가족의 따뜻함과 소박함이 느껴졌습니다. 유일한 외국인이었던 저와 한 이탈리아 친구는 각자 모국어로 감사 기도를 했습니다. 추수감사절은 원래 아메리카 인디언의 전통 풍속이라고 하네요. 이 전통을 영국의 식민지였던 유럽 국가에서 신대륙 아메리카로 건너온 사람들이 이어온 것이라고 합니다. 이들이 바로 1620년 메이플라워Mayflower호를 타고 온 필그림Pilgrim. 청교도Puritan로도 불리는데, 타락한 영국의 교회를 정화하겠다purify는 의미가 있다고 합니다.

••• typical Thanksgiving food 추수감사절 음식

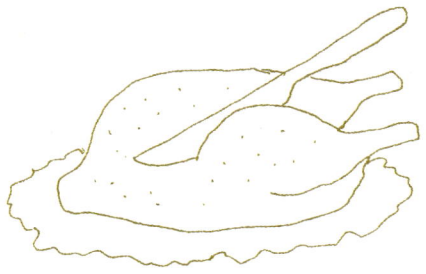

turkey 오븐에서 구운 칠면조 워낙 큰 새이다 보니 자르는 데도 순서가 있고, 자르는 것 자체가 만만치 않아 전기 칼(electric carving knife)을 쓰기도 합니다. 호스트host(만찬을 연 집주인)가 칠면조를 자르기 시작하면 사람들은 환호성을 터뜨립니다.

stuffing 이건 요리하는 사람마다 좀 다른데 채소와 빵가루를 칠면조 속에 넣고 구웠다가 먹을 때 꺼내서 따로 고기 옆에 놓고 먹기도 하고, 아예 다른 그릇에 담아 빵가루, 옥수수가루와 채소를 넣고 오븐에서 굽기도 합니다.

stuff (속을) 채우다
stuffed animal 봉제 인형 속에 솜이나 헝겊을 채워넣은 동물인형. doll은 사람 모양의 인형에게 씁니다.

cranberry sauce 크랜베리 소스 크랜베리 열매를 오렌지 주스와 설탕에 절인 소스로 칠면조에 뿌려 먹습니다.

gravy 그레이비 칠면조 구울 때 나오는 기름과 버터와 밀가루를 섞어 만드는 걸쭉한 소스로 칠면조 고기 위에 뿌려 먹습니다.

centerpiece 식탁을 장식할 때 가운데 놓는 꽃장식과 촛대

••• Macy's Thanksgiving Day parade 메이시백화점 추수감사절 퍼레이드

뉴욕의 34번가에 있는 메이시백화점에서 벌이는 퍼레이드로 갖가지 대형 캐릭터 풍선들이 축제분위기를 한껏 고조시킵니다. 고적대, 인기 가수, 그리고 맨 마지막에 다가올 크리스마스를 예고하듯 산타의 등장으로 퍼레이드는 막을 내립니다. 1924년부터 이어온 전통 퍼레이드라고 하네요. 메이시 백화점은 정말 오래되었는데 아직도 곳곳에 남아 있는 나무로 된 에스컬레이터가 눈길을 끕니다. 제가 메이시 퍼레이드를 보러 간 날은 인파가 많이 몰린 해였던 데다 강풍과 비바람에 풍선이 터지는 바람에 그 아래에 사람이 깔려서 응급실로 실려 가는 사고가 있었지요. 그 후로는 집에서 텔레비전으로만 본다는…

Christmas 크리스마스

buy a Christmas tree 크리스마스 트리 사기 크리스마스가 다가오면 동네 어귀에 나무 파는 곳이 생깁니다. 저도 룸메이트와 같이 사서 집까지 여러 블록을 걸어서 들고 온 적이 있습니다. 뿌리가 잘린 나무가 좀 불쌍하게 보이기도 합니다. 물 대신 음료수 스프라이트를 주면 더 싱싱하게 오래 간다고 하네요. 크리스마스와 신년 전야 New Year's eve가 지나면 길가에 나무들이 처참히 버려져 있습니다.

dashing through the snow
on one horse open sleigh
썰매를 타고 달리는 기분 상쾌도 하다 ♬

Christmas village set 집, 기차, 사탕가게 등등의 모형으로 예쁜 크리스마스 동네를 만든 것으로 집이나 가게에는 불이 들어오고 기차도 움직입니다.

popcorn garland 두꺼운 재봉실 sewing thread에 팝콘을 꿰면 훌륭한 크리스마스 트리 장식이 됩니다. 초록색 트리에 하얀색 장식이라 잘 어울리고, 먹으면서 만드는 재미도 있고요.

Christmas village set

popcorn garland

SNL Christmas special 최근 몇 년간 인기 코미디 프로그램 "Saturday Night Live"에서는 크리스마스가 다가올 때면, 아주 단순한 리듬에 단순한 가사의 I Wish It Was Christmas Today란 노래를 고정 출연진과 게스트가 불러줍니다. 머리를 좌우로 까닥거리며 부르는 모습이 어찌나 우스꽝스러운지 크리스마스가 올 때면 SNL의 이 노래를 기다리는 마니아들이 많습니다.

I don't care what your mama says
Christmas is full of cheer!
I don't care what your daddy says
Christmas will soon be here!
All I know is that Santa's sleigh
Is making its way to the U.S.A.!
I wish it was Christmas today!
I wish it was Christmas today!

당신 엄마가 하는 말은 상관없어요
크리스마스는 즐거운 날이에요
당신 아빠가 하는 말은 상관없어요
곧 크리스마스가 와요
산타 썰매가 미국으로 오고 있다는
것만 알고 있을 뿐이죠
오늘이 크리스마스였으면!
오늘이 크리스마스였으면!

uklele 우크렐레 기타의 축소판 비슷한 하와이 민속악기

• • • **decorating a Christmas tree** 크리스마스 트리 장식하기

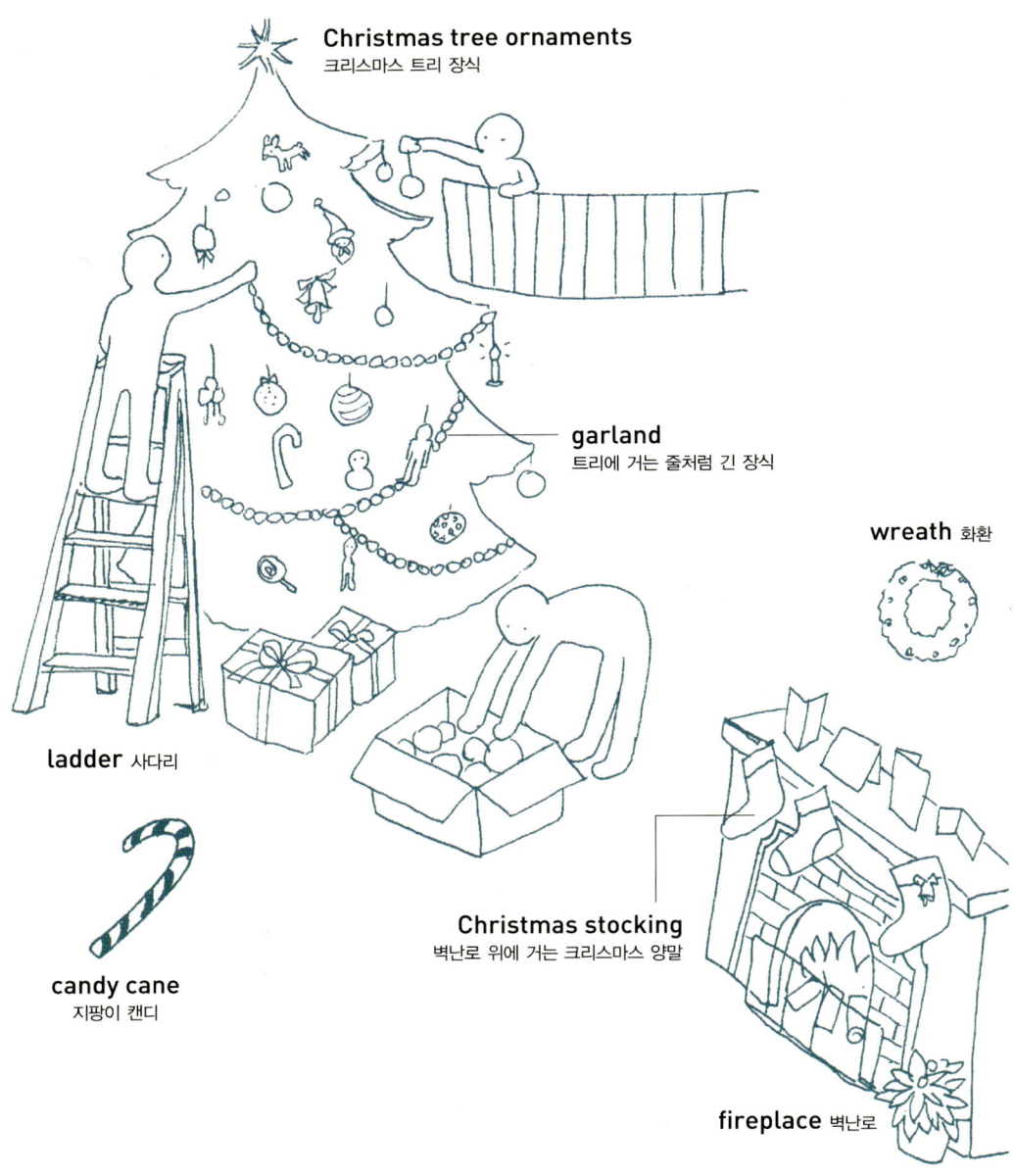

Christmas tree ornaments 크리스마스 트리 장식

garland 트리에 거는 줄처럼 긴 장식

wreath 화환

ladder 사다리

candy cane 지팡이 캔디

Christmas stocking 벽난로 위에 거는 크리스마스 양말

fireplace 벽난로

• • • secret Santa 비밀 산타

산타처럼 몰래 익명의 선물 anonymous gift을 보내는 크리스마스 행사입니다. secret Santa는 이런 행사 자체뿐만 아니라 비밀산타가 된 사람도 가리키지요. 미국뿐 아니라 영국, 그리고 명칭은 다르지만 스코틀랜드, 아일랜드, 호주에서도 이같은 크리스마스 전통이 있고, 선물을 지나치게 많이 주고받는 허례허식을 막는 목적도 있다고 해요. 그래선지 주로 회사에서 많이들 합니다. 방식이 우리의 마니또와 비슷합니다.

1. Write names on each sheet of paper. 쪽지에 각각의 이름을 적는다.

2. Fold them. 쪽지를 접는다.

3. Put them in a hat or box. 접은 쪽지를 모자나 상자에 넣는다.

4. Shake it. 모자나 상자를 흔들어서 섞는다.

5. Pick one with your eyes closed. 눈을 감고 하나를 집는다.

6. Unfold and don't show it to anyone. 펴서 아무에게도 보여주지 않는다.

7. Buy a present for the person you picked. 뽑은 사람에게 줄 선물을 산다.

8. Give the present. 선물을 준다.

9. Receive a present from the person who picked your name. 내 이름을 뽑은 사람에게 선물을 받는다.

New Year's Eve 신년 전야

I'm making a flyer for our New Year's Eve party.

The theme is "2001 : A Space Odyssey"

My old roommate Karen was an expert in party planning. Her New Year's Eve party project is such a big and fun event.

나의 오랜 룸메이트 카렌은 파티 계획의 전문가였다. 그녀의 신년 전야 파티는 규모도 크고 재미있는 행사다.

신년 전야 파티를 알리는 전단지를 만들어야지.

주제는 "2001 스페이스 오디세이."

We decorated our place to fit the party theme.
우리는 파티 컨셉에 맞추어 집안을 장식했다.

We painted a mural on the wall of our living room.
거실 벽에는 벽화를 그렸다.

flyer 홍보 전단지 | **theme** 주제 | **New Year's Eve** 12월 31일, New Year's Day가 되기 전날. 신년으로 넘어가는 이날 밤 파티에 모인 사람들은 자정을 몇 초 남겨두고 카운트다운을 하지요. 그리고 마침내 12시가 되면 Happy New Year!를 외치며 새해를 축하합니다. | **2001: A Space Odyssey** 스탠리 큐브릭의 영화 | **expert in** ~의 전문가(진짜 전문가가 아니라도 아주 잘할 때) | **mural** 벽화

The party started.
파티가 시작되었다.

As the ball dropped in Time Square, everybody celebrated.
타임스퀘어의 공이 떨어지자 모두가 축하했다.

The party went on until 6 in the morning and everybody had a good time.
파티는 아침 6시까지 계속되었고 모두가 재밌게 놀았다.

Time Square Ball 타임스퀘어는 유흥가와 공연장, 극장이 집중된 미국에서 가장 번화한 공연문화의 중심지입니다. 매년 제야가 되면 이 광장의 남쪽 방향 광고탑 꼭대기에서 불이 밝혀진 거대한 크리스탈 공이 ヵ운트다운과 함께 떨어집니다. 해마다 공이 떨어지는 장면을 보려고 몰려드는 인파가 무려 백만에 육박한다고 합니다.

Valentine's Day 발렌타인 데이 2월 14일

write cards to your loved ones 사랑하는 사람들에게 카드 쓰기 꼭 남자친구나 여자친구에게만 보내는 것은 아닙니다. 사랑하는 가족이나 친구들에게도 "Happy Valentine's Day!"라고 써서 초콜릿과 함께 보냅니다.

dress in pink, dress sexy 핑크빛 옷을 입거나 섹시하게 입기 이날 여성들은 여성스럽고, 낭만적인 느낌의 핑크색 원피스를 많이 입습니다. 평소보다 조금 섹시함을 강조하기도 하구요.
wear hearts 하트 달기 하트 무늬가 들어간 옷도 많이 입습니다.

Be my Valentine. 내 사랑을 받아주오. 발렌타인 데이 카드의 애용 문구

give roses 장미 선물하기 발렌타인 데이의 최고 선물은 초콜릿일 것 같지만 역시 장미! 남자가 여자한테 선물합니다.

candlelight dinner 발렌타인 데이는 서로를 그윽하게 혹은 끈적하게 바라보며 로맨틱한 분위기를 물씬 풍기는 연인들이 레스토랑을 점령하는 날이기도.

Easter 부활절 춘분 뒤 첫 만월 다음에 오는 첫째 주 일요일(3월 21일경)

예수의 부활을 기념하는 축일입니다. 기독교 명절이긴 하지만 크리스마스처럼 온국민이 즐기며 거리 곳곳에 토끼 인형, 토끼나 달걀 모양의 초콜릿을 파는 가게들이 많습니다. 그래서 부활절 하면 토끼와 달걀을 가장 먼저 떠올릴 거예요. 달걀에 그림을 그려 선물하는 이유는 병아리가 달걀에서 나오는 것이 '부활'을 의미하기 때문이라고도 하고, 예수가 십자가를 지고 갈보리로 갈 적에 계란장수가 잠시 십자가를 대신 져주었는데, 집으로 돌아와보니 계란이 무지갯빛으로 변해 있었다고 해서 그 이후 계란을 부활의 상징으로 믿었다고도 해요. 또 봄의 여신 Eastre가 신성시한 산토끼가 Easter eggs를 낳아서 사람이 사는 집에 숨겼다는 전설도 있고요. 그래서 부활절 아침에 아이들이 달걀 찾기 놀이를 한다고 합니다.

Easter eggs
부활절 달걀

eat ham and cheese

hide eggs

give light colored flowers

color eggs 삶은 달걀에 색칠하기
hide eggs 색칠한 달걀을 숨기기 숨긴 달걀을 찾는 아이만 달걀을 먹을 자격이 있다네요.
eat ham and cheese 햄과 치즈 먹기 부활절의 대표 음식입니다.
give light colored flowers 연한 색 꽃 선물하기 부활절 즈음에 꽃가게에선 연노랑, 연분홍 꽃들을 바구니에 담아 팔기 시작합니다.

Mother's Day 어머니 날 5월 둘째 주 일요일

자식을 키우느라 힘드신 모든 어머니를 위한 날. 엄마, 할머니, 이모, 고모… 등 나이 많은 어머니들뿐만 아니라 동생이 시집가서 애기를 낳았다면 동생에게도, 아기엄마인 친구에게도 "Happy Mother's Day!"라며 축하해줍니다. 그런데 어머니의 가슴에 카네이션을 달아드리는 우리와 달리 미국에서는 어머니가 아니라 자식들이 가슴에 카네이션을 달고, 어머니의 사랑을 기렸다고 합니다. 어머니가 살아계시면 분홍색이나 빨간색 카네이션을, 돌아가셨으면 하얀색 카네이션을 달았다고 합니다. 지금은 달고 다니는 사람은 없고, 대신 꽃다발 선물을 많이 합니다. 십자가에 묶인 아들 예수를 어머니 마리아가 비통하게 바라보며 눈물 지을 때 그 옆에 흰색 카네이션이 피었는데, 이 전설에서 착안해 미국의 여성 운동가이자 어머니 날을 정식 기념일로 만든 Anna Jarvis가 어머니 날에 카네이션을 나눠주었다고 합니다. 카네이션이 어머니 날의 상징emblem이 된 것이 이때부터였다고. 어머니 날 기념일은 지역마다 다르고, 지구상의 가장 많은 나라가 5월 둘째 주 일요일입니다.

wear carnations 카네이션 달기 우리와 달리 자식들이 카네이션을 답니다.

Father's Day 아버지 날 6월 셋째 주 일요일

혹자는 카드회사에서 돈 벌려고 만들었다고들 하지만, 사실은 태어나자마자 어머니를 여읜 사람이 자신과 형제들을 홀로 키우신 아버지에게 고마움을 표시하기 위해 시작되었다고 합니다. 어머니 날과 달리 꽃을 드리기보단 선물을 많이 합니다. 역시 지역마다 기념일이 다릅니다. 6월 셋째 주 일요일인 곳은 주로 북미와 남미, 아시아, 아프리카, 영국 등지라고 하네요.

Happy Father's Day!

Halloween 할로윈 10월 31일

우리나라에서는 별 의미가 없는 날이지만 미국에서, 특히 아이들에게는 너무 즐거운 명절입니다. 이날 밤 아이들은 드라큘라나 마녀, 혹은 곤충 분장을 하고 마을의 집집마다 trick-or-treating을 하러 다닙니다. 이렇게 차려입고 costume party를 하기도 하고, 공포영화를 보거나, 귀신이 나온다는 집 haunted house에 가기도 합니다.

witch 마녀

broomstick 빗자루

jack-o'-lantern (할로윈에 켜는) 호박등

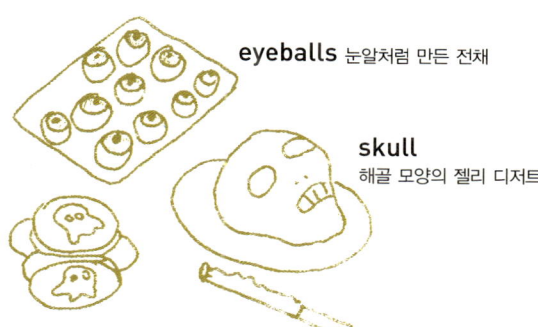

eyeballs 눈알처럼 만든 전채

skull 해골 모양의 젤리 디저트

bat 박쥐

grave 무덤

RIP 편안히 잠들다 = Rest In Peace

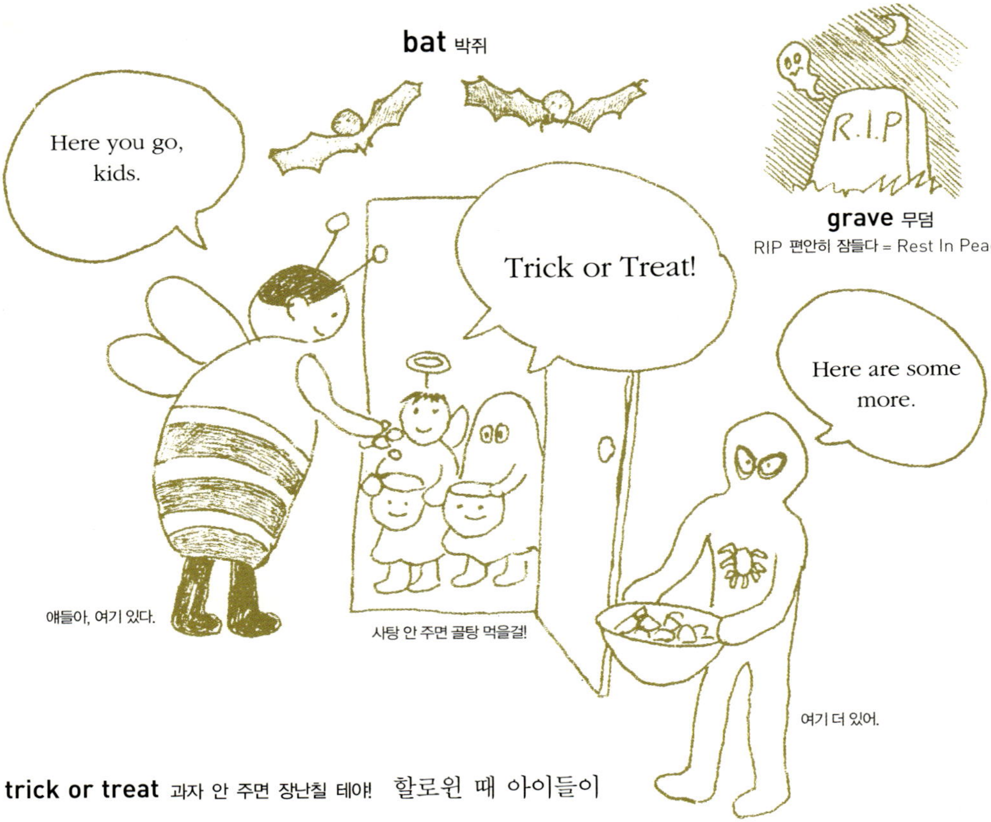

trick or treat 과자 안 주면 장난칠 테야! 할로윈 때 아이들이 집집마다 다니며 사탕 얻을 때 하는 고정 대사로 treat은 과자, 사탕 등 먹을거리, trick은 장난, 못된 짓.

candy corn 옥수수알처럼 생긴 주황색과 노란색의 단맛 과자. 보기보다 맛있습니다.

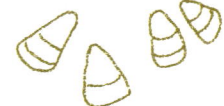

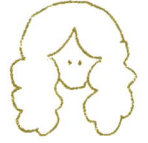

wig 가발

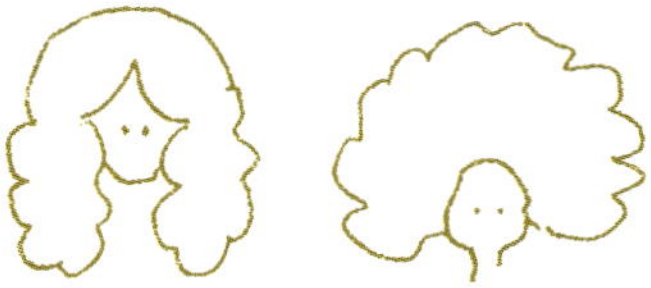

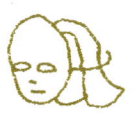

mask 가면

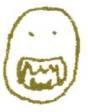

fake teeth 가짜 드라큘라 이빨

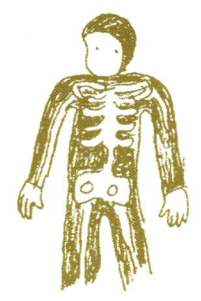

glow in the dark skeleton
야광 해골

glitter
반짝이 가루

fake nose and mustache
콧수염안경

••• make your own jack-o'-lantern 호박등 만들기

1. Buy a pumpkin.
   호박을 산다.

2. Cut out a circle at the top. 꼭지부분을 둥글게 오려낸다.

3. Scoop out the insides. 속을 파낸다.

4. Draw the face.
   얼굴을 그린다.

5. Carve it out.
   선대로 파낸다.

6. Place a candle in the pumpkin.
   호박 안에 초를 놓는다

7. Put the top back on.
   뚜껑을 도로 올려놓는다.

Now it's a jack-o'-lantern and ready for Halloween!
할로윈을 위한 호박등 준비 완료!

●●● East Village Halloween Parade 이스트 빌리지 할로윈 퍼레이드

매년 할로윈 저녁 때 뉴욕시의 이스트 빌리지에서 퍼레이드가 열립니다. 해가 갈수록 기발함과 창의력이 더해져 단순 분장이 아닌 예술이라고까지 할 만한 작품들이 선을 보입니다. 결코 놓칠 수 없는 최고의 구경거리이니 할로윈 때 뉴욕에 있다면 꼭 보세요. 이때는 그냥 밖을 싸돌아다니며 bar hopping(술집을 돌아다니며 술 마시는 것)하는 것만으로도 재미있습니다. 아래는 이스트 빌리지 퍼레이드의 단골 복장costume들입니다.

mummy 미라

feather 깃털

cape 망토

ghost 유령

tomahawk (인디언의) 돌도끼

American Indian 인디언

superhero 수퍼히어로
슈퍼맨, 스파이더맨 같은 초능력이 있는 영웅

It's too costumy. 변장한 거 같아. 할로윈도 아닌데 이렇게 옷을 입고 온 친구가 How do I look?(나 어때?) 하고 물으면 이렇게 대답할 수 있습니다.

Snow White 백설공주

kitty-cat 집고양이

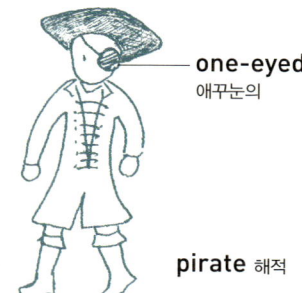

one-eyed 애꾸눈의

pirate 해적

미국의 10대 국경일

New Year's Day 설날
Memorial Day 현충일
Independence Day 독립기념일
Labor Day 노동절
Thanksgiving 추수감사절
Christmas 성탄절

여기까지가 "big six" holidays

Martin Luther King Day 마틴 루터 킹의 날
Washington's Birthday; Presidents' Day 대통령의 날
Columbus Day 콜럼버스의 날
Veterans day 전우의 날

● ● ● 민족별 주요 명절

St. Patrick's Day(March 17) 성 패트릭의 날 클로버와 녹색이 눈앞을 수놓는 날. 아일랜드 명절로 전 세계에 사는 아일랜드 사람을 비롯해 갈수록 많은 세계인들이 이 날을 기념합니다. 이 축일의 테마는 '녹색'. 녹색 옷을 입고, 아일랜드 음식 혹은 녹색을 띠는 음식을 먹고, 아일랜드 음료나 맥주를 마시고 시가행진에 참여합니다. 뉴욕시에서 열리는 시가행진에는 매년 2백만 명의 구경꾼이 몰릴 정도로 성황을 이룬다고 하네요.

Hanukkah(December 8~15) 하누카 혹은 수전절 이 절기에 유태인 가정에서는 하누카가 시작되었음을 알 수 있도록 초들을 창 가까이에 밝혀둡니다. 첫날 밤에 촛불 두 개로 시작하여 하룻밤에 하나씩 더해가며 8일 동안 모두 9개의 촛대에 불을 붙입니다. 뉴욕 소재 대학교에선 보통 Yum Kippur(속죄의 날), Passover(유월절)과 같은 유태인의 명절에 쉽니다.

Kwa(a)nzaa(December 26~January 1) 콴자 미국에 거주하는 흑인 African American들이 흑인문화유산을 기리는 주간

14 Nature

Central Park, an oasis in NY

뉴욕의 오아시스, 센트럴 파크

'현대적 대도시'의 대명사 뉴욕과 자연은 어쩐지 어울릴 것 같지 않지만 하늘을 찌를 듯한 빌딩숲 곳곳에는 진짜 숲이 원시스럽고 야생적인 모습을 간직하고 있습니다. 특히 센트럴 파크에 가보면 그런 공원을 도시 한가운데 만든 뉴욕이 삭박하기는커녕 얼마나 자연과 잘 어우러진 도시인지 느끼게 하지요. 마치 이 거대한 자연 덕분에 뉴욕이 호흡하고 생명을 지속하는 듯한 착각에 빠지기도 합니다. 도시에 살수록 자연을 그리워하는 마음이 커진다는 것을, 콘크리트 속에 갇혀 있을수록 초록의 풀밭을 뒹굴며 푸른 하늘을 바라보고 싶어지는 기분을 잘 알고, 위로해주는 듯합니다. 센트럴 파크에는 호수와 숲, 산책로, 동물원, 스케이트장, 야외 극장, 메트로폴리탄 미술관이 적절하게 배치돼 있어서 하루를 다양하게 만끽하기에 부족함이 없지만, 샌드위치나 김밥을 싸 가지고 가서 풀밭에 앉아 먹으며 한가롭게 즐기기에도 그만입니다.

자, 인간들만 우글거리는 도시의 정글을 벗어나 이제는 자연으로 돌아가 보겠습니다.

animals 동물

baa 매에~
goat 염소

shepherd 양치기
ram
sheep 양

ram 어른 숫양
ewe 어른 암양
lamb 새끼양 양고기에는 다 자란 양에서 나오는 mutton과 어린 양에서 나오는 lamb이 있습니다.

deer 사슴

rac(c)oon 너구리

rac(c)oon eyes, panda eyes 다크 서클

moose 말코손바닥사슴

reindeer 순록

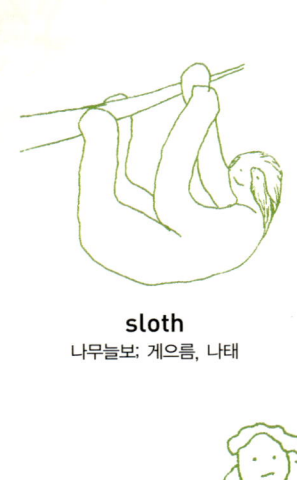

sloth
나무늘보; 게으름, 나태

ape
꼬리 없는 원숭이, 유인원(침팬지, 고릴라 등)

weasel 족제비

jaguar 재규어, 아메리칸표범
아시아표범은 leopard

giraffe
기린

hippopotamus, hippo
하마

rhinoceros, rhino
코뿔소

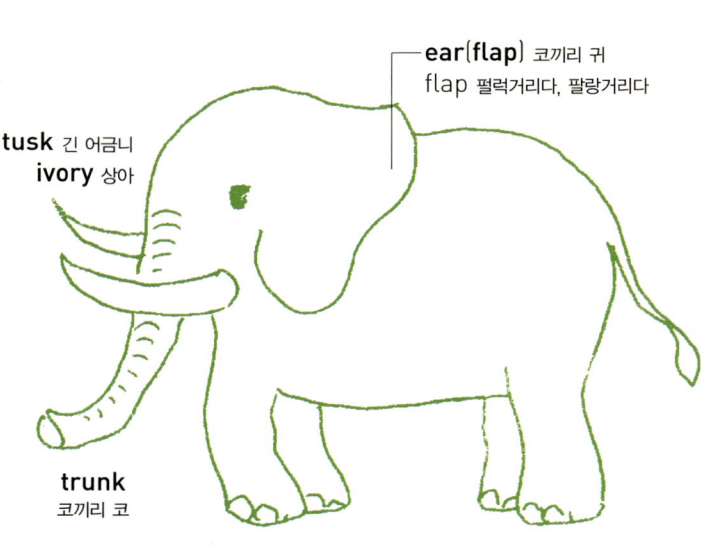

ear(flap) 코끼리 귀
flap 펄럭거리다, 팔랑거리다

tusk 긴 어금니
ivory 상아

trunk
코끼리 코

elephant 코끼리

rat 쥐 뉴욕 지하철역에 가끔 등장하는 쥐는 mouse가 아니라 rat입니다. 거의 고양이만하죠.

: NY rats 뉴욕의 쥐들

어제 길에서 이 고양이를 발견했어. '버드'라고 이름을 지어줬어.

아유 귀여워라!

그날 저녁

어딜 가나 도둑고양이군.

purr 가르릉, 고양이가 편안할 때 내는 소리 | **homeless cat** 도둑고양이 | **get used to** ~에 익숙해지다
kiddo 아이, 젊은 사람을 친근하게 부르는 호칭

으으~ 고양이? 우리는 쥐라고! 뉴욕시의 쥐 여긴 우리 집이야!

여기서 흩어지자. 익숙해질 거야, 꼬마아가씨. 에에에

아직도 익숙하지 않아.

reptiles 파충류

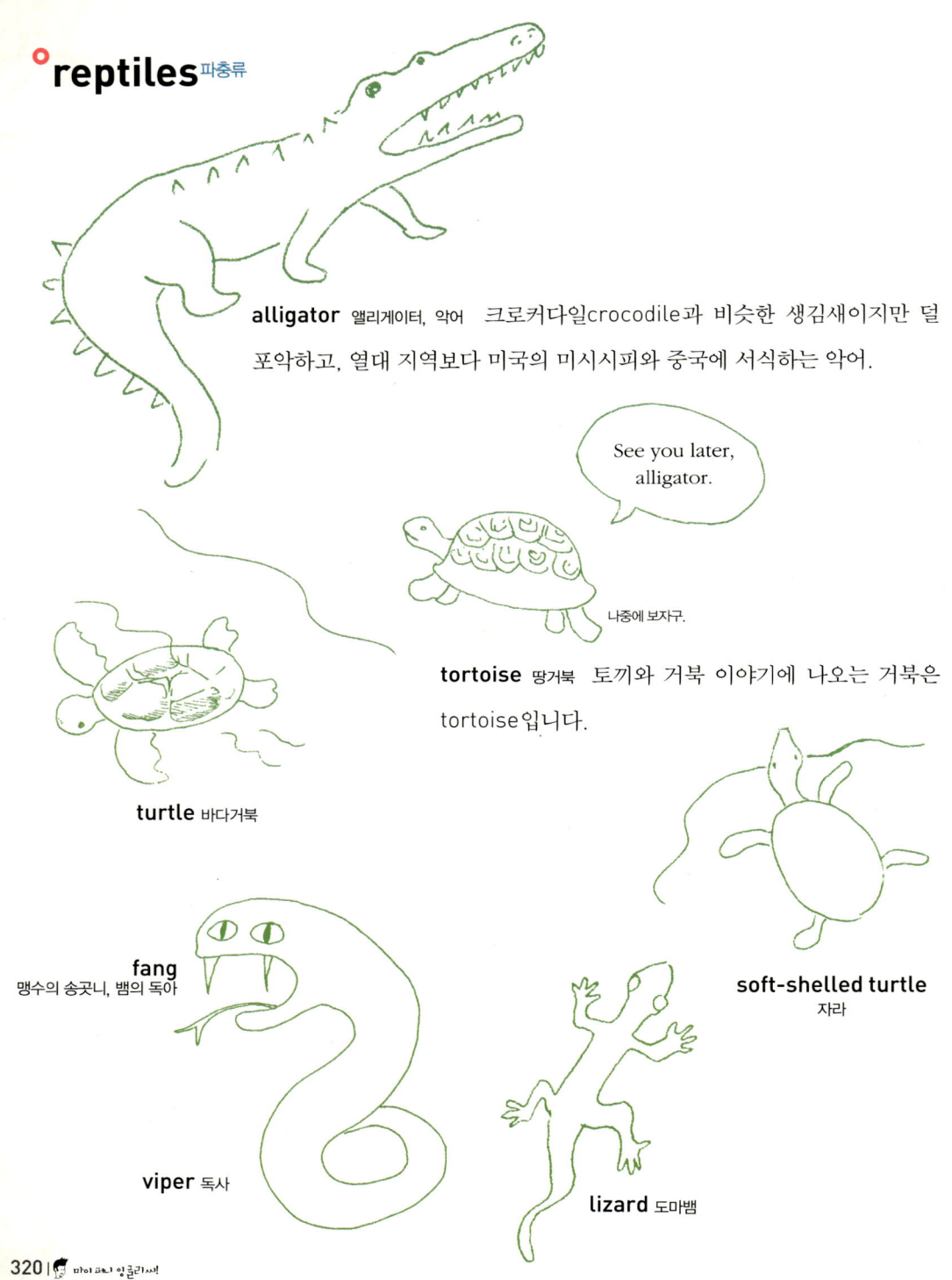

alligator 앨리게이터, 악어 크로커다일crocodile과 비슷한 생김새이지만 덜 포악하고, 열대 지역보다 미국의 미시시피와 중국에 서식하는 악어.

See you later, alligator.
나중에 보자구.

tortoise 땅거북 토끼와 거북 이야기에 나오는 거북은 tortoise입니다.

turtle 바다거북

soft-shelled turtle 자라

fang 맹수의 송곳니, 뱀의 독아

viper 독사

lizard 도마뱀

amphibians 양서류

ribbit ribbit ribbit
개굴개굴개굴

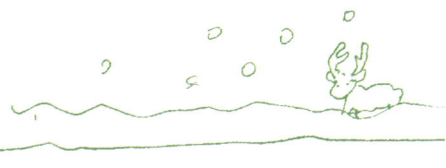

prominent eyes
돌출형 눈

hibernate
겨울잠 자다, 동면하다

frog 개구리

tadpole 올챙이　　**spawn** 개구리알, 물고기알　　**toad** 두꺼비

birds 조류

hummingbird
벌새; 콧노래하는 사람

crane 학　　**stork** 황새　　**swallow** 제비　　**sparrow** 참새

pheasant 꿩

peacock
공작; 허세 부리는 사람

beak 부리

webbed feet
오리발

webbed:물갈퀴가 달린

duck 오리

ostrich 타조

insects 곤충류

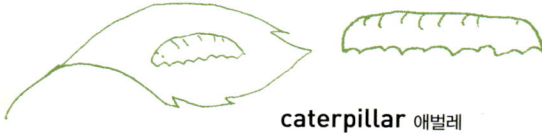
caterpillar 애벌레

pupa 번데기

cocoon 누에고치

moth 나방

butterfly 나비

beetle 딱정벌레

dung beetle 쇠똥구리

ladybug 무당벌레

tarantula 털이 숭숭난 타란툴라 거미

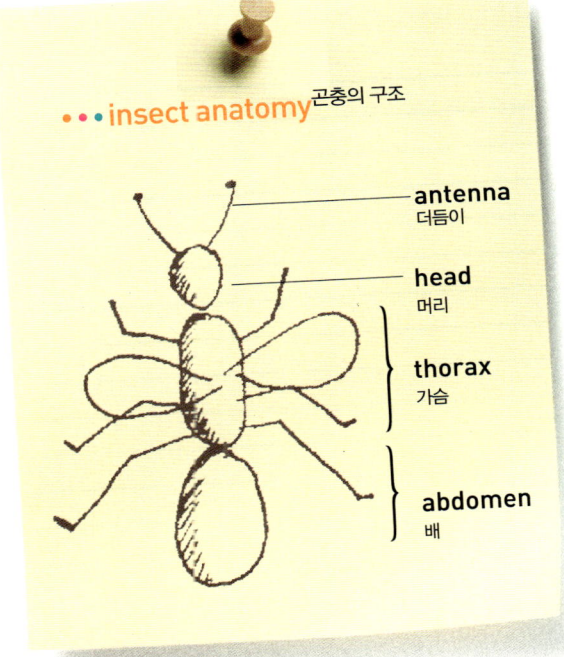
••• **insect anatomy** 곤충의 구조

- **antenna** 더듬이
- **head** 머리
- **thorax** 가슴
- **abdomen** 배

dragonfly 잠자리

grasshopper 메뚜기, 베짱이

Help!

prey 먹이

praying mantis 사마귀

bugs 벌레류

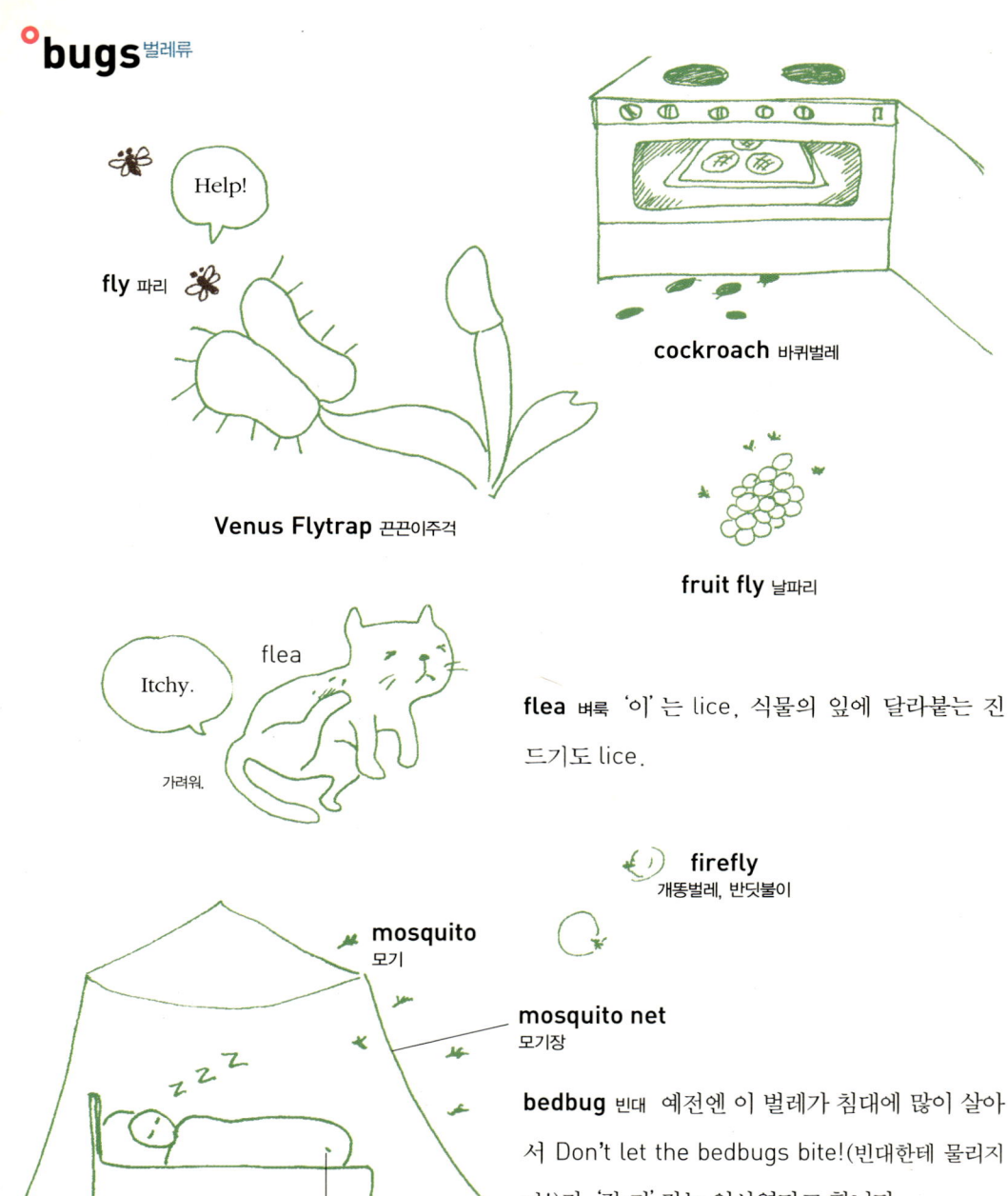

fly 파리

Venus Flytrap 끈끈이주걱

cockroach 바퀴벌레

fruit fly 날파리

flea 벼룩 '이'는 lice, 식물의 잎에 달라붙는 진드기도 lice.

firefly 개똥벌레, 반딧불이

mosquito 모기

mosquito net 모기장

bedbug 빈대 예전엔 이 벌레가 침대에 많이 살아서 Don't let the bedbugs bite!(빈대한테 물리지 마!)가 '잘 자'라는 인사였다고 합니다.

centipede 지네 습기를 좋아하는지 습한 날이면 제가 살던 아파트에 어김없이 출몰해 놀래키곤 했었지요.

chirp chirp
찌르륵~
병아리나 작은 새의
울음소리도
chirp chirp (짹짹)

cricket 귀뚜라미

anteater 개미핥기

ants 개미

bug의 또다른 쓰임들

bug¹ 도청하다 (= eavesdrop)
e.g. Oh crap! We've been bugged!
젠장, 우리 도청당하고 있었어!

bug²
신경을 거슬리게 하다 (= annoy), 성가시게 괴롭히다
e.g. He bugs me all the time with that banging on his wall.
그는 저렇게 벽을 쾅쾅 두드려서 항상 나를 괴롭힌다.

Stop bugging me with that stupid noise.
그 바보 같은 소음으로 신경 좀 그만 긁어. 책 읽으려고 한단 말야.

I'm trying to read.

I'm useless.
난 쓸모없어.

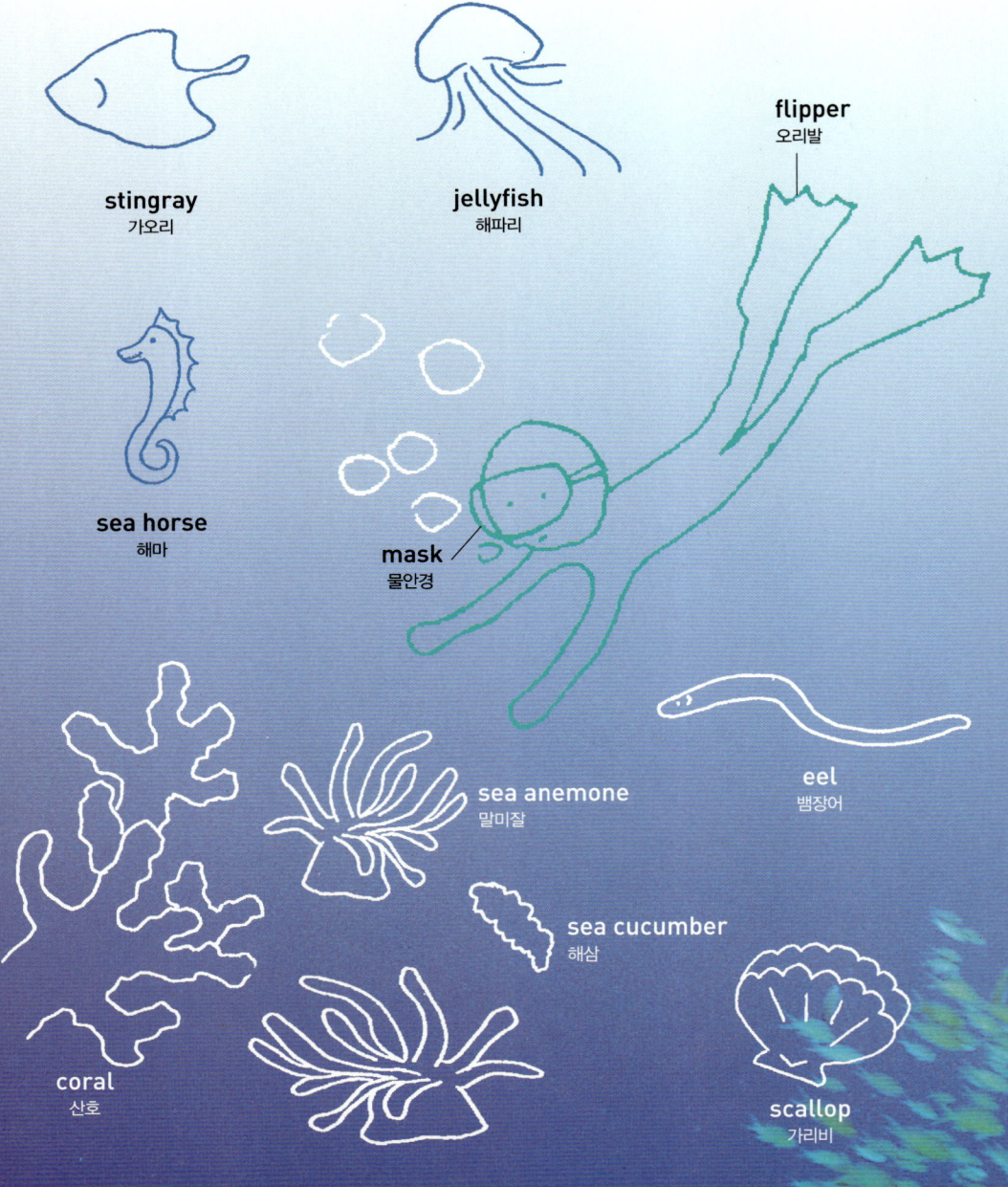

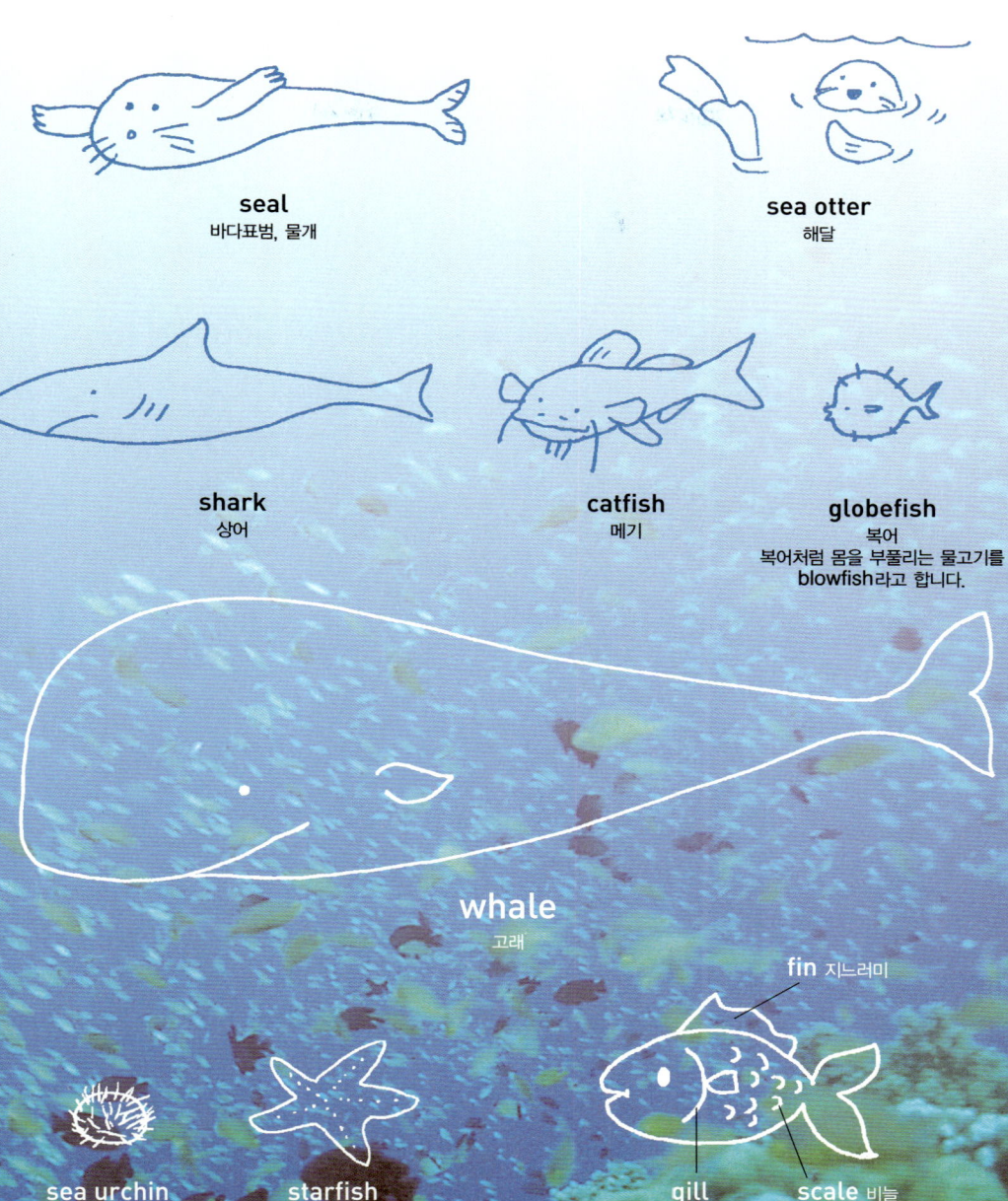

trees 나무

acorn 도토리

elm 느릅나무 우리나라의 마을 어귀에 서 있는 느티나무 zelkova처럼 마을 입구와 거리 곳곳에 심어져 있습니다. 잎사귀 모양, 우람한 줄기, 아름드리 울창한 모양새가 느티나무와 흡사합니다.

oak 떡갈나무

pine needle 솔잎

pine cone 솔방울

willow 버드나무

pine 소나무

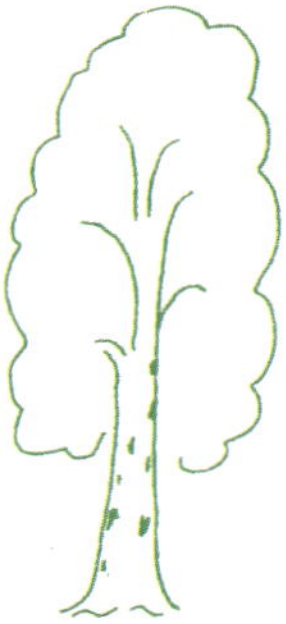

birch 자작나무

coconut 코코넛

cedar 삼나무

palm tree 야자나무

maple 단풍나무 미국의 단풍잎은 우리나라 것보다 큼직합니다.

ginkgo tree 은행나무 maidenhair tree라고도 합니다.

flowers 꽃

daisy 데이지 여자의 이름으로 인기가 있습니다.

iris 붓꽃 '아이리스' 역시 여자에게 잘 어울리는 이름입니다.

daisy   iris

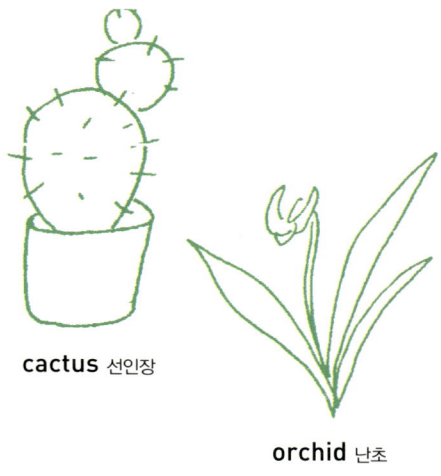

cactus 선인장

orchid 난초

dandelion 민들레

geranium 제라늄

lily of the valley 은방울꽃

weather 날씨

drizzle 가랑비; 가랑비가 내리다

scattered showers 띄엄띄엄 산발적으로 내리는 소나기

weather forecaster 기상통보관
meteorologist 기상학자

weather forecast 일기예보

pour (비가) 퍼붓다

e.g. It never rains, but it pours. '비가 오기만 하면 퍼붓는다'로 나쁜 일이 생기려면 꼭 한꺼번에 찾아온다는 뜻.

downpour, torrential rain (삽시간에 물이 불어나는) 집중호우, 폭우

heavy rain 호우

flood 홍수

rainstorm 폭풍우

thunderstorm 천둥을 동반한 뇌우

기상특보

flood[heavy rain] watch 홍수[호우]주의보
↓
flood[heavy rain] warning 홍수[호우]경보

thunder 천둥

lightning 번개

electrocuted 감전된, 번개에 맞은 메인 주에서 온 한 친구는 자기 동네에 번개를 몇 번이나 맞고도 멀쩡할 뿐만 아니라 오히려 한 번 맞을 때마다 건강해지는 사람이 있다고 합니다.

●●● hot days in the Big Apple 뉴욕의 찜통 더위

뉴욕에서 보낸 첫 여름은 한증막에 들어앉아 있는 맛이었지요. 후덥지근한 고온의 열파 heat wave가 물러설 기세 없이 불어 닥치던 그해 여름 어느 날 저녁 기상캐스터는 NYC was the baked apple today!라고 했지요. 뉴욕의 애칭이 Big Apple이니, 구운 baked 사과란 더위에 푹푹 찐 뉴욕을 말하는 것이었습니다. 그해 못지않게 더웠던 이듬해 여름에도 기상뉴스에서 Big Apple was the boiled apple today를 들었습니다. 이번엔 삶은 사과였지요. 이럴 땐 영어가 귀엽게 느껴집니다.

sunny 햇볕이 쨍쨍한
clear 청명한
fine, mild 화창한
boiling, sizzling, scorching 푹푹 찌는, 작열하는
steamy 후덥지근한

blizzard, snowstorm 눈보라

windchill factor
바람이 많이 불어서 실제 온도보다 더 춥게 느껴지는 것

natural disasters 천재지변

man-made disaster 인재

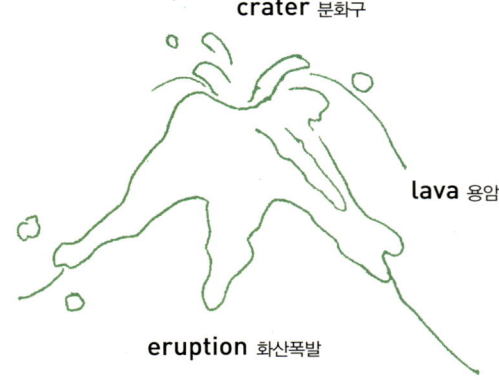

crater 분화구
lava 용암
eruption 화산폭발

earthquake 지진

landslide 산사태
mudslide 진흙사태

tornado 토네이도, 회오리돌풍 미국 중부와 동부에서 5월 경에 일어나는 수직의 회오리바람을 가리키는 고유명사이었던 것이 지금은 지역에 상관없이 회오리바람을 뜻하는 일반적인 명칭으로 쓰이는 듯합니다. 그러나 우리가 '태풍'이라고 부르는 열대성 폭풍은 지역마다 이름이 다릅니다. 미국과 쿠바 등지에서 발생하는 태풍은 hurricane, 인도와 파키스탄 등지에서 발생하는 것은 사이클론cyclone, 한국, 일본, 필리핀의 것은 '태풍', 영어로 typhoon입니다.

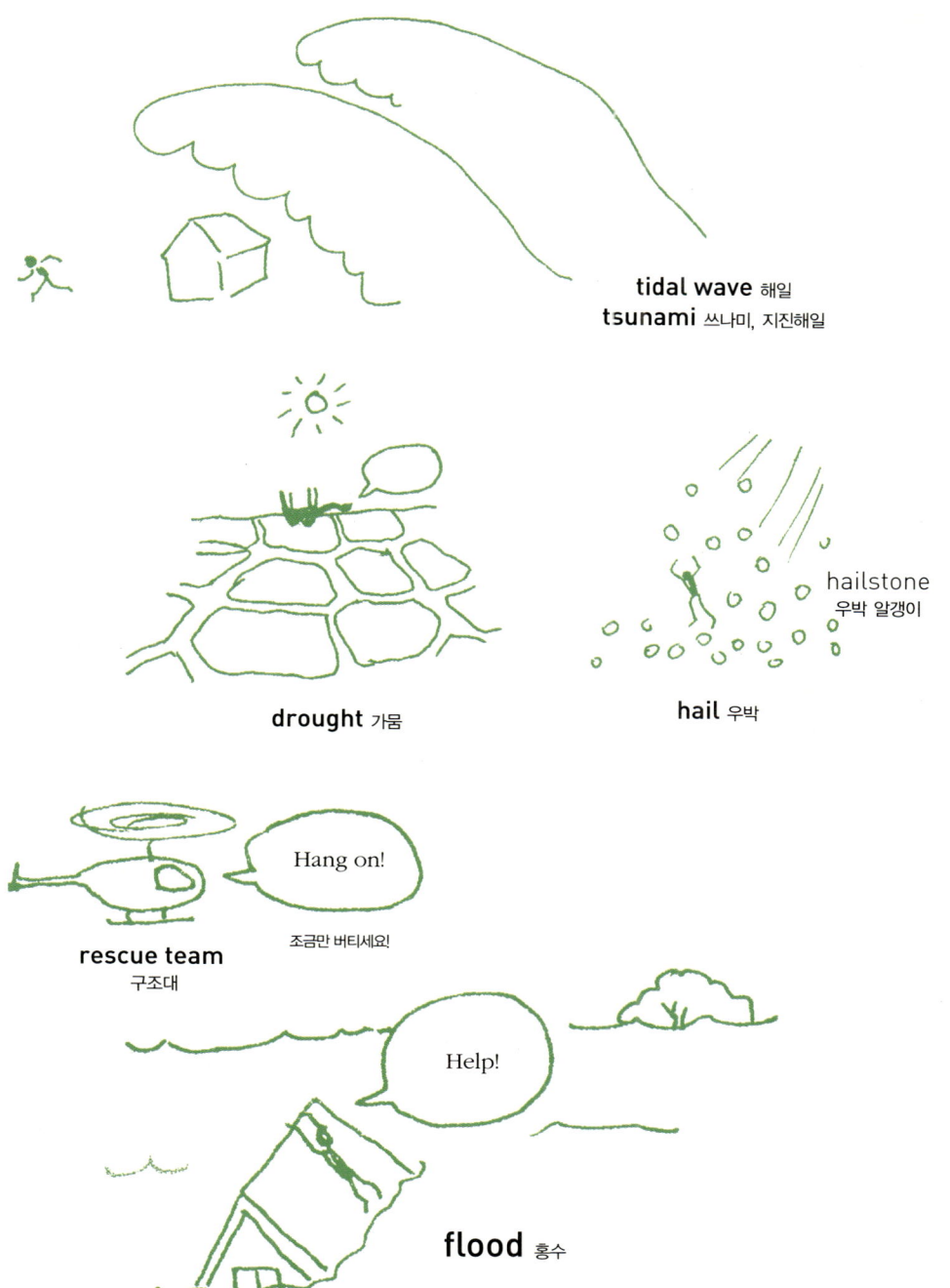

: out in nature 자연 속에서

cricket 귀뚜라미 | **chirp** 찌륵찌륵 | **Big Dipper** 일명 '큰 국자' 모양의 북두칠성. 소북두칠성은 Little Dipper | **starry** 별이 빛나는 | **hit the sack** 잠자리에 들다, 자러 가다 | **crash** 자다, 끓아떨어지다; 임시로[무료로] 기거하다 | **pitch** (텐트, 천막 등을) 설치하다, 세우다

outdoors 야외

marshmallow 마시멜로 초코파이 중간에 들어 있는 하얀 마시멜로 아시죠? 그 마시멜로를 보통 슈퍼마켓에 가면 한 봉지씩 파는데요. 그냥 보기엔 솜덩이가 모여 있는 것 같이 보여요. 바비큐의 디저트로 많이 해먹고, 모닥불에서 감자와 함께 구어 먹는 용으로 인기가 많습니다. 나뭇가지 끝에 꽂아서 불에 잠시 달군 후 겉에 탄 것을 휙 벗겨내고 먹으면 세상 부러울 게 없습니다.

pitch a tent 텐트를 치다

campfire 캠프파이어

marshmallows

logs 장작

bug spray 벌레 퇴치 스프레이
정식 이름은 insect repellent
mosquito bite 모기에 물린 자국
bug bite 벌레에 물린 자국
bee stung 벌에 쏘인 자국
citronella candles 벌레 쫓는 초
citronella coils 모기향

firefly 반딧불이, 개똥벌레

sleeping bag 침낭

earthworm 지렁이

outhouse 아주 오래된 집에 가면 집 밖에 외따로 있는 문 하나짜리 집(?)이 있는데 바로 푸세식 화장실이라는군요. 그런데 변기가 쪼그려 앉는 와변기가 아니고 좌변기입니다. 와변기 푸세식 화장실은 '쭈그리고 앉다' 는 squat을 붙여 squat outhouse, squat toilet이라고 하고, 재밌게 hole-in-the-ground toilet이라고도 합니다.

•••Beware! 산에서 조심합시닷!

poison ivy 독담쟁이, 넝쿨옻나무 담쟁이 줄기 옆으로 난 곁줄기마다 잎이 세 개씩 달린 것이 특징입니다. 살에 닿으면 붉게 옻이 오르며 굵은 물집이 생깁니다. 새가 이 열매를 파먹고 씨를 퍼뜨리기 때문에 산에도 있지만, 뒷마당에도 있을 수 있어요. 이 사진을 눈여겨보고 조심하는 게 좋겠습니다.

tick 진드기 몸길이가 1mm밖에 안 되지만, 이 벌레가 옮기는 균에 감염되면 라임병Lyme disease에 걸릴 수 있습니다. 물린 데가 빨갛게 변하고, 감기 비슷한 증상들(두통, 오한, 발열)이 나타납니다. 붉은 반점이 점점 커지다가 1, 2주 정도 되면 차츰 사라지지만, 재수가 없으면 수개월의 잠복기 후에 관절염, 수막염, 안면신경마비를 일으키고, 급기야 순환기 질환으로 사망하는 경우도 있으니 조심 또 조심합시다. 미국에서 야외에 나갈 때는 tick이 있는 지역인지 미리 알아보고 가도록 하세요!

waters 강과 바다

••• swimsuit, bathing suit 수영복

bikini   one-piece suit   tankini   thong

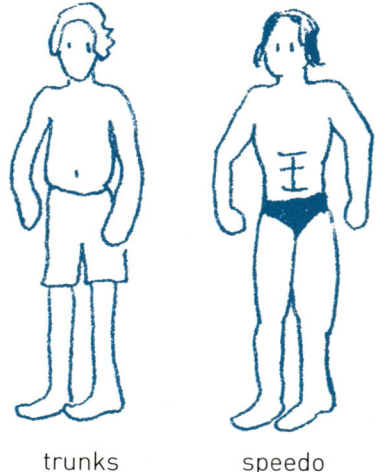

trunks   speedo

one-piece suit 아래위가 붙은 원피스 수영복
tankini 비키니의 윗쪽을 탑으로 대체한 스타일
thong 엉덩이 쪽이 끈으로 된 야한 스타일의 팬티. G-string이라고도.
trunks 미국에서 가장 많이 입는 트렁크 수영복
speedo 유럽에서 인기 많은 삼각 수영복. 이 스타일의 수영복으로 잘 알려진 제조회사 이름이 이런 수영복을 가리키는 일반명사가 되었습니다.

treading water 제자리에서 헤엄치기 머리만 물 위로 내놓고 팔과 다리를 위아래로 저어 헤엄치는 자세입니다. 걷는다고 해서 tread(= walk)란 동사를 사용했네요. 앞으로 나아가지 않고 제자리에서 바둥거리는 모습이 실력이나 일이 도무지 진척되지 않고, 제자리를 맴돌고 있는 상태와 흡사해서 이런 뜻으로 쓰기도 합니다.

e.g. I feel I'm treading water at my job. 일이 도무지 진척되지 않아.

drowning 물에 빠져서 허우적대고 있는 cf. drowned 익사한

dive 잠수하다

hold one's breath
숨을 참다

float on a raft
뗏목튜브 위에서 떠다니다

fishing 낚시

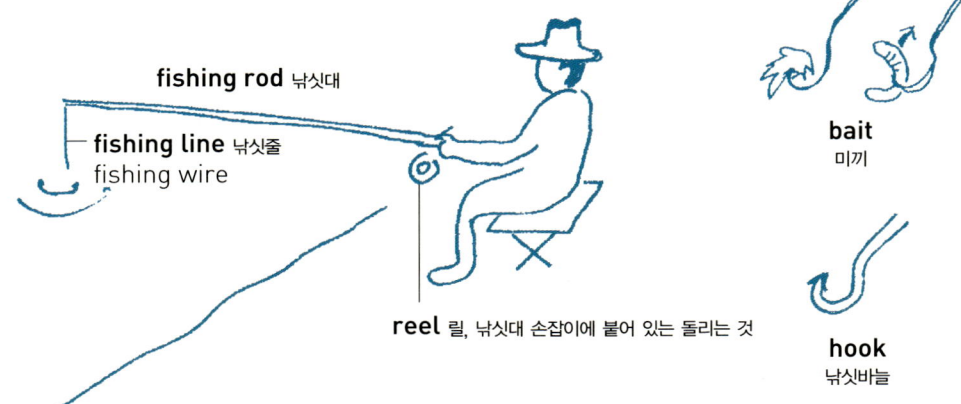

- **fishing rod** 낚싯대
- **fishing line** 낚싯줄 / fishing wire
- **reel** 릴, 낚싯대 손잡이에 붙어 있는 돌리는 것
- **bait** 미끼
- **hook** 낚싯바늘

tide 조수

low tide 간조, 썰물   **high[flood] tide** 만조, 밀물

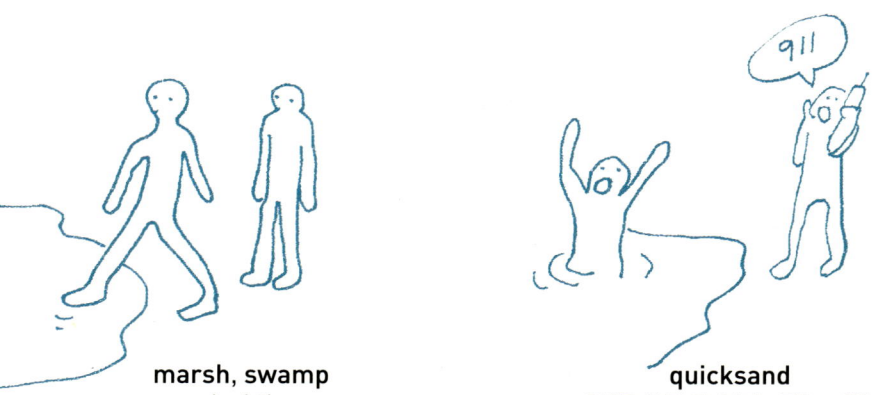

marsh, swamp 늪, 습지

quicksand 유사(올라서면 빠져버리는 젖은 모래층); 마음 놓을 수 없는 상태

● no place like home
집 떠나면 고생

처음 미국땅에 떨어졌을 때 정신을 차리고 나서 제일 먼저 살 집을 구하러 나섰습니다. 무모하게도 학교를 통하지 않고 혼자서 신문의 부동산란을 보고 다니다 보니 헛걸음이 많았죠. 막상 가보면 너무 좁거나 허름하거나 아니면 엄청나게 비쌌지요. 게다가 보증금처럼 내는 **deposit**에다, 한 달 방값보다도 많은 중개료를 하나같이 요구하더군요. 결국 학교의 **housing office**를 찾아가 방을 내놓은 곳의 리스트를 얻어왔고, 괜찮은 **efficiency**(원룸)가 나와 있어 전화하니, 보러 오라고 했지요. 지은 지 100년이 넘어 낡긴 했지만 아주 높은 천정이 맘에 들어 10개월 계약을 하고, 전기며 가스도 전화로 신청해 놓았습니다. 우리나라는 하루면 다 되었던 전화 연결도 학교의 과사무실에 부탁해 신분증 사본을 팩스로 보내고도 며칠을 기다려야 했죠. 미국에서의 첫 일주일을 신세진 유스호스텔 사람들과 작별인사를 하고 한국에서 가져온 큰 트렁크 하나 달랑 들고 택시를 타고 새 아파트로 들어오니… 만감이 교차했습니다. 텅 빈 아파트에 가방과 둘만 있자니 부모님 생각에 눈물이 나기도 하고, 이 낯선 땅에 내 집이 생겼다는 안도감도 들고, 뭔지 모를 기분좋은 두근거림으로 참 묘한 기분이었답니다. 그렇지만 맥 놓고 있을 겨를이 없었지요. 당장 열흘 후면 개학인데, 작품 10개를 준비해서 가야 했으니까요.

첫 해에 갖은 고생 끝에 어렵게 구한 집에서 1년을 보낸 후 뉴욕에서 생긴 인맥(?)으로 그 후에는 룸메이트와 같이 살았고, 덕분에 뉴욕에서의 생활도 조금 여유로워졌고, 살림 솜씨도 좋아졌습니다. 세계 어딜 가나 의식주는 중요하지요. 그러면서도 막상 현지에 가면 너무나 달라서 가장 준비돼 있지 않은 상태였던 것 같습니다.

Welcome to my house! 우리집에 온 것을 환영해요!

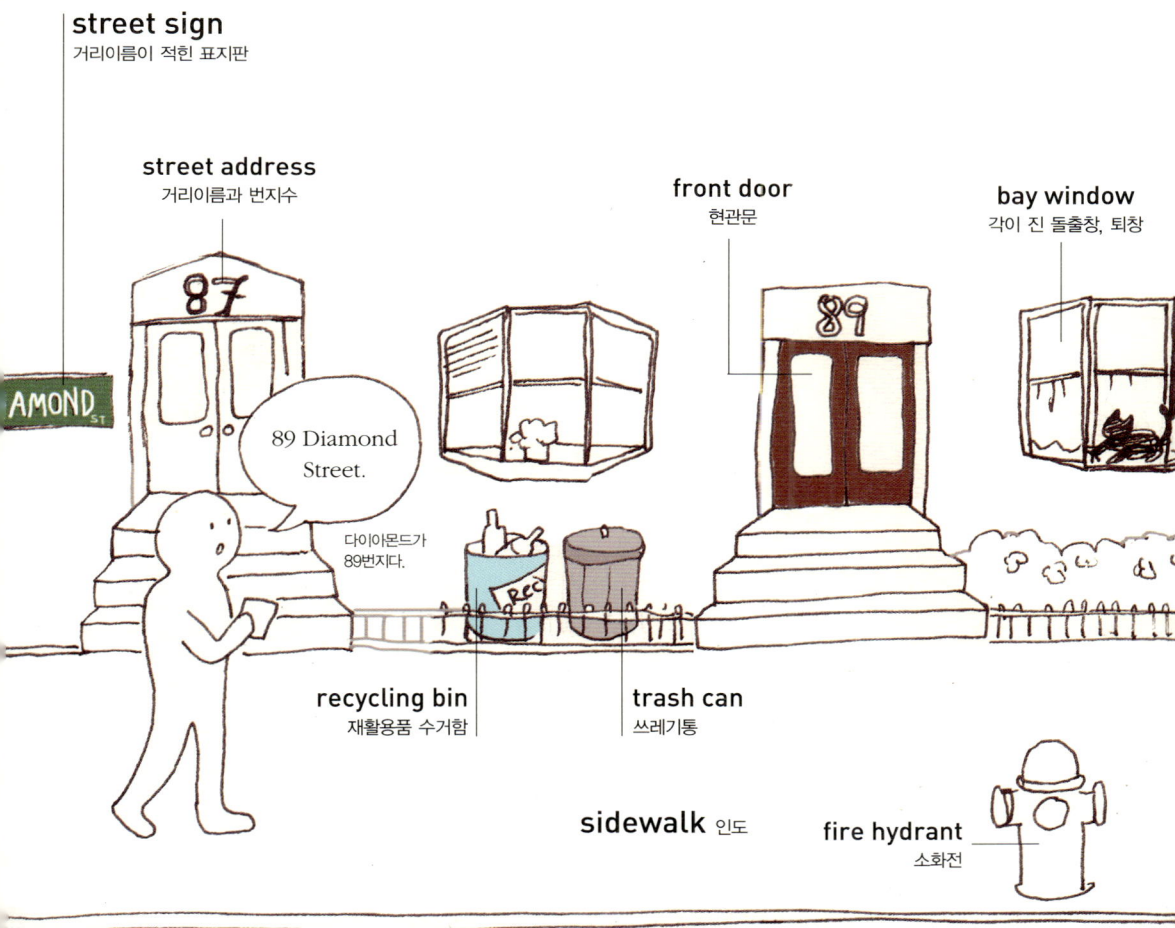

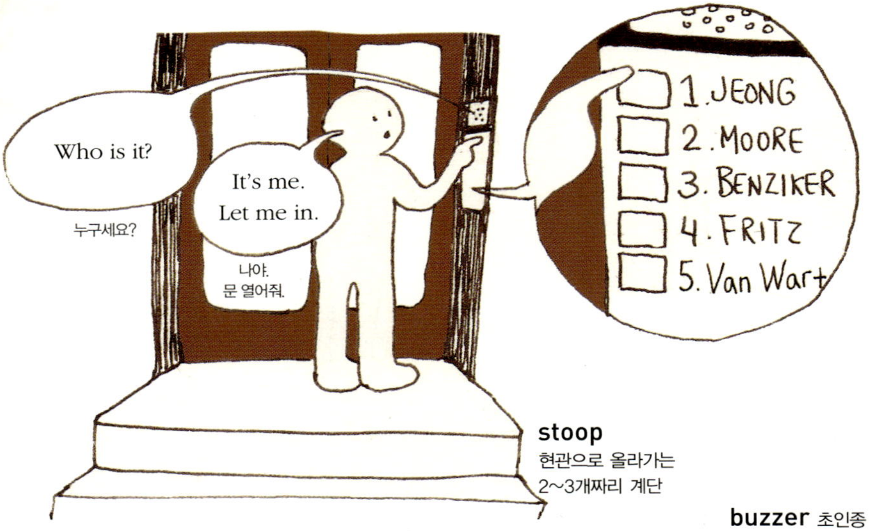

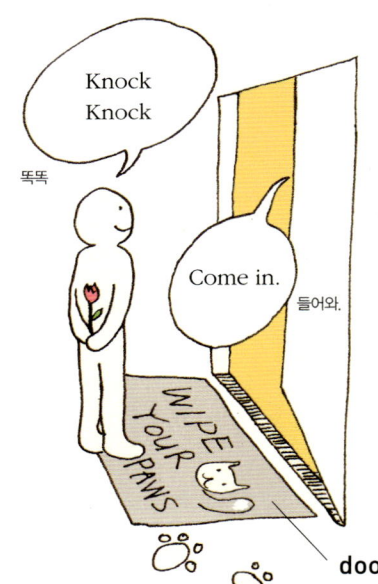

stoop
현관으로 올라가는
2~3개짜리 계단

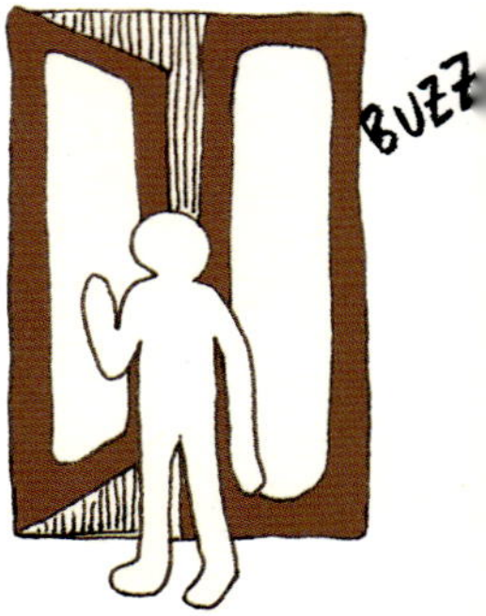

buzzer 초인종
buzz-하고 나는 소리에서 붙여진 이름

doormat

Knock Knock 똑똑 문을 열어놓았어도 들어간다는 신호로 '똑똑' 소리를 입으로 내기도 합니다.

doormat 도어매트 신발에 묻은 흙을 터는 매트
Wipe Your Paws. 고양이의 발paws을 써서 신발에 묻은 흙을 닦고wipe 들어와 달라고 귀엽게 말하고 있네요. 가장 더러운 신발 바닥을 터는 곳이어선지 '봉, 동네북' 같은 사람을 doormat라 부르기도 해요.

satellite dish (접시 모양의) 위성방송 수신 안테나

rooftop 옥상

sunbathing 일광욕

plant 화분
bonsai 분재

fire escape
화재시 비상계단

backyard 뒷마당

patio furniture 테라스 가구 뜰이나 문밖 테라스patio에 놓는 테이블 세트나 파라솔

apartment types 아파트 종류

apartment(영국에서는 flat)는 한국의 '아파트'보다 큰 개념입니다. 한 건물에 여러 세대가 있으면 무조건 아파트! 그러니 빌라도, 맨션(영어로 맨션mansion은 '대저택')도, 다세대주택도 아파트로 통일됩니다. 또 평수가 아닌 방이 몇 개인지로 아파트 크기를 구분해요. one-room apartment, two-room apartment, three-room apartment… 이렇게요. 미국에서 apartment 하면 일단 모두 임대rent를 말합니다. 자기가 아파트 주인인 경우에는 별도로 condo(minium)라고 부르고, 다른 입주자들과 공동 소유인 경우라면 co-op이라고 부르는데, condo에 산다고 하면 같은 아파트라도 형편이 좋은 경우가 많지요.^^ 참고로 아파트 '한 채'는 an apartment 혹은 a unit. 건물 전체는 an apartment building. one-room apartment는 우리가 말하는 '원룸'과 개념은 같지만, 그냥 one-room이라고만 하진 않아요. one-room이라고 하면 원어민들은 One-room what? 하며 방 하나짜리 아파트인지, 호텔 객실인지, 극장인지(상영관 하나짜리), 학교인지(교실 하나짜리)… 궁금해할 거예요.

floor plan 평면도

studio, efficiency 원룸 '스튜디오' 하면 창고를 개조해 천장이 높고, 거친 벽이 그대로 드러난 아티스트의 공간을 떠올리는 사람이 더러 있지만, 요즘은 그냥 원룸으로 통합니다. 동선이 짧은 '효율성' 때문에 efficiency apartment(보통은 그냥 efficiency)라고도 합니다. 화장실 별도에 부엌, 거실, 침대가 한 공간에 있지만, 스튜디오의 부엌이 kitchen이라면 이피션시efficiency는 kitchenette(미니부엌 쯤)이라고 굳이 차이를 두기도 하죠. 하지만 그게 그거라고 생각해도 됩니다. 독신자아파트 bachelor apartment도 원룸.

one-bedroom apartment 침실이 별도로 분리돼 있으니 two-room apartment(줄여서 apt)라고 할 수 있겠네요. -bedroom apt와 -room apt는 다릅니다! -bedroom은 침실 개수, -room apt는 방의 개수. 가령 3-room apt 하면 방이 3개로, 침실, 화장실, 부엌을 방으로 센 것이죠.

walk-in closet 사람이 들어갈 수 있는 옷장 = WIK
fridge 냉장고 = refrigerator

eat-in kitchen 음식을 만드는 kitchen과 식사를 하는 dining room을 분리하지 않고 식탁을 부엌으로 들여놓은 것. 음식을 만들어 dining room으로 옮기지 않아도 되니 편리하고, 요리를 하면서 식탁에 앉은 사람들과 대화를 할 수 있다는 장점이 있어, 요즘 트렌드라고 합니다. 우리에겐 새삼스럽지 않지만요. 간단히 EIK.

railroad apartment 기차처럼 방과 방이 한 줄로 나란히 연결되어 있고, 복도가 따로 없어서 첫 번째 방에서 세 번째 방을 가려면 반드시 두 번째 방을 거쳐야 합니다. 뉴욕과 샌프란시스코에 많습니다.

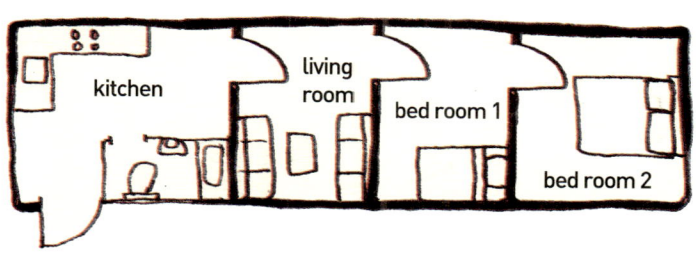

loft 원래는 지붕 바로 아래에 잡동사니를 처박아두던 고미다락창이었지만, 아티스트 등 자유분방함을 추구하는 이들에게 널리 사랑받으면서, 맨해튼과 로스앤젤레스를 중심으로 이런 형태로 방을 개조하거나 신축하는 경우가 많아졌다고 합니다.

house 주택

door 문, 집안과 바로 이어지는 문

gate 대문, 집 밖에 있는 문

hinge (문짝과 문틀을 연결하는) 경첩

doorknob 문손잡이

doorknock 똑똑 하며 두드리는 쇠붙이

threshold [θréʃhòuld] 문지방

doorstop 저절로 닫히는 문을 고정하려고 괴는 삼각형 나무(또는 플라스틱) 조각

gate

doorstop

vinyl slide [váinəl slaid]
창틀이 플라스틱으로 된 미닫이창

bay window 퇴창

windowpane
(바둑판 무늬처럼 나눠진) 유리창

plumbing 배관시설

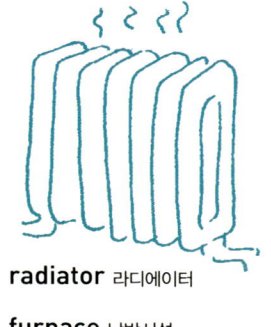
radiator 라디에이터
furnace 난방시설

fuel 연료 **gas stove** 가스레인지

coal stove 석탄난로

garage 차고
driveway
(차고 혹은 집에서 집앞 공용도로로 이어지는) 사유 도로

garage sale 안 쓰는 물건을 싸게 내놓는 개인 혹은 소규모 벼룩시장. 봄맞이 대청소를 하거나 이사를 갈 때 군살림을 줄이고자, 혹은 기금을 마련할 목적으로 차고나 driveway, 마당 혹은 현관 porch 앞에 내놓고 팝니다.

garage sale

garage band 연습실 빌릴 돈이 없어 집 차고에서 연습하는 밴드에서 나온 말로 지금은 상업적으로 만들어지지 않은 밴드나 그런 음악을 하는 밴드를 이렇게 부릅니다.

garage band

sitting room 응접실

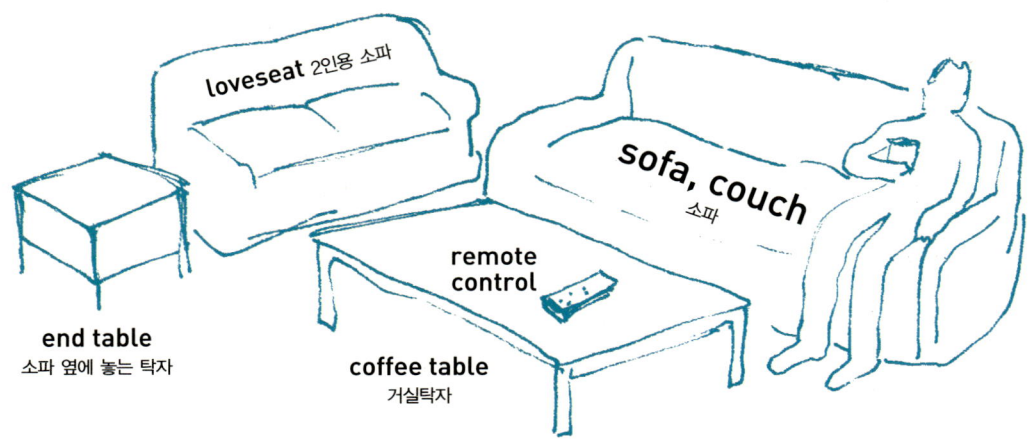

remote control 우리는 줄여서 '리모콘' 이라고 하지만, 영어는 remote.

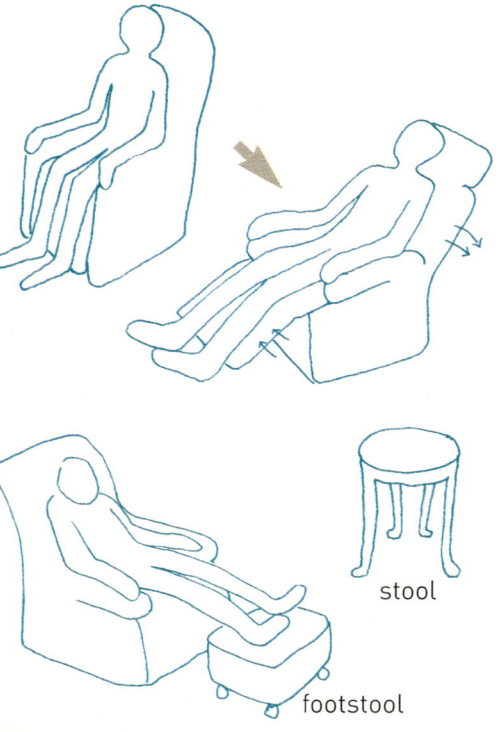

lazy boy, recliner [rikláinər] 모양은 안락의자 armchair이지만 각도가 조절되는 등받이가 있고, 다리 받침도 부착된 의자. lazy boy란 재밌는 별칭이 붙은 이유는 이런 전자동 의자 특허를 처음으로 받고 유명해진 회사의 이름이 La-Z-Boy 이기 때문이라네요.

stool 스툴 등받이 없는 둥근 의자. 의학용어 stool은 '변'
e.g. What is the color of your stool? 변 색깔은 어떻습니까?

footstool, ottoman 쿠션감이 있는 발판, 혹은 등받이와 팔걸이가 없는 소파

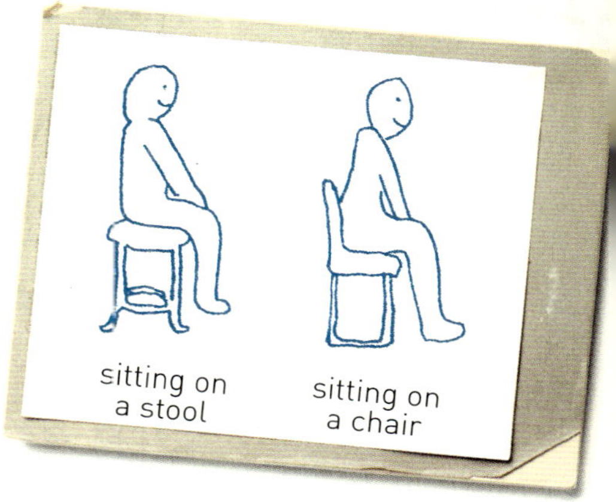

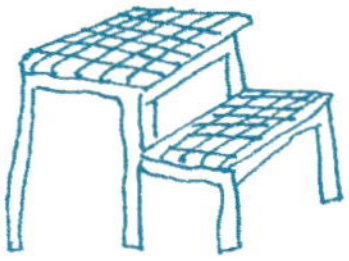

stepping stool
키가 안 닿을 때 쓰는 조그만 사다리 의자

I can wash my hands all by myself.
혼자서도 손 씻을 수 있어요.

sitting on a stool   sitting on a chair

rocking chair
흔들의자

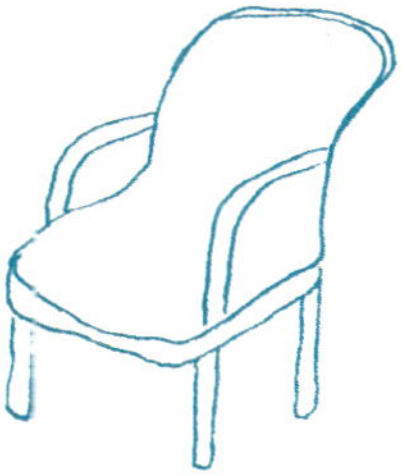

armchair
팔걸이의자

• • • seat 앉으세요

의자에 앉는 문화라서 앉는 자리 seat를 이용해 앉으라는 말을 많이 합니다.

Take a seat, please. 앉으세요.

Please have a seat. 앉으세요.
(식당 주인이 손님에게 하는 말투)

Please remain be seated. 자리에 앉아 계십시오.

Please be seated. 앉으세요.

Everybody take your seats. 모두 앉으세요.

Excuse me. Is this seat taken?
No.
실례해요. 이 자리에 사람 있는 건가요?
극장이나 도서관에서 많이 쓰여요.

등받이가 있든 없든 의자는 모두 chair라고 생각했던 제가 무심코 한 말에 미국인 친구는 바로 옆에 있는 의자(정확히 말하면 stool)는 본척만척 하고, 굳이 멀리까지 가서 의자를 가져다주더군요. 이날 이후 chair와 stool을 구분해서 써야 한다는 걸 깨달았습니다.

bedroom 침실

bedding 침구
comforter 두꺼운 이불
blanket 담요

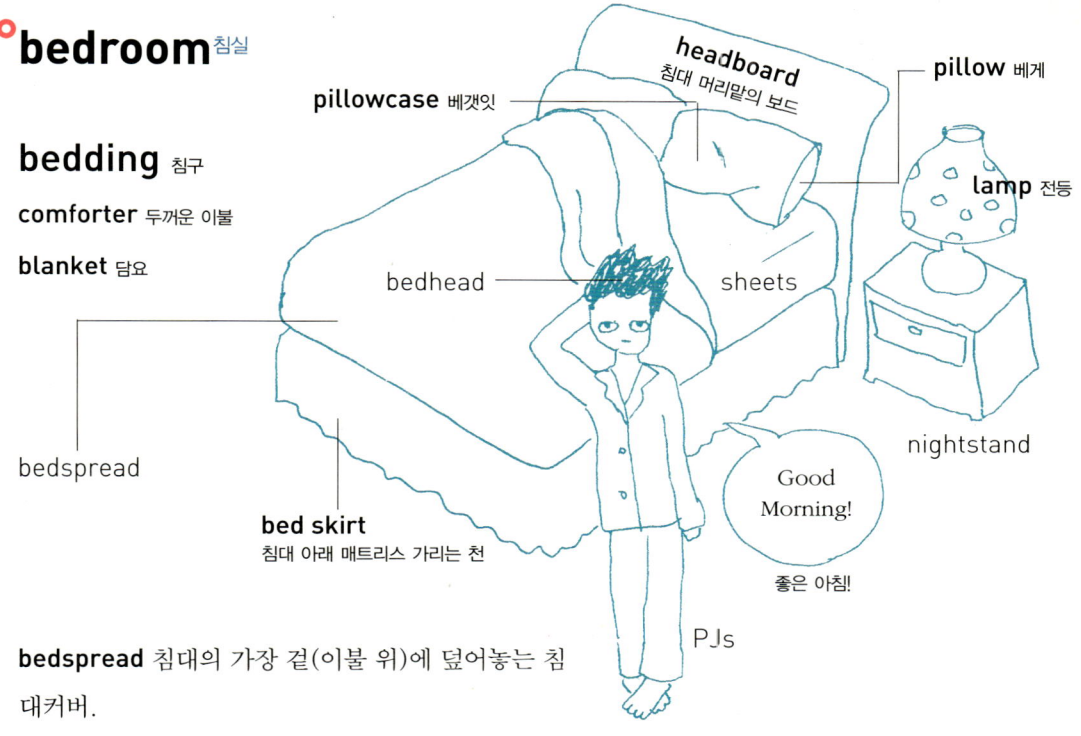

bedspread 침대의 가장 겉(이불 위)에 덮어놓는 침대커버.

sheets 침대 시트는 보통 두 장이 한 세트로, 하나는 고무줄이 든 매트리스 덮개이고, 또 하나는 이불이나 담요 밑에 넣는 용도로 결국 사람은 시트 사이 between sheets에서 자게 되는 셈이지요. 부부싸움이 나면 between sheets에서 해결하라는 말도 있습니다. 이불이나 시트를 살 때 300 count sheet라는 식으로 '숫자 + thread count'가 붙는데, 보통은 숫자가 높을수록 감촉이 부드럽고 비싼 시트입니다. 300 thread count는 대략 우리의 '60수.'

bedhead 자고 일어나서 부스스하고 헝클어진 머리. 그렇지만 유행에 민감한 멋쟁이들, 힙스터 hipster들이 좋아하는 헤어스타일과 비슷해서인지 헤어젤에 이 이름을 붙인 회사도 있더군요.

PJs 파자마 pajamas를 줄인 말. 바지 종류이므로 꼭 복수로 씁니다. 치마 잠옷은 nightgown.
nightstand 스탠드가 아니라 침대 옆에 놓는 협탁. 그래서 bedside table이라고도 해요.
pillow talk 잠자리에서 부부나 연인이 나누는 은밀한 얘기, 사랑의 밀어

••• bed idioms 침대 관련 표현

make bed 침대정리하다

get up on the wrong side of the bed 그날따라 기분이 안 좋거나 신경질을 잘 부릴 때 '오늘 저기압이야' 라는 의미로 이 말을 합니다.

e.g. Leave her alone. She looks like she got up on the wrong side of the bed. 내버려 둬. 잠을 잘 못 잤나봐.

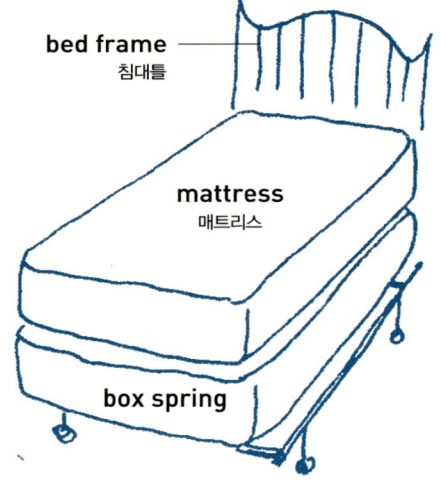

box spring 매트리스와 같은 크기의 스프링이 들어 있는 박스

   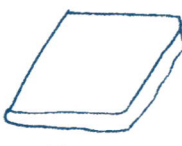

twin 싱글　　**full** 더블　　**queen** 퀸　　**king** 킹

mattress size 매트리스 크기

•••bed types 침대 종류

loft bed bunk beds의 아래쪽에 침대를 빼고 책상을 놓고 쓰는 침대입니다. 그러나 아래쪽에도 침대가 있다면 bunk beds. 침대가 둘이니 복수형으로 써주세요.

canopy bed 지붕이 있는 침대

crib 아기 침대

futon 맨바닥에 깔고 자는 도톰한 요를 뜻하는 일본어에서 온 말로, 이 얇은 매트리스를 반으로 접히는 futon frame 위에 깔아 침대 겸 소파로 사용하지요.

sofa bed 침대 겸용 소파 두 번 안으로 접으면 소파가 되고, 펴면 침대로 변신

folding bed 접이식 침대 guest bed라고도 해요.

loft bed

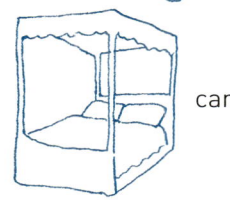
bunk beds
2층 침대

crib

canopy bed

futon

sofa bed

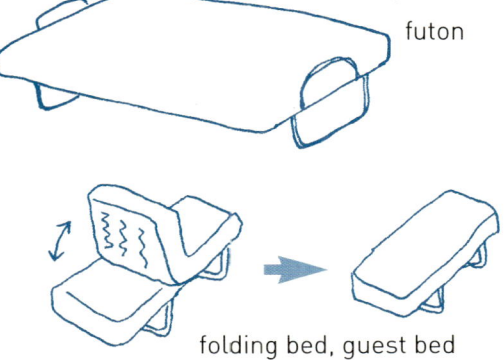
folding bed, guest bed

wardrobes 옷수납장, 옷방

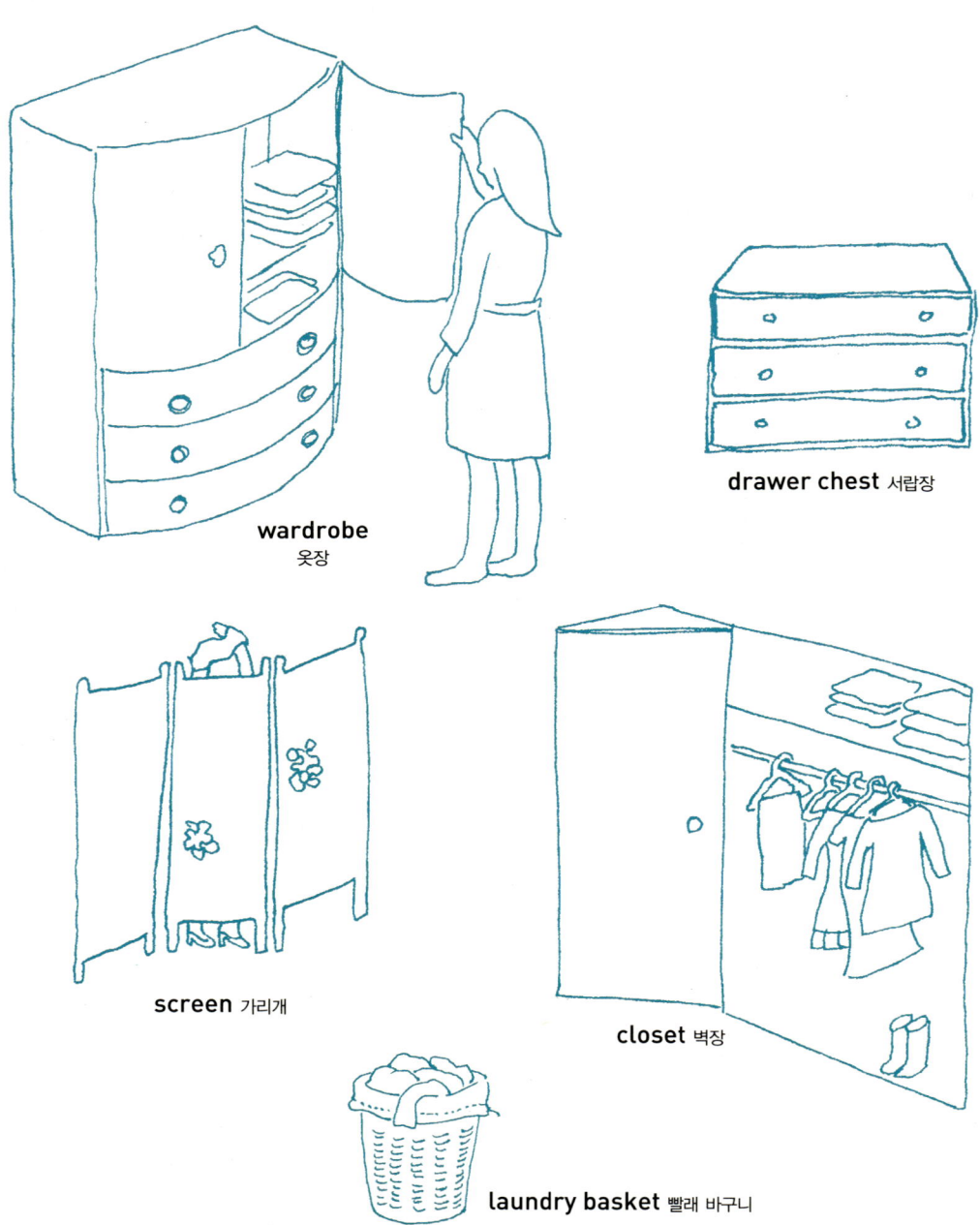

wardrobe 옷장

drawer chest 서랍장

screen 가리개

closet 벽장

laundry basket 빨래 바구니

bathroom 욕실

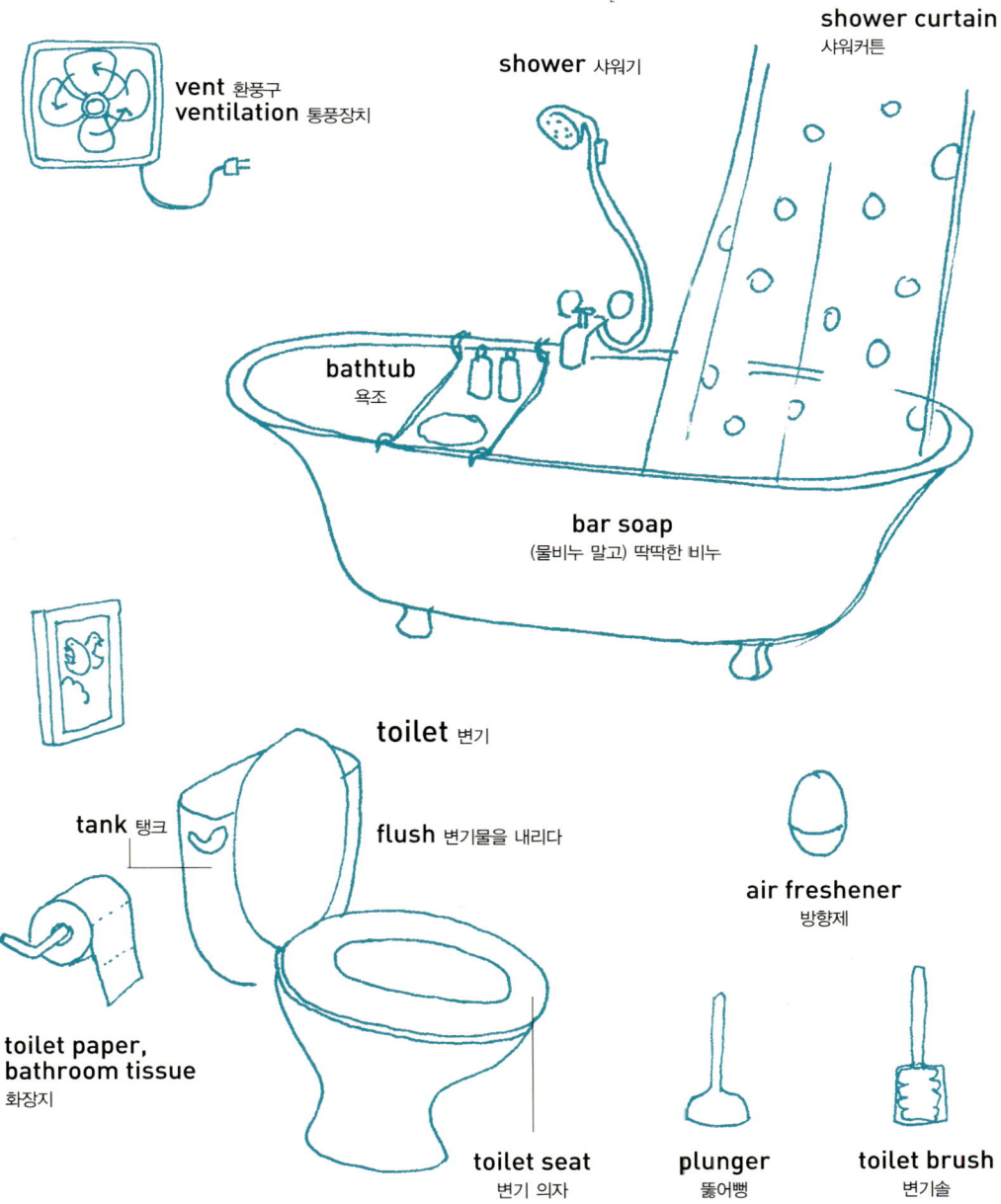

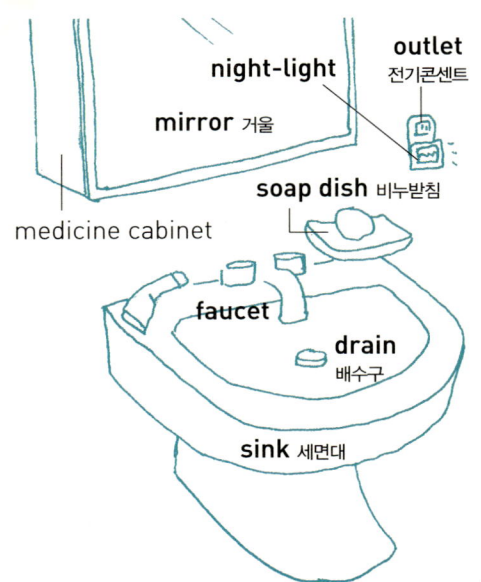

medicine cabinet 욕실 수납장 단어 그대로 하면 '약장'인데, 이런 이름이 붙은 것은 가정상비약을 여기에 많이 두는 데서 비롯되었습니다.

night-light 철야등 밤에 켜놓는 (꽂아놓는) 불로 밤에 화장실 이용할 때 길잡이가 되어주어서인지 의외로 많이 사용합니다.

faucet 수도꼭지 온수hot water는 H, 냉수cold water는 C로 표시돼 있어요.

• • • inside medicine cabinets 욕실 수납장

Band-Aid 밴드 우리도 흔히 '대일밴드'라고 말하듯 미국에서도 제조 회사이름이 이런 류의 밴드를 가리키는 일반명사가 된 경우입니다.

deodorant 데오도란트 젤이나 스틱 형태로 겨드랑이armpit 등에 바르면 땀이 덜 나고 냄새도 없애주지요.

Rx 조제약, 병원약 Rx는 병원의 처방전으로만 살 수 있는 약을 나타내는 기호.

peroxide 소독약, 과산화수소 우리의 '빨간약' 개념

cotton swab 면봉

painkiller 진통제

first aid kit 구급약 세트

cough syrup 시럽 감기약

cotton balls 화장솜

floss 치실; 치실질하다

bath towel 목욕 후 몸을 닦거나 감싸는 타월
hair towel 머리 말리는 타월
hand cloth 손 닦는 타월

shampoo 샴푸
conditioner 컨디셔너, 린스
exfoliator 스크럽, 각질제거제
body wash 바디 클렌저
razor 면도기
bath sponge 거품 스폰지

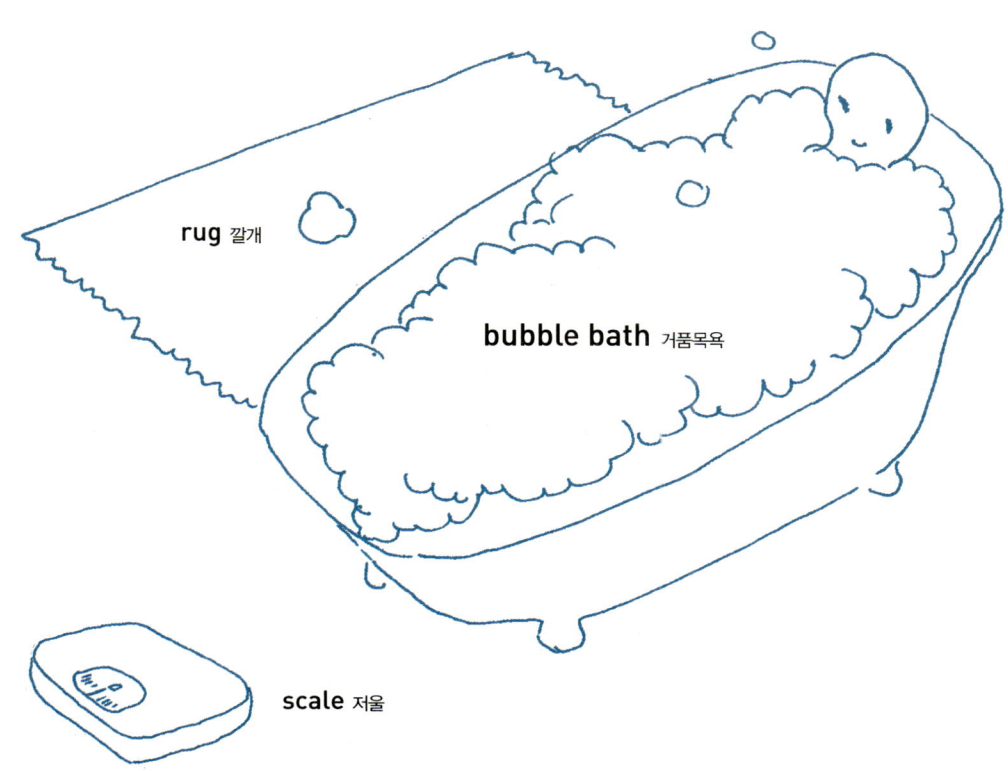

rug 깔개

bubble bath 거품목욕

scale 저울

: My toilet is clogged! 변기가 막혔잖아!

변기가 막혔잖아! 우웩!

집주인이 집에 없네. 어서!

똥어뻥이 있어야겠어. 델리에 있을지 모르겠네. 철물점은 문 닫았고.

똥어뻥 있나요? 없는데요.

우리집에 있어요. 난 쓸 일이 없어요. 갖다줄게요. 엄마, 사탕 사줘.

한 번도 안 해봤는데 제대로 될지 모르겠네.

The Next Morning

| **clogged** 막힌 | **yuck** 우웩 | **landlord** 집주인 | **deli** 치즈와 냉동육으로 만든 요리 cold cuts이나 샐러드를 파는 가게 | **hardware store** 철물점 | **poo** 〈유아어〉 응가; 응가하다 | **nap** 낮잠, 토막잠 | **unclogged** 막힌 것이 뚫린 |

kitchen 부엌

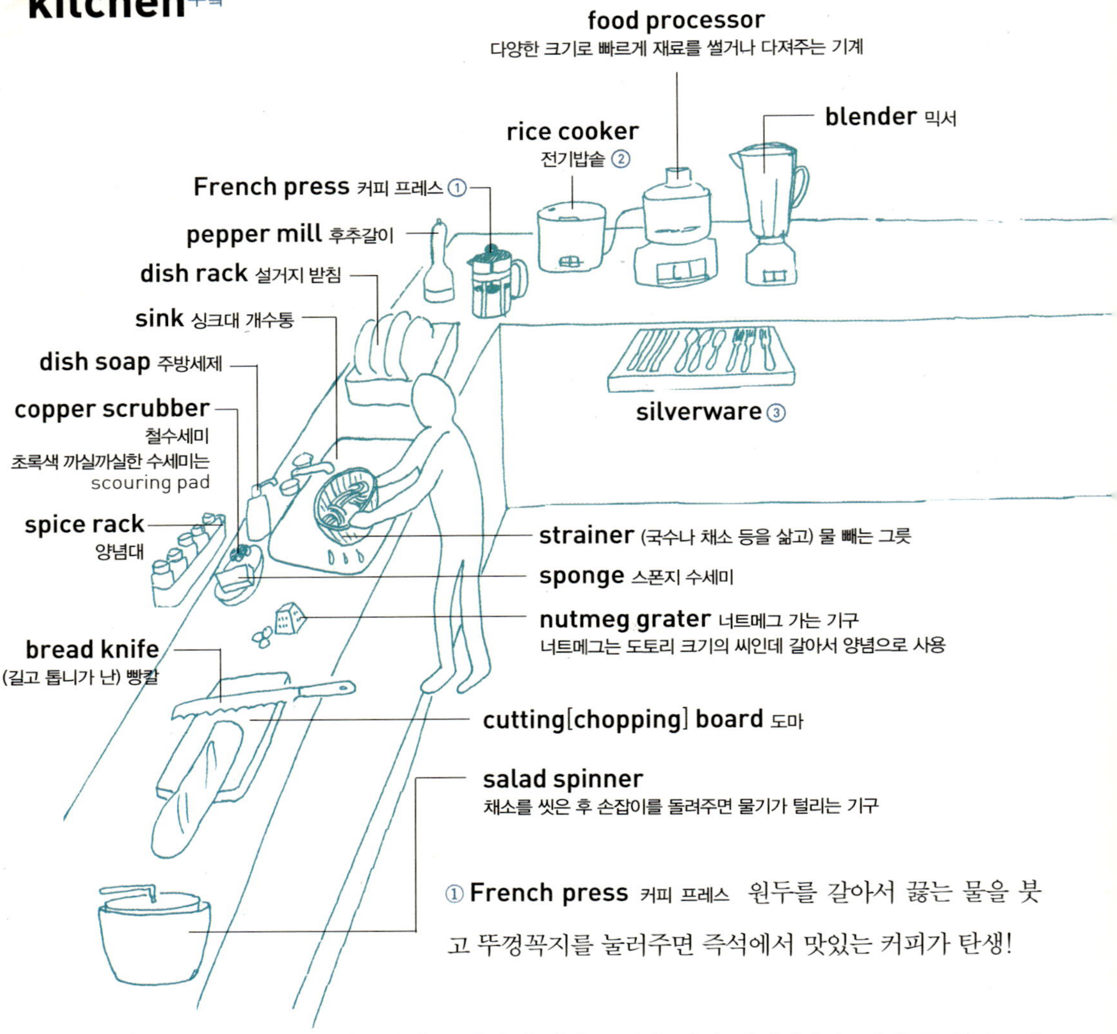

food processor 다양한 크기로 빠르게 재료를 썰거나 다져주는 기계

blender 믹서

rice cooker 전기밥솥 ②

French press 커피 프레스 ①

pepper mill 후추갈이

dish rack 설거지 받침

sink 싱크대 개수통

dish soap 주방세제

copper scrubber 철수세미
초록색 까실까실한 수세미는 scouring pad

spice rack 양념대

silverware ③

strainer (국수나 채소 등을 삶고) 물 빼는 그릇

sponge 스폰지 수세미

nutmeg grater 너트메그 가는 기구
너트메그는 도토리 크기의 씨인데 갈아서 양념으로 사용

bread knife (길고 톱니가 난) 빵칼

cutting[chopping] board 도마

salad spinner 채소를 씻은 후 손잡이를 돌려주면 물기가 털리는 기구

① **French press** 커피 프레스 원두를 갈아서 끓는 물을 붓고 뚜껑꼭지를 눌러주면 즉석에서 맛있는 커피가 탄생!

② **rice cooker** 전기밥솥 요즘 미국에서는 마치 우리가 오븐을 사듯 전기밥솥을 집에 들여놓는 젊은이들이 늘고 있어요.

③ **silverware** 은식기 숟가락, 포크, 나이프 등등의 은색 용구 utensil. 그런데 앞에 kitchen이 붙어서 kitchen utensils라고 하면 수저뿐 아니라 kitchen gadget처럼 자잘한 주방용품을 포함해요.

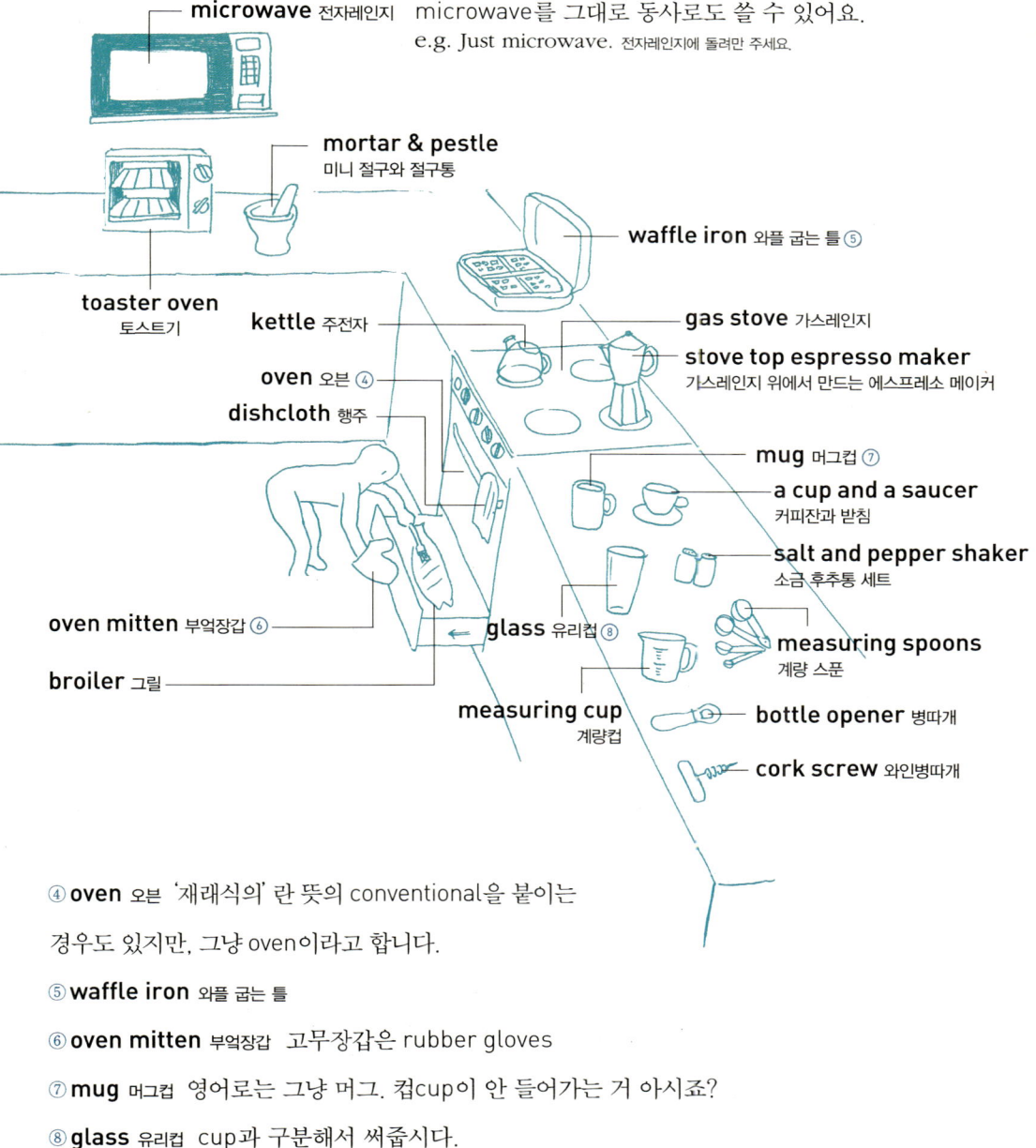

④ **oven** 오븐 '재래식의'란 뜻의 conventional을 붙이는 경우도 있지만, 그냥 oven이라고 합니다.

⑤ **waffle iron** 와플 굽는 틀

⑥ **oven mitten** 부엌장갑 고무장갑은 rubber gloves

⑦ **mug** 머그컵 영어로는 그냥 머그. 컵cup이 안 들어가는 거 아시죠?

⑧ **glass** 유리컵 cup과 구분해서 써줍시다.

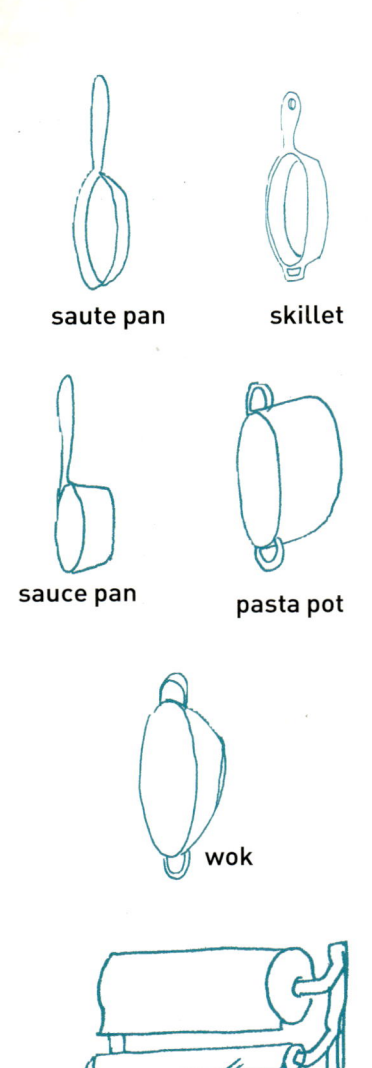

saute pan saute[soutéi]는 프랑스말로 '기름에 볶는다, 살짝 튀긴다'는 뜻으로 우리가 '프라이팬'이라고 부르는 게 사실은 이것에 가깝습니다. 영어로 frying pan 하면 좀 더 깊고 뚜껑이 딸려 있는 경우가 많지요.

skillet 이것도 프라이팬처럼 씁니다.

sauce pan 소스를 만드는 팬이라는 말인데 중간medium 크기의 소스 팬은 우리가 라면 끓일 때 많이 쓰는 긴 손잡이 달린 냄비와 비슷해요.

pasta pot 파스타를 삶을 때 쓰기 때문에 이런 이름이 붙었습니다. stock pot이라고도 하는데 stock, 즉 육수를 내려면 역시 곰탕 냄비처럼 우묵하고 커야겠죠. 보통 주방기구에서 pot 하면 냄비 종류를 말합니다만 '화분' 혹은 '변기', '대마초'라는 뜻도 있습니다.

wok 중국식 프라이팬 중국요리가 많이 퍼져 있는 만큼 중국요리를 만드는 필수 아이템으로 미국인들이 많이 씁니다..

paper towel 키친타월

plastic wrap 랩

aluminum foil [əlú:mənəm fɔil] 쿠킹 호일

spatula 뒤집개, 주걱   **tongs** 집게    **whisk** 휘핑기    **grater** 강판    **scoop** 국자

- **bowl** 우묵한 그릇
- **rolling pin** 밀대
- **slice** 얇게 썰다
- **chef knife** 주방칼
- **paring knife** 과도
- **potato peeler** 감자 껍질 까는 칼
- **dough** (빵이나 파스타 만드는 밀가루 반죽)
- **cutting[chopping] board** 도마
- **salad tongs** 샐러드 집게
- **cookie cutter** 쿠키 커터
- **dice** 깍둑썰다
- **mince** 다지다
- **salad bowl** 샐러드 그릇
- **cookie sheet** 모양낸 쿠키 반죽을 올려놓고 굽는 팬(roasting pan)
- **chop, cut** 잘게 썰다
- **julienne cut** 채썰기

○ garden 정원

plant 심다 '변화, 이동'의 뜻을 보태는 접두사 trans-를 붙이면 transplant, '옮겨 심다, (장기를) 이식하다'는 뜻이 됩니다.

seed 씨앗, 종자

harvest 수확하다

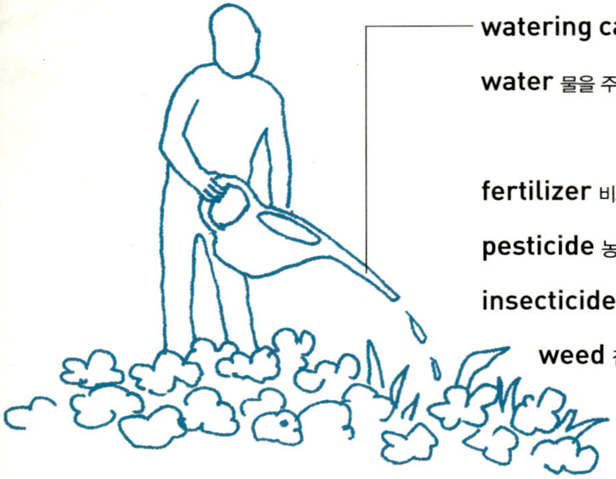

watering can 물뿌리개

water 물을 주다

fertilizer 비료

pesticide 농약

insecticide 살충제

weed 잡초

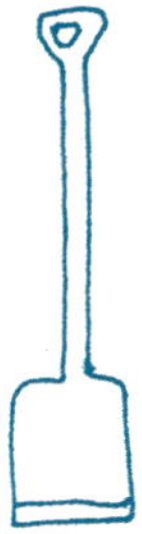

spade 네모삽

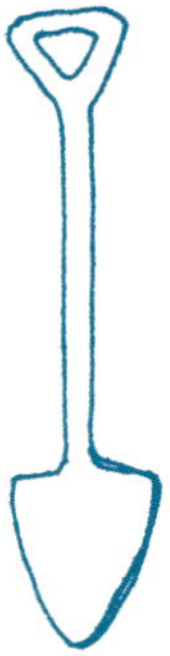

shovel 삽

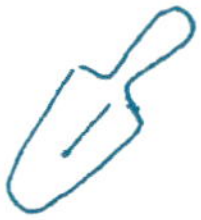

trowel 모종삽

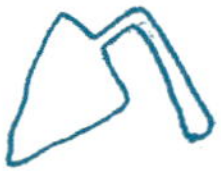

hand hoe 호미

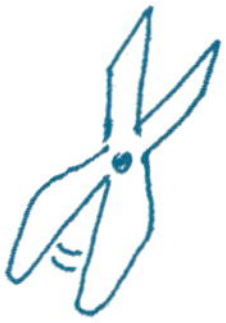

pruning shears 전지가위

greenhouse 온실

fence 울타리

wheelbarrow
(바퀴 하나짜리) 손수레

rake 쇠갈퀴

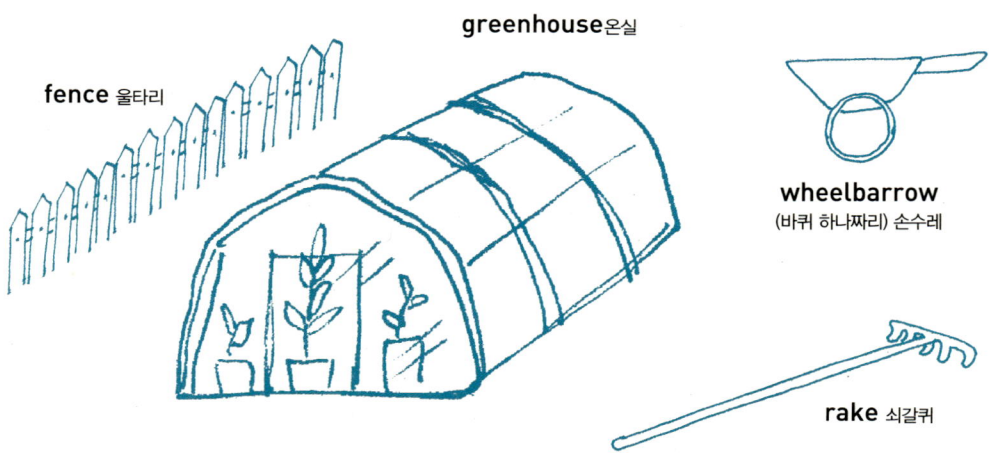

yard 마당

office supplies 사무용품

school supplies 학용품

art supplies 미술용품

thumbtack 압정

pushpin 플라스틱 손잡이가 달린 압정

pin 핀

bulldog clip 집게

highlighter 형광펜

marker 굵은 펜, 마커
permanent 유성의
water soluble 수성의

Do you have a pen that I can borrow?
펜 좀 있으면 빌려줄래?

*여기서 pen은 연필이든 볼펜이든 필기도구를 말합니다.

mechanical pencil 샤프

pencil sharpener 연필깎이

stapler 스테이플러

glue 풀
superglue 강력접착제
sniffing glue 본드 흡입

punch 펀치

staple 스테이플러 알

paper clip 클립

rubber band 고무밴드
옷에 들어 있는 고무줄은 elastic

exacto knife 연필처럼 생긴 손잡이 끝에 칼이 달린 것으로 정교하게 오려낼 때 많이 씁니다.

cutter 커터칼

letterhead 편지지 위쪽의 인쇄 문구 보통 name, address, and phone number가 인쇄되어 있습니다. 기업의 경우 자사의 주소와 전화번호 등이 적힌 편지지와 봉투를 제작하지요.

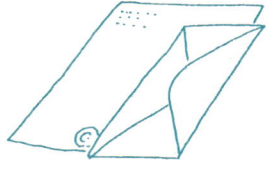
stationery 문구류

perforated notebook 뜯으면 절단선을 따라 깨끗하게 뜯어질 수 있도록 촘촘히 구멍난perforated 노트. 까다로운 선생님의 경우 자기 수업시간엔 꼭 이런 노트를 준비하라고 주문하기도.

°tools for home improvement 가정용 공구

동네 철물점hardware store에 가도 공구를 대충 구비해 놓고 있지만 세계 최대의 가정용 건축 자재 유통체인인 홈디포Home Depot에 가면 내 집 꾸미기에 필요한 모든 것, 공구, 철물, 목재, 부자재 등이 갖춰져 있습니다. 웬만한 것은 내 손으로 만들고, 고친다는 사고방식이 배어 있어선지 집집마다 차고 안쪽에 공구가 즐비하게 걸려 있어요.

chisel [tʃízl] 끌   **wire cutter** 철사 자르는 펜치   **plier** 철사 휠 때 쓰는 펜치

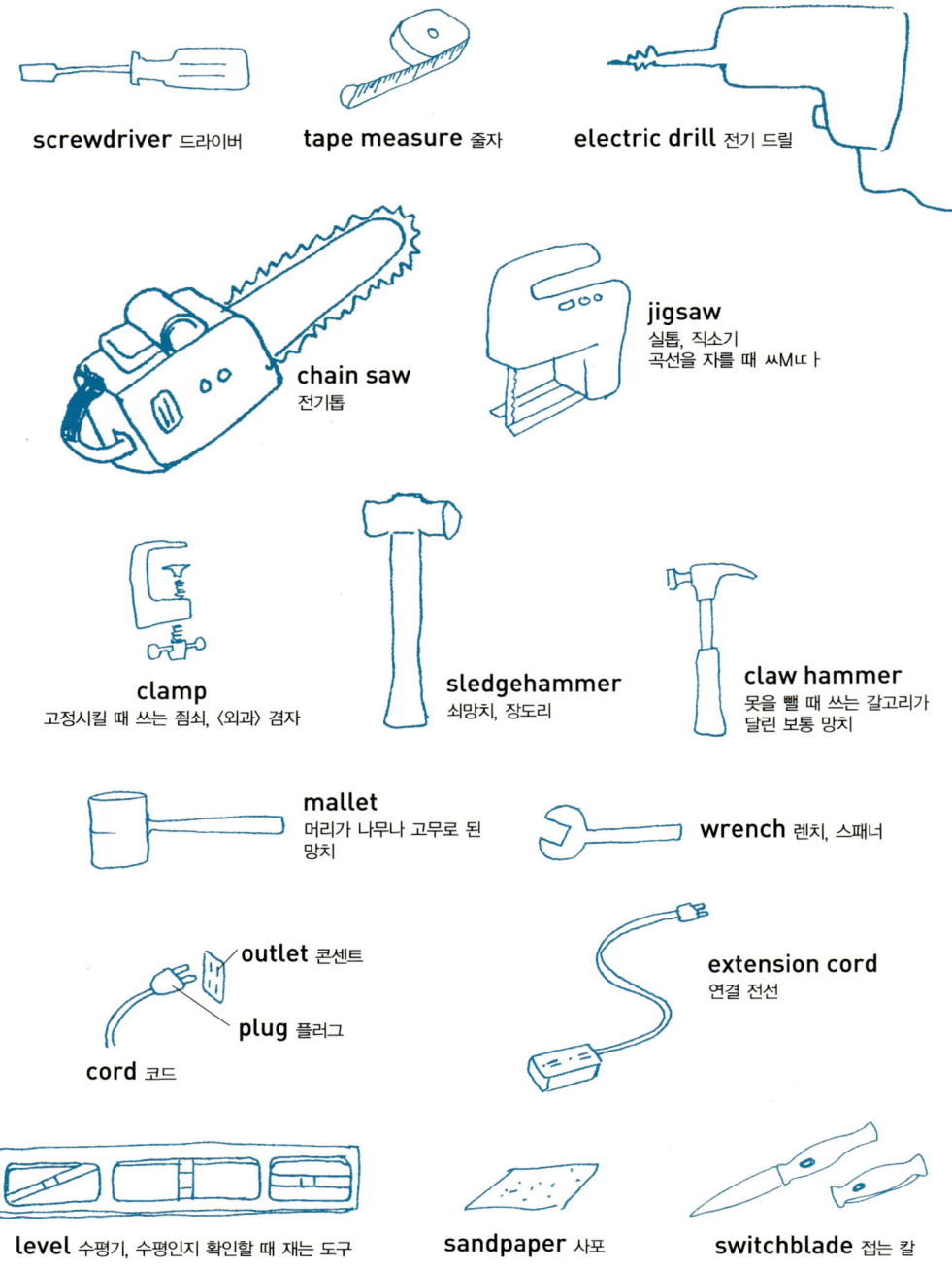

sewing 바느질

elastic 고무줄

safety pin 옷핀

needle and thread
바늘과 실

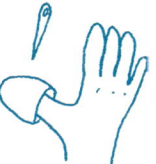
thimble
골무

sewing machine
재봉틀

crocheting [krouʃéiŋ]
코바느질

knitting
대바느질

yarn 털실

embroidery
수놓기

백문이 불여일견

MICA(Maryland Institute of College of Art) 재학시절 작품 프레젠테이션 presentation을 끝내고 품평, 즉 크리틱critique을 받을 때였습니다. 작업한 과제 50개 정도를 가벼운 합판plywood에 압정push pin으로 고정해 설치했는데, 교수님은 push pin이 눈에 거슬린다며, Velcro로 고정하면 좋겠다고 제안하셨죠. 그러자 친구들도 괜찮겠다며 맞장구를 쳤는데, 정작 저만 '벨크로'가 뭔지 전혀 감 잡질 못했죠. 그러자 Velcro는 회사이름에서 따온 것이라는 둥, 천으로 만들고 까칠한 플라스틱이 달려 있다는 둥, 붙였다 떼었다 할 수 있다는 둥 …… 설명했지만 그때 제 머리엔 도저히 떠오르는 물건이 없었죠. 결국 미국에만 존재하는 내가 모르는 뭔가가 있나 보다고 넘어가려는 찰나 친구 Jason이 벌떡 일어나 가방을 갖고 나오더니 "이게 Velcro 다"며 가방을 열고 닫는 것이었어요. 그제야 '벨크로'의 정체가 밝혀졌죠. 바로 찍찍이였어요. 덕분에 교내전시회 때 Velcro로 그림 뒤를 고정해 보기 좋게 설치할 수 있었지요.

Velcro 찍찍이

: NY subway 뉴욕 지하철

Miscellany

miscellany 기타 등등

miscellany는 '잡동사니'란 뜻이에요. 분류를 정하기가 애매해서라기보다 chapter 한 개 분량은 되지 않지만, 버릴 수 없는 요긴한 뉴욕 생활정보죠. 그래서 한데 모아보았습니다.

외국생활을 하다 보면 우리나라와 다른 여러 가지 도량형에 익숙해져야 하는 게 참 난감할 때가 많습니다. 처음엔 아침

1y(yard) = 0.91m = 2.9848ft.(feet)

일기예보에서 몇 도라고 해도 정확히 몇도나 되는지, 채소나 고기를 살 때도, 소포를 보낼 때도, 택시를 탈 때도 파운드나 마일 단위가 어느 정도인지 감이 오지 않았습니다. 달러를 써도 우리 돈으로 환전해 보지 않으면 '역시 먹을 것은 싸다든가, 교통비는 우리보다 비싸다든가' 하는 감이 오지 않듯이요. 이런저런 작품 재료를 살 일이 많은 미술 전공이라 그 불편함은 더했답니다. 아직도 계산기를 두드리지만, 자주 쓰는 것은 요령도 생겼습니다. 가령 종이나 비닐, 옷감처럼 둘둘 말아 파는 것은 모두 yard 단위인데, 신기하게도 우리의 한 마와 **1 yard**가 얼추 비슷해서 **1:1**로 생각하면 편합니다. 그리고 **foot**(복수형 **feet**)는 우리가 원래 썼던 '척'과 비슷하단 사실도 발견했죠. 삼척동자라면 키가 약 3피트인 거죠. 또 1파운드가 대략 **450**그램이니, 쇠고기 반근에 반의 반근을 합한 정도이지요. 의외였던 것은 전문적인 단위인 '평방'을 척척 써버리는 것이었어요. **My wallet is 4 square inches**(내 지갑은 4평방인치야).라고 말하는 식인데, 우리의 평범한 대화에서는 드문 대사죠.

아마도 마지막 장 miscellany에서 소개할 단어와 상식들은 미국생활을 직접 해보기 전에는 결코 필요한 줄도 모를 의외의 것들일 것입니다. 또한 이 장을 마무리하면서 머리도 식힐 겸 서양의 각종 미신과 속설도 한번 알아보도록 해요.

> How much do you want?
> 얼마나 드려요?

> Yes, we do. Do you have a student ID?
> 네. 학생증 있어요?

> 3 yards, please. Do you have student discounts?
> 3야드요. 학생 할인 있나요?

measurements 치수, 도량법

가장 세계적인 나라 미국이지만 도량형만큼은 비세계적이라는 말이 있습니다. 국제적인 법정계량 단위인 미터법을 거부하고, 야드파운드법을 고집하고 있기 때문이죠. 미국의 mile, foot, yard, pound는 우리의 마, 되, 말, 척 등처럼 사람의 몸을 기준으로 삼은 지극히

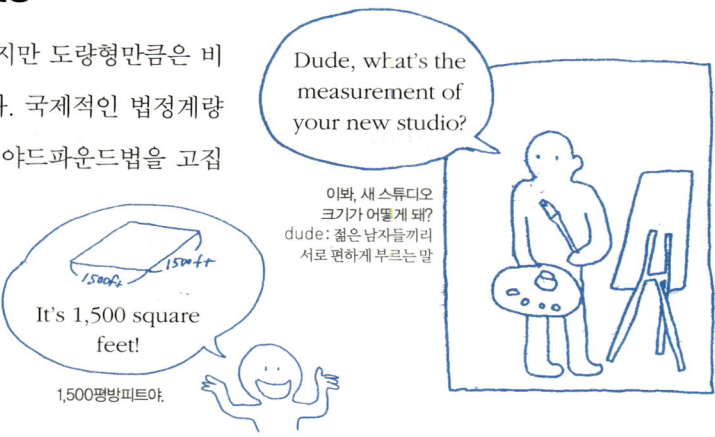

인간적인 전통 단위입니다. 피트는 발의 길이, 인치는 손가락 한 마디 길이라고 합니다. 우리의 1 되는 양손으로 곡식을 가득 집었을 때의 양이고, 척은 양손을 나란히 붙여서 펼친 길이며, 1마는 팔을 뻗어 가슴까지의 너비죠. 그러나 프랑스에서 써오던 미터법이 국제표준으로 인정되면서 일본, 중국, 유럽연합이 미터법을 쓰고 있고, 우리도 전통단위가 mm, cm, m, km, g, kg, ml, l 등에 대부분 밀려났지요. 그러나 미국만은 여전히 마일, 피트, 야드, 파운드를 사용하고 있습니다.

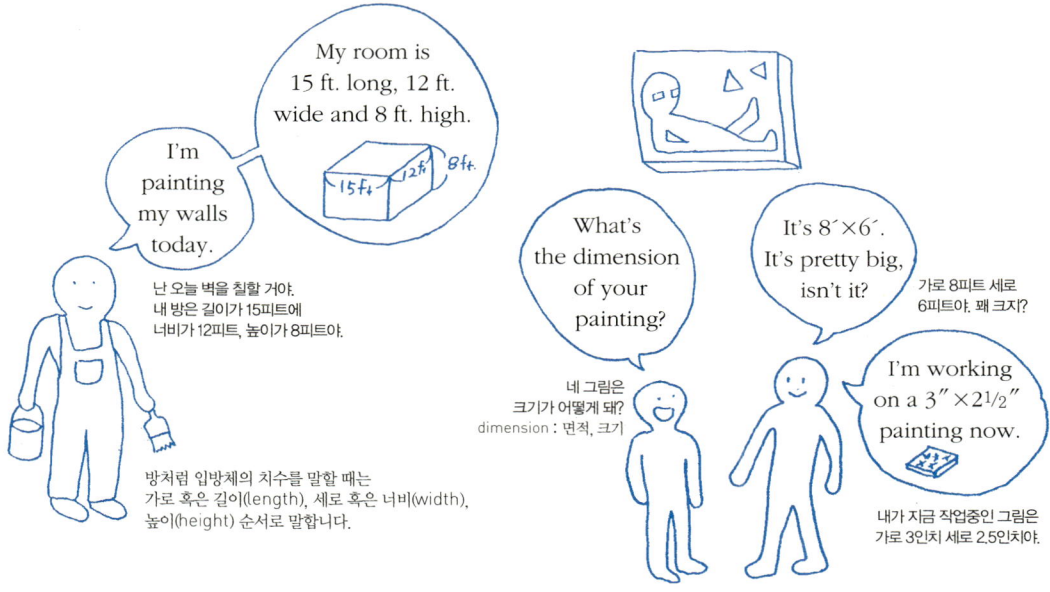

1 mile ≒ 1.6 km
40 mile = 64.4 km
50 mile = 80.5 km
60 mile = 96.6 km

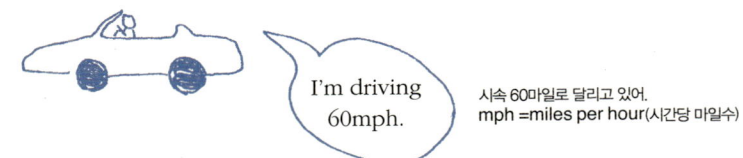

시속 60마일로 달리고 있어.
mph = miles per hour (시간당 마일수)

••• speed limit 도로별 제한속도

residential streets 주거지가로	25-30 mph (40-48 km/h)
urban arterial roads 도심 간선도로	35-45 mph (56-72 km/h)
major highways inside cities 시내주요 간선도로	50-65 mph (80-105 km/h)
rural two-lane roads 지방 2차선	45-65 mph (72-105 km/h)
rural expressways 지방고속도로	55-70 mph (88-112 km/h)
rural interstate highways 지방 주간 고속도로	65-80 mph (105-129 km/h)

••• photo processing center 사진현상소에서

우리는 인화된 사진과 색깔이 정반대인 롤필름을 네가티브 필름, 줄여서 '필름'이라고 하지만 영어로는 그냥 negative입니다. film은 오히려 '영화'라는 뜻으로 많이 쓰이죠. 아무튼 이 롤필름을 포지티브 상태, 즉, 제대로 색이 나는 상태로 만드는 과정이 현상, 즉 development이고, 그것을 종이에 프린트하는 것이 인화 print입니다. 물론 negative에는 '부정적인' 이란 뜻도 있고(귀엽게 말한다고 negatory라고 하는 사람도 있어요), 마이너스(-)란 뜻도 있지요. 플러스(+)는 positive.

e.g. What's your blood type? 너 혈액형이 뭐야?
It's type O negative. 마이너스 O형이야.

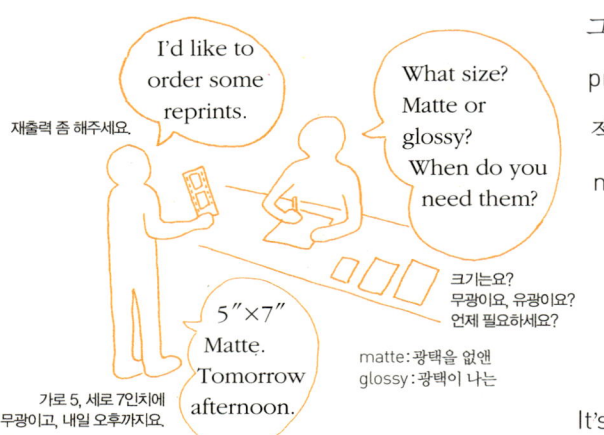

matte: 광택을 없앤
glossy: 광택이 나는

length 길이

키나 높이, 길이를 말할 때 미국인들이 가장 많이 쓰는 것이 피트와 인치예요. 피트는 ′로, 인치는 ″로 간단히 표시하지요. 그래서 5′10″하면 5피트 10인치가 되죠. 읽을 때는 돈처럼 5 dollars and 10 cents를 five ten이라고 말하듯이, 보통은 단위는 빼고 숫자만 읽더군요. 물론 단위를 붙여도 됩니다.

1 cm   1 inch

1 inch = 2.54 cm

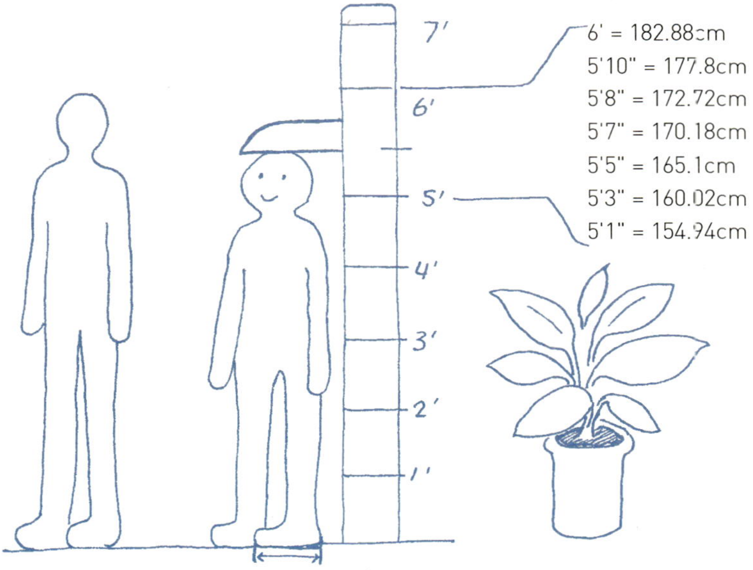

6′ = 182.88cm
5′10″ = 177.8cm
5′8″ = 172.72cm
5′7″ = 170.18cm
5′5″ = 165.1cm
5′3″ = 160.02cm
5′1″ = 154.94cm

1 ft = 12″ = 30.48 cm

12 inches = 1 foot

My rubber plant is 4-foot tall.
내 고무나무는 키가 4피트야.

• • • six feet under 무덤 속으로

영국의 스릴러 시리즈물 제목 중에도 six feet under가 있고 데스 메탈death metal 그룹 중에도 이런 이름을 가진 밴드가 있습니다. 6피트는 사람이 죽으면 땅 속에 묻히는 깊이라고 합니다. 그래서 six feet under는 곧 dead. e.g. He is six feet under. 그 사람 죽었어.

Let me out.
꺼내줘.

weight 무게

1 lb = 16 oz. = 453 g ≒ 0.45 kg
1 kg = 2.2 lb

무게 단위로 생활 속에서 가장 많이 쓰는 것이 국제도량형인 그램, 킬로그램이 아니라, 온스ounce, 파운드pound입니다. 1/16파운드가 1온스이니 온스가 적은 단위죠. centimeter를 cm으로, liter를 L로 기호화하는 것처럼 pound는 lb 또는 #로, ounce는 oz.로 표시합니다. 그런데 음료수나 과자 라벨의 중량 표시를 유심히 보면 그냥 oz.라고 적힌 것도, fl.oz.라고 적힌 것도 있는데, 음료수에는 '액체'를 뜻하는 fluid를 써서 fl.oz.(fluid ounce)라고, 과자 같은 것에는 oz.라고 돼 있습니다. 또 같은 유제품이라도 버터, 치즈는 oz.로, 우유나 요구르트 등은 fl.oz.로 무게 온스인지, 액량 온스인지 구분하지요. 온스는 무게에도 쓰지만 (다음에 나올) 액량을 잴 때도 쓰는 단위이기 때문이죠. 다 알아두려면 복잡하니 1파운드가 약 450그램 정도라는 기준만 알아두면 슈퍼에 가서 그다지 혼란스럽지 않을 거예요.

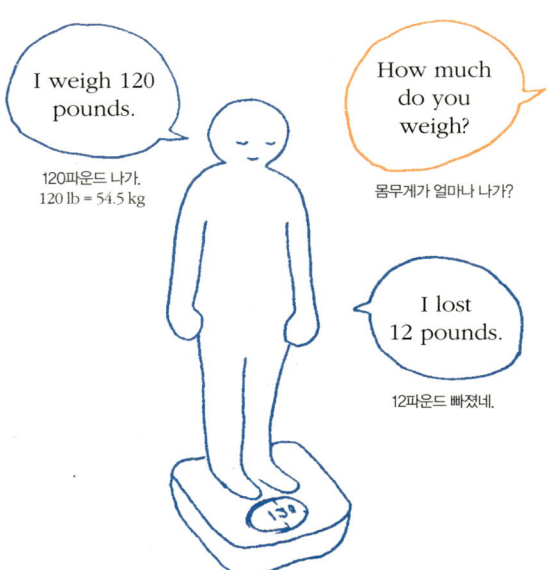

How many pounds do you weigh?라고 묻기도 합니다. pound를 쓰면 복수형으로 하고 much가 아닌 many를 써주는군요.

'살이 빠지다'는 lose, '찌다'는 gain 또는 put on도 씁니다. He put on a lot of weight.(그는 살이 많이 쪘다.) put on은 옷을 입을 때도 put on a jacket처럼 쓰는데, 몸에 붙이는 모든 것에 쓸 수 있습니다.

volume 부피

우유나 주스 같은 액체는 ounce, pint(줄여서 pt.), quart(줄여서 qt.), gallon(줄여서 gal.)을 씁니다. 앞서 봤던 파운드처럼 1/16파인트가 1온스. 패스트푸드 레스토랑의 1회용 콜라컵에 담기는 양, 혹은 가장 작은 생수병이 대략 1파인트입니다. 파인트 둘이면 1쿼트가 되고, 쿼트가 넷이면 1갤런이 되구요. 보통 라면 한 봉 끓일 때 물 3컵을 넣으라고 하는데, 1컵이 250ml, 약 8 oz.입니다. 쉽게 비교할 수 있도록 대략적인 수치로 표시했습니다.^^

Fluid Measures				
Unit(단위)	Abrev.(약자)	Defined(피정의)	fl oz	ml
teaspoon	tsp. or t.	1/3 tbsp.	1/6	4.93
tablespoon	tbsp. or T.	1/2 fl. oz.	1/2	14.79
fluid ounce	fl.oz. or oz.	1/128 gal.	1	29.57
cup	C	1/2 pint	8	236.59
quart	qt.	1/4 gal.	32	946.35
gallon	gal.	231 cu.in.	128	3,785.41

Fluid Measures				
Unit(단위)	Abrev.(약자)	Defined(피정의)	fl oz	ml
pinch	-	1/2 dash	0.02	0.31
pint, dry	pt.	1/2 dry qt.	33.60	550.61
quart, dry	qt.	1/2 peck	67.20	1,101.22
peck	pk.	1/4 bushel	537.61	8,809.77
bushel	bu.	684.5 in	2,150.42	35,239.07

Measure	Australia	UK	USA	FDA
Teaspoon	5ml	5ml	4.93ml	5ml
Dessertspoon		10ml	–	–
Tablespoon	20ml	15ml	14.79ml	15ml
Cup	250ml	285ml	236.59ml	240ml
fl.oz.	28.41ml		29.57ml	30ml
Pint	568.26ml		473.18ml	–
Quart	1136.52ml		946.35ml	–
Gallon	4546.09ml		3785.41ml	–

This isn't as heavy as it looks. Actually it's really light.

이거 보기보다 안 무거워. 사실은 아주 가벼워.

Be careful when you lift a heavy box.

무거운 박스를 들 때는 조심해.

You can get hernia.

탈장이 될 수도 있거든.
hernia : 탈장

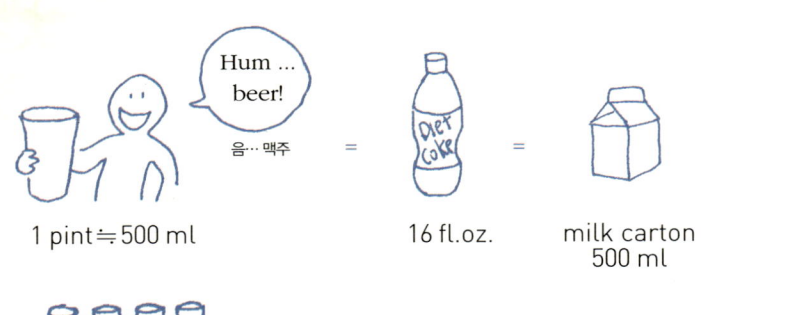

1 pint ≒ 500 ml   16 fl.oz.   milk carton 500 ml   2 pints ≒ 1 quart ≒ 1l

8 pints ≒ 4 quarts ≒ 1 gallon ≒ 4l (약 3,785l)

••• measure of volume used in cooking 요리에 쓰는 계량단위

양념과 같은 요리 재료나 의약품의 양을 나타내는 단위로 사용하는 것이 계량컵, 계량스푼 같은 것들입니다. 계량컵은 비커처럼 눈금이 그려져 있고, 스푼은 tablespoon과 teaspoon을 쓰는데, 수북하게 담은 양이 아니라 물처럼 평평하게 담기는 양입니다. tablespoon은 대문자 T., 혹은 Tbs.로, teaspoon은 소문자 t. 혹은 tsp.로 표시합니다. 테이블스푼 하나는 티스푼의 3개와 같은데, 호주에서는 4개로 통한다고 해요.

1cup ≒ 250ml   1Tbs. ≒ 15ml   1tsp. ≒ 5ml = 4.75g

치약 6 oz. (170g)   간장 8 fl.oz. (236.6ml)   노화억제크림 1.75oz. (50g)

temperature 온도

온도 단위로 가장 많이 쓰는 것이 ℃와 ℉입니다. 아시아와 유럽에서 쓰는 국제표준이 ℃라고 표시하는 섭씨온도이고, ℉는 미국과 영국에서 쓰는 화씨단위입니다. C는 Celsius의 두음자로 이것을 처음 제안한 스웨덴 사람 Anders Celsius의 성입니다. '섭씨'라고 읽게 된 것은 셀시어스를 한자로 음차한 '섭이사'에서 '섭' 만을 딴 것이지요. F는 Fahrenheit. 화씨 온도계를 처음 고안한 독일 사람 페런하이트의 성입니다. 이것을 한자로 표기하면 '화윤해'가 되고, '화' 만 따서 '화씨'라고 읽게 되었답니다.

Celsius [sélsiəs]
섭씨

Fahrenheit [fǽrənhàit]
화씨

0℃ = 32℉ 화씨를 섭씨로 바꾸는 것은 그렇게 간단치 않습니다. 「화씨온도-32」를 한 다음 이것을 1.8로 나누면 우리에게 익숙한 섭씨온도가 나옵니다. 그렇지만 계산기가 있어야겠지요. 임시방편으로 자신이 아주 덥다, 덥다, 좀 춥다, 아주 춥다고 느끼는 온도를 서너 가지 외워서 그것을 기준으로 그때그때 가감하는 방법도 있지만 오래 지내다보면 화씨 자체에 자연스럽게 익숙해지지요.

It's freezing outside.
It's 10 degree.

밖에 진짜 춥다.
10도야.

I should've brought my hat.

모자를 가져오는 건데.

time 시간

three o'clock sharp
3시 정각

midnight
자정

noon 정오
혹은 high noon

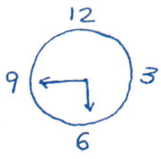
**quarter to six
= five forty-five**
5시 45분

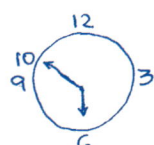
ten to six = five fifty
5시 50분

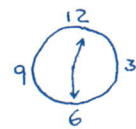
**twelve thirty
=twelve and a half**
12시 30분

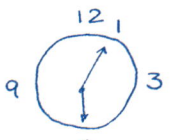
five after six 6시 5분
= six o five
= five past six

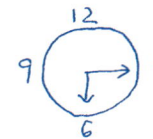
quarter after six 6시 15분
= six fifteen
= quarter past six

••• time vs. the time 시간이야? 시계야?

the가 있느냐 없느냐에 따라 뜻이 달라지니 구별해 쓰기로 해요! Do you have the time?은 '시계 있느냐?' 즉 '지금 몇 시인가요?'라는 뜻이지, '시간 있습니까?'가 아니라는 사실! 시간 있느냐고 물을 때는 Do you have time? 혹은 Have you got a minute?이죠. 작업용 멘트pickup line는 아닙니다. Do you have a minute for coffee?(커피 같이 마실 시간 좀 있니?)라고 한다면 꼬시는 말일 수도 있고, 말 그대로 커피 마시며 얘기 좀 하자는 의미도 됩니다. 가령 Do you want to have coffee sometime?(언제 커피나 한잔 같이 할래요?)라고 한다면 꼬시는 말일 가능성이 높지요. 상대가 좋다고 나오면, Here's my number. You can call me anytime.(제 전화번호예요. 언제든 전화하세요.)하고 적극적으로 나오지요.

° shapes 형태

수학책에서 익숙하게 보았던 것들이지만 어디까지나 생활 속에서 물건의 모양을 말할 때 쓰는 것들만 모았습니다.

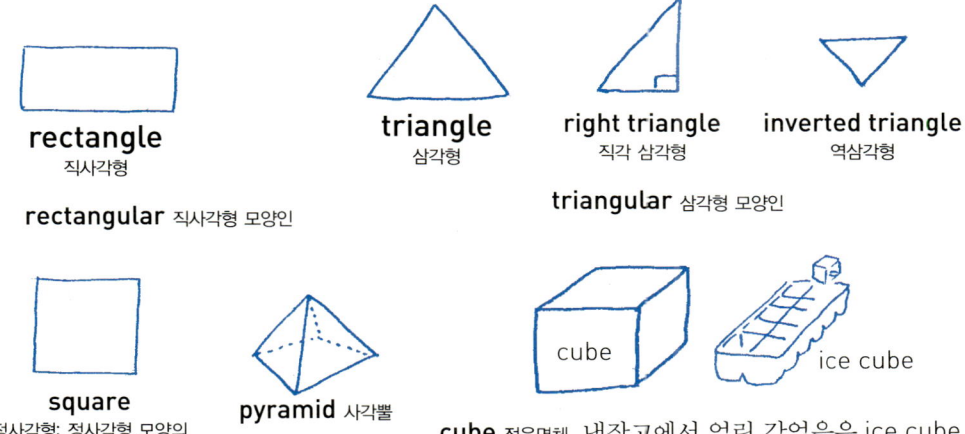

rectangle 직사각형
rectangular 직사각형 모양인

triangle 삼각형

right triangle 직각 삼각형

inverted triangle 역삼각형

triangular 삼각형 모양인

square 정사각형; 정사각형 모양의

pyramid 사각뿔

cube

ice cube

cube 정육면체 냉장고에서 얼린 각얼음은 ice cube, 각설탕은 sugar cube.

 **pentagon** 오각형 미국방부가 Pentagon이라고도 불리는 것은 건물이 이 모양이기 때문.

hexagon 육각형

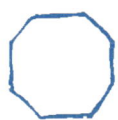 **octagon** 팔각형 **octagonal** 팔각형인 8을 행운의 수로 생각하는 중국에서는 octagonal 창문을 많이 쓴다고 해요. 문어는 다리가 여덟 개 달려서 octopus, 8음계는 octave.

 octopus

 octave

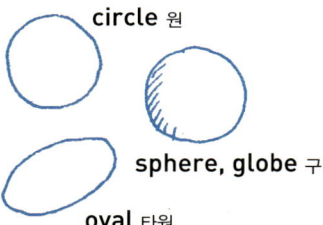

circle 원

sphere, globe 구

oval 타원

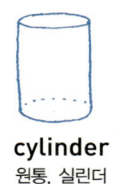

cylinder 원통, 실린더

tube 관 가운데가 뚫린 원통

cone 원뿔

 **column** 기둥, 원주

 **stick figure** 사람의 형체를 선과 점으로 단순화한 그림. '난 그림 못 그려'라고 할 때 흔히 하는 말이 이 스틱 피겨도 못 그린다는 "I can't even draw a stick figure." 입니다.

 keyhole 열쇠구멍 모양 e.g. She has a keyhole neckline. 그녀는 목선이 열쇠구멍 모양이야.

star of David 다윗의 별

diamond 마름모

crescent 초승달 모양

punctuation 구두점

comma 쉼표　　**period** 마침표　　**question mark** 물음표　　**exclamation point** 느낌표

- **colon** 콜론 앞 문장을 뒷받침하거나, 보다 자세히 설명하거나 해당 예를 열거할 때 사용합니다. e.g. We may need to bring following items: sleeping bags, flashlights, and snacks.

- **semicolon** 세미콜론 and, or, but처럼 접속사 대용으로 쓸 수 있고, however, otherwise, nevertheless, that is, thus, therefore, accordingly와 같은 연결부사 앞에 쓸 수 있습니다. 또 쉼표로 나열되는 것을 다시 크게 묶어줄 때도 씁니다. e.g. Members of our band include Rob Kim, vocalist; Megan Shin, keyboard player; Debbi Koh, guitarist; and Max Lee, drummer.

- **apostrophe** 어포스트로피 e.g. don't, that's Kate's hat, 80's

- **dash** 대시 하이픈보다 약간 길어요. 문장 중간에 삽입구를 넣을 때 쉼표를 앞뒤에 찍는 대신 대시를 넣기도 하고, 관계된 두 단어를 엮어줄 때도 씁니다.
  e.g. Seoul–Tokyo flight 서울 도쿄간 비행편, 1990–1993 1990년부터 1993년까지, 1–1 1대1

- **hyphen** 하이픈 단어와 단어를 연결하거나 음절을 나눌 때, 혹은 여러 단어가 모여 하나의 뜻이 된 경우 사용합니다.
  e.g. 12-year-old girl, W-O-R-D, hit-and-run 뺑소니

— **underscore, underline** 밑줄

• • • **ellipsis** [ilípsis] 말줄임표 우린 점을 중간에 6개 찍지만 영어는 아래에 3개 찍습니다.

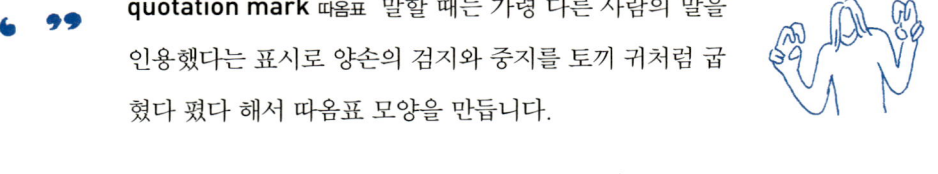

" " **quotation mark** 따옴표 말할 때는 가령 다른 사람의 말을 인용했다는 표시로 양손의 검지와 중지를 토끼 귀처럼 굽혔다 폈다 해서 따옴표 모양을 만듭니다.

( ) **parentheses** [pərénθəsis] 괄호   [ ] **bracket** 네모괄호

/ **slash** 슬래시   \ **backslash** 역슬래시

✴ **star key** 별표 키   # **pound key** 우물정자 키   @ **at**

email 전자우편

upper case 대문자

lower case 소문자

case sensitive 대소문자를 구분해 써야 하는
e.g. My password is coRkY. It's case sensitive. password : 암호

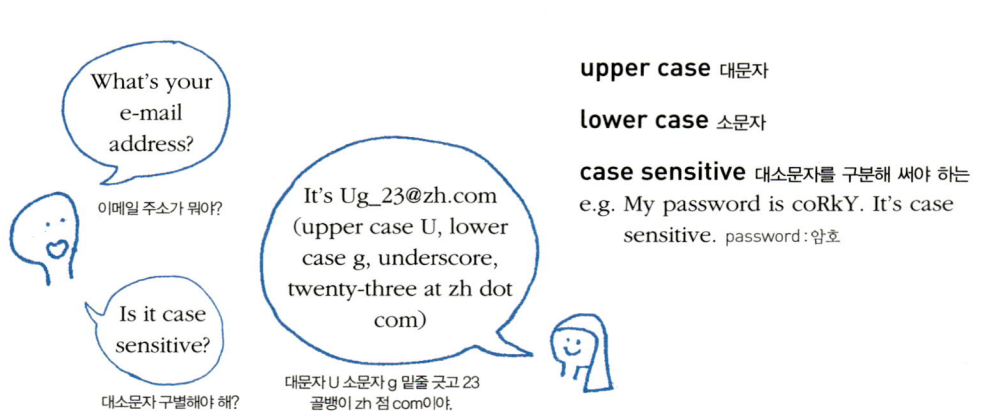

acronyms 두문자어

영어는 두문자어가 특히 발달한 언어인 것 같습니다. 여기에는 아주 흔히 듣게 되는 몇 가지만 모았습니다. 발음할 때는 단어째 발음하지 않고, 알파벳을 각각 읽어줍니다.

RSVP = Répondez Síl Vous Plaît 참석 여부를 답신 바람 주로 결혼식이나 파티 초대장에 적혀 있습니다. 사람 수에 맞춰 음식이나 자리를 마련하기 때문에 알려주는 것이 예의이지요.

SASE = Self-Addressed Stamped Envelope 주소가 이미 적혀 있고, 우표도 붙은 반신용 봉투. 주로 보내는 사람이 받는 사람에게서 답신을 원할 때 서신과 함께 동봉합니다.

PDA = Public Display of Affection 공공장소에서의 애정표현. 전자수첩도 PDA

FYI = For Your Information 참고 이메일이나 메모에서 용건 앞에 적는 것으로 답신할 필요는 없고, 참고 삼아 알고 있으라는 의미로 사용합니다.

BYOB = Bring Your Own Booze 자기가 마실 술 가져오기 이런 파티는 BYOB party라고 하지요.

APB = All Points Bullet 전원에게 알림 특히 지명수배가 떨어졌을 때 모든 경찰이나 순찰차에게 내려지는 메시지

AWOL = Absent WithOut Leaving 탈퇴한 것은 아니고 활동을 하지 않는 멤버, 무단결근(자), 탈영(병). 이것은 소리나는 대로 '에이윌' 이라고 읽어요.

aka = Also Known As 예명, 별칭, 일명
e.g. The Bermuda Triangle, aka Devil's Triangle, is a geographical area in the Atlantic Ocean. 버뮤다 삼각지, 일명 '마의 삼각지' 는 대서양에 있는 지역이다.

FAQ = Frequently Asked Question 자주 묻는 질문

WASP = White Anglo Saxon Protestant 피부색은 백인이고, 혈통은 앵글로색슨이며 종교는 개신교인 미국의 주류계층. 영국과 북유럽 태생의 백인들을 가리킵니다만, 겉모습을 묘사할 때도 씁니다. 이것은 철자를 하나씩 읽지 않고, '와스프' 라고 한 단어처럼 읽어요.
e.g. She's a Waspy looking girl.

어른들의 암호(?)

말을 배우는 어린 아이들이 있는 집의 부모들은 듣기 좋지 않은 단어를 쓸 때 혹은 아이들이 못 알아듣도록 알파벳 철자를 하나씩 발음하곤 합니다. 예를 들어 He's an idiot.을 He's an I-D-I-O-T 라고 한다던지, We have to go shopping.은 아이들이 뭐 사달라고 조를 까봐 We have to go S-H-O-P-P-I-N-G.이라고 하기도 해요. ^^

24/7 = 24 hours 7 days 연중무휴 24시간, 주구장창 e.g. She talks about him 24/7.

ASAP = As Soon As Possible
가능한 한 빨리

: French words 영어에서 많이 쓰는 프랑스어

a la carte 식당에서 각각의 음식에 값을 따로 매기는 메뉴. 선택의 폭이 넓지만 값이 좀 비싸더군요.

친구랑 뉴욕에 가는 길이에요. 예전에 같은 부서에서 일했었죠.

맛있게 드세요.

짜잔~

좋은 여행 되세요.

필름 누아르는 내 취향이야.

en route 가는 길 | **bureau** 부서 | **film noir** 암흑가, 범죄조직이 주소재이고 음울한 분위기를 풍기는 영화 장르

signs 표지판

no trespassing 무단침입 금지

yield 양보하기

one way 일방통행

detour 우회하기
cf. shortcut : 지름길

do not litter 쓰레기를 버리지 마시오

beware of dog 개조심

dead end 막다른 길

x-ing [krɔ́siŋ] 횡단보도가 있음을 알리는 표시

keep out 접근 금지

curb your dog 보도sidewalk에 개가 실례하지 않도록 개를 차도와 인도 사이의 연석curb 쪽으로 데리고 가라는 표지판. curb란 인도의 가장자리 턱진 곳으로, 구멍이 숭숭 난 철판 덮개가 곳곳에 있는 하수구나 도랑이 있기 때문입니다.

clean up after your dog 뉴욕에서 자주 보이는 표지판으로 개 산책 시 배설물을 치우라는 표시입니다. 그래서 주인들은 배설물을 주워담는 pooper-scooper를 가지고 다닙니다.

max fine = 최대maximum 벌금

please wait to be seated 어떤 식당에 가면 이런 푯말이 있습니다. 자리를 안내받기 전까지 아무데나 앉지 말라는 얘기지요. waiter나 waitress가 있는 식당에선 이런 푯말이 없어도 안내 받을 때까지 기다리는 것이 보통입니다.

no parking 주차 금지 하단에 시간이 쓰여 있으면 그 시간 외에는 주차할 수 있습니다.

no standing any time 항시 정차 금지

°lights 조명

flashlight 손전등 flash라고만 하면 못 알아듣습니다.^^

track lights 전시장 천장이나 바닥에 track을 깔고 그 길을 왔다갔다 할 수 있는 등

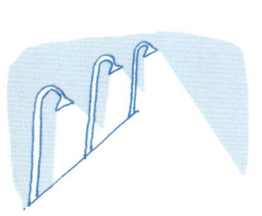
street lights 가로등

lantern 랜턴

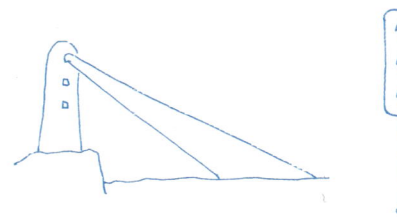
lighthouse 등대   **traffic lights** 신호등

daylight saving time 일광절약시간제(DST) 매년 초여름이 되면 뉴스에서 put your clock back one hour라는 말이 들려옵니다. 서머타임의 시작을 알리는 것이죠. 주중 스케줄에 지장이 생기는 것을 피하기 위해 주말에 시작되고 끝나는데, 미국에서는 2007년부터 3월 둘째 주 일요일 새벽 2시에 시작해서 11월 첫째 주 일요일 같은 시각에 종료됩니다. DST 효과effect에는 에너지 절약energy conservation, 교통사고 감소, 범죄율 감소 등이 보고되었고, 스포츠용품 메이커, 레저산업, 소매업은 매출이 늘었다고 하네요. 하지만 농업에는 악영향을 미쳤다고. 이슬이 채 마르기 전에 작물을 거뒀기 때문에 수확량이 줄었다고 하네요.

••• light fixture 조명기구

lamp 스탠드   나이트스탠드nightstand는 '등' 종류가 아니라 침대 옆 협탁

night-light 밤에 켜놓는 작은 등으로 아이가 자는 방이나 화장실에 꽂아둡니다.

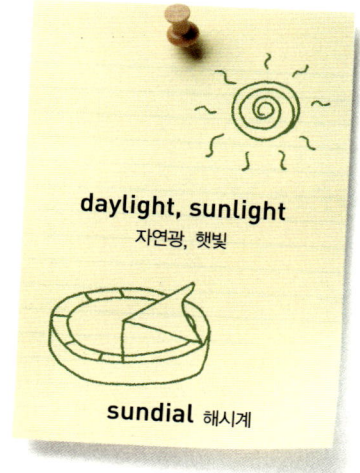

daylight, sunlight 자연광, 햇빛

sundial 해시계

night-light

lamp

floor lamp

hanging lamp

fluorescent [fluərésnt] **light** 형광등

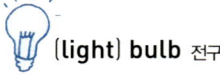

(light) bulb 전구

lava lamp 전기를 꽂으면 속에서 쿨렁쿨렁 꿈틀댑니다. 젊은 사람들 집에 많이 있더군요.

mirror ball 혼자서는 빛을 못 내지만 다른 등에 반사되면 회전하면서 환상적인 빛을 내지요.

Christmas light 크리스마스 때 나무에 칭칭 감는 색색의 줄줄이 꼬마전구

chandelier 샹들리에

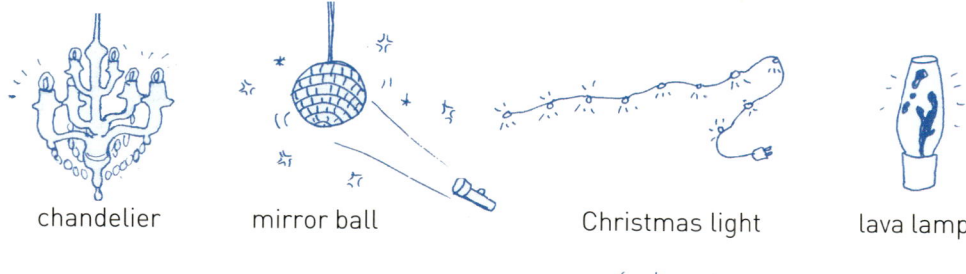

chandelier   mirror ball   Christmas light   lava lamp

limelight 무대에서 한곳에 쏘는 집중 조명

spotlight 스포트라이트 사방에서 쏘는 조명이지요. 연속해서 터지는 카메라 플래시와 조명의 중심에 있는 모습도 말합니다. 비유적으로 '화제집중'이란 뜻으로 더 많이 쓰입니다.

candle light 촛불   cf. wick 심지

candlelight dinner 상대방이 가장 아름답게 보인다는 촛불을 켜놓고 하는 로맨틱한 식사

e.g. What are you doing for Valentine's Day? 발렌타인 데이 때 뭐 할 거야?
    I'm taking out my girlfriend a candlelight dinner.
       여자친구 데리고 나가서 로맨틱한 저녁 먹을 거야.

illumination 일루미네이션   전구나 네온관을 이용한 조명장식이나 광고

: lighters 라이터

실례합시다. 담배 한 가치 얻을 수 있겠소?

예 있수다. 고맙소.

실례지만 불도 좀…   흡연이 건강에 안 좋은데.   끊을 거요.

bum 값을 생각 없이 빌리다

myths 속설

••• tooth fairy 이빨 요정

첫 젖니가 빠졌을 때 베개 밑에 넣어두면 이빨요정tooth fairy이 빠진 이를 가져가는 대신 동전을 놓고 간다고 믿는 풍습. 사실은 산타처럼 부모가 요정 역할을 하지요.

I lost my first baby tooth.
가장 먼저 났던 젖니가 빠졌다.

I put it underneath my pillow.
난 빠진 이빨을 베개 아래에 두었다.

parents 부모

the next morning

Mommy! Daddy! The tooth fairy took my tooth and she left me some money!

엄마! 아빠! 요정이 내 이빨을 가져가고 돈을 놓고 갔어요!

••• make a wish on a fallen eyelash 빠진 속눈썹에 소원 빌기

속눈썹이 떨어지면 그것에 소원을 빌 수 있습니다. 빠진 속눈썹을 손등에 올려놓고 눈을 감은 뒤 속으로 소원을 빌면서 부드럽게 훅 하고 불면 됩니다. 속눈썹이 손등에서 날아갔으면 그 소원은 이루어진다고 해요. 그렇다고 속눈썹을 일부러 뽑아서 소원을 빈다거나 날라가지 않았다고 다시 부는 것은 아무 소용이 없다네요.^^

••• knock on wood 나무 두드리기

경솔한 말을 내뱉었을 때 나무를 똑똑 두드리면 그 말로 인한 화를 입지 않는다고 합니다. 책상이나 바닥 등, 주위에 나무로 된 것이 있으면 두드리면 됩니다.

● ● ● kiss under the mistletoe   미슬토 아래서 입맞춤

크리스마스 시즌이 되면 미슬토, 우리말로 '겨우살이' 라고 하는 이 나뭇가지를 문지방 위에 걸어 운치를 돋웁니다. 서양에서는 생명과 풍요를 가져오는 식물로 여겨져왔고, 특히 고대 유럽 민담에서 신비로운 힘을 가진 마법의 식물로 나오는지라, 우연히 두 사람이 그 아래에 서게 되면 키스를 해야 액을 없앨 수 있다고 해요.

Hi~!
Oh-uh.

Merry Christ...
ma...s.

smack! 쪽~!

omens 전조

l・・・lucky omens 길조

horseshoe 말발굽 행운good luck을 부르는 물건으로 여겨집니다. 이것을 양쪽 끝이 위로 향하게(U자 모양으로) 문에 걸어두면 복이 들어온다고 합니다.

sneeze 재채기하다 재채기를 했는데, (God) Bless you.라고 말해주지 않으면 삐지거나 괜한 오해를 살 수 있습니다. 이 정도로 생활 속 매너가 된 지금이지만, 중세시대에는 재채기를 할 때 심장이 잠시 멈추면서 영혼이 육신을 빠져나가는데 이 틈에 악마가 영혼을 채간다고 믿었습니다. 그래서 '신의 가호를 빈다'는 말로 나쁜 기운의 침입을 막았다고 합니다.

에-취!

Bless you.

신의 가호를.

passerby 지나가는 사람

Thanks! 고마워요!

throw a coin in the fountain 분수에 동전을 던지다 이때 소원을 빌면 소원이 이루어진다는 속설

put a coin in the purse 선물로 지갑을 줄 때 동전을 넣어서 주면 그 지갑에 돈이 많이 들어온다는 속설

purse 동전 지갑, 작은 손가방
wallet 종이돈과 신분증을 넣는 지갑

••• bad omens 흉조

Step on a crack, break your mom's back
걸을 때 길 위의 갈라진 금을 밟으면 엄마의 허리가 부러진다는 미신. 병적일 정도로 금을 밟지 않으려는 사람들도 있습니다.

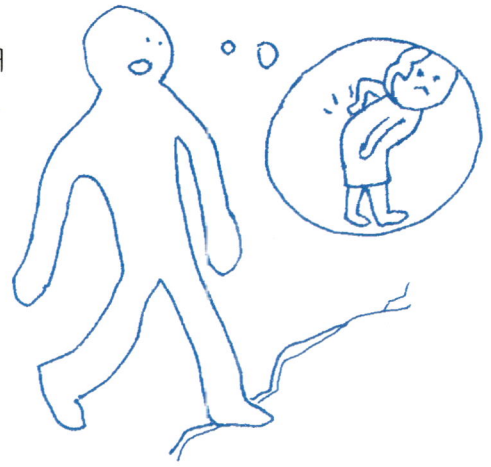

walk under the ladder 사다리 밑을 걸어가는 것도 흉조.

spilt salt 소금을 엎지르면 나쁜 징조. 그럴 땐 그 소금을 집어 왼쪽 어깨 너머로 뿌립니다.

A match lasts long enough to light three men. 성냥개비 하나로 세 명이 불을 붙이면 불길한 일이 생긴다는 이 미신은 1차 대전 때 성냥불이 너무 오래 켜져 있으면 적에게 들킬 우려가 있다는 데서 비롯되었다고 합니다.

°zodiac 12궁

zodiac은 태양이 천체를 지나가는 길목에 놓인 열두 개의 별무리constellation를 말합니다. 우리는 운수를 점칠 때 12지의 띠동물과 연관짓지만, 미국에서는 별자리를 사용합니다. 별자리 이야기로 수다를 떨기도 하는데요, 굳이 zodiac sign 혹은 horoscope sign이라고 하지 않고, 그냥 sign이 뭐냐고 묻습니다. 그래서 우리에게 익숙한 콩글리시 '사인'으로 착각할 수 있답니다. 참고로 스타들의 '사인'은 autograph가 맞는 표현입니다. horoscope는 '별자리점'.

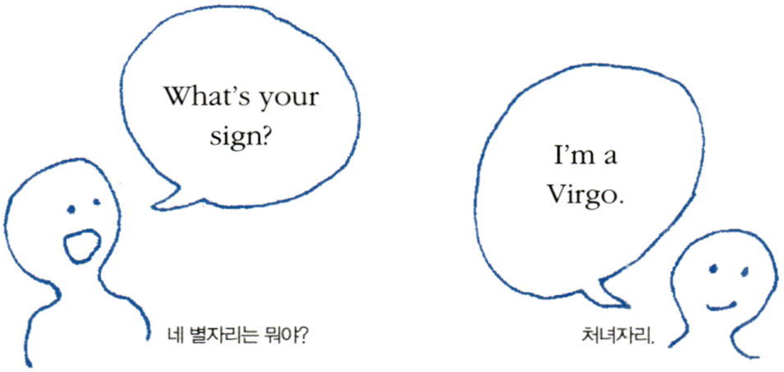

What's your sign?

네 별자리는 뭐야?

I'm a Virgo.

처녀자리.

Aries 양자리	**Taurus** 황소자리	**Gemini** 쌍둥이자리	**Cancer** 게자리
Leo 사자자리	**Virgo** 처녀자리	**Libra** 천칭자리	**Scorpio** 전갈자리
Sagittarius 궁수자리	**Capricorn** 염소자리	**Aquarius** 물병자리	**Pisces** 물고기자리

magic 마술

psychic 영매, 심령술사 사주로 미래를 점치는 것이 아니라 무당처럼 죽은 사람의 혼을 불러내서 대화하는 능력을 가진 사람. 진짜 점쟁이가 아니라더라도 족집게처럼 잘 맞추는 사람을 이렇게 부르기도. My wife is a psychic. She'd tell if I had a drink or not. (우리 와이프 도사야. 내가 술을 마셨는지 안 마셨는지 신통하게 맞힌다니까.)

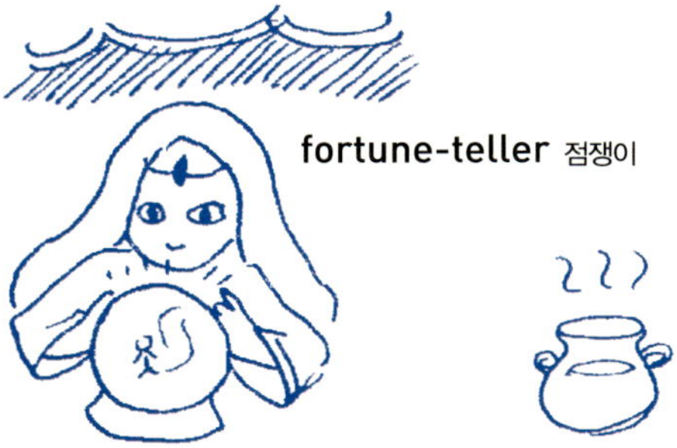

fortune-teller 점쟁이

magic ball 점칠 때 쓰는 수정구

potion 신비의 묘약

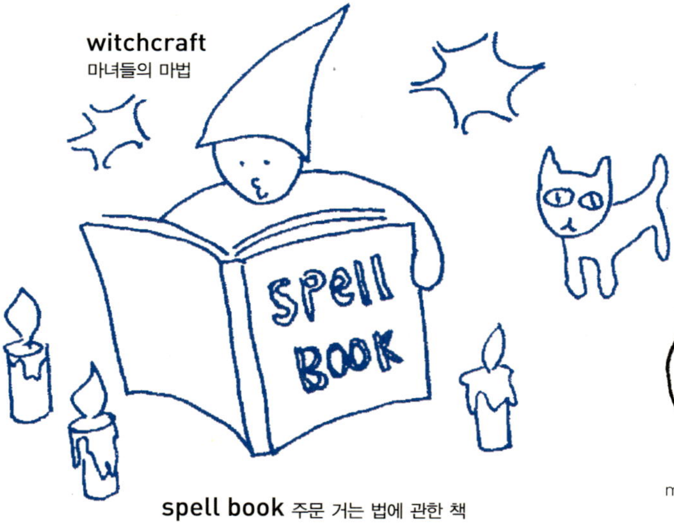

witchcraft 마녀들의 마법

spell book 주문 거는 법에 관한 책
cast a spell on ~에게 주문을 걸다
spellbound, bewitched, charmed 주문에 걸린
curse 저주; 저주하다

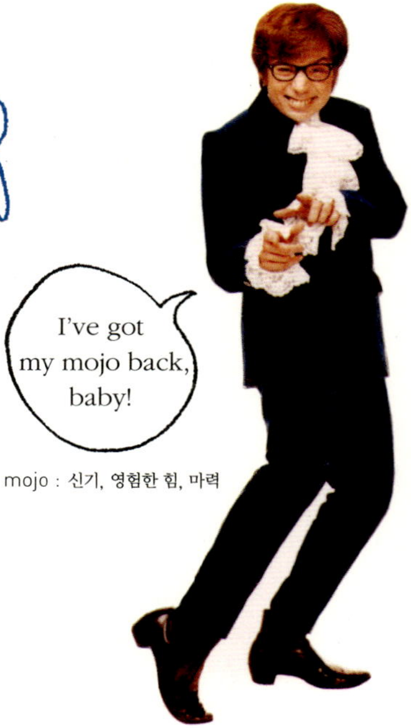

I've got my mojo back, baby!

mojo : 신기, 영험한 힘, 마력

magic 8-ball 장난감 회사 매텔에서 만든 점치는 장난감 공. 공 안에는 푸른 액체 속에 20면체가 들어 있고, 아래쪽에 투명 창이 나 있습니다. 마음속으로 한 가지 질문을 하고 공을 흔든 후 이 투명 창이 위쪽으로 향하게 뒤집으면 속에 든 20면체의 한 면이 떠오르지요. 20개의 면마다 답이 적혀 있으니, 질문이 아무리 다양해도 대답은 20가지 중 하나이겠지요.

그녀가 나를 좋아할까?

magic carpet 날으는 융단

voodoo doll 부두인형 어떤 사람의 대리물로 인형을 만들어 대신 괴롭히면 실제 사람이 고통을 느낀다는 부두교의 흑마술. 이게 유행해서 침과 인형이 한 세트로 포장된 voodoo kit도 있습니다.

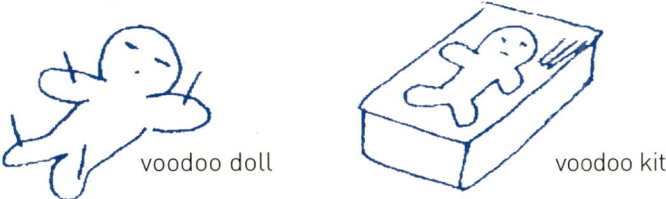

voodoo doll   voodoo kit

INDEX

A

AA · 138
abdomen · 322
abdominal pain · 129
abortion · 239
Abstract expressionism · 185
abstract painting · 183
abstract sculpture · 186
accelerator · 31
account transfer · 37
accused · 248
acetaminophen · 145
Achilles tendon · 117
acne · 113
acorn · 328
acronym · 387
acrylic paint · 183
action · 119
actor · 172, 256
actress · 256
acupuncturist · 174
acute · 136
admissions office · 189
adzuki bean · 85
African-American · 255
afro · 159
air freshener · 357
air hockey · 271
AirPort · 45
airsick · 132
aka · 388
alchemist · 199
alfalfa sprouts · 74
allergy · 137
all-girl band · 233
alligator · 320

allowance · 220
aluminum foil · 364
ambidextrous · 118
American-Indian · 255
amino acid · 138
amp · 179
amphibian · 321
AMS · 189
anal · 140
anemic · 129
anesthesia · 136
anesthesiologist · 136
ankle · 117
anonymous gift · 301
anorexia · 146
ant · 325
anteater · 325
antenna · 322
anthropologist · 197
anti acid · 144
anti-abortion · 257
antibiotic · 136
antidote · 140
anus · 140
anxiety disorder · 138
anxious · 116
apartment · 346
APB · 387
ape · 316
aphrodisiac · 222
apostrophe · 385
appellate court · 248
appendicitis · 104
appendix · 104
appetizer · 287
applause · 119
apple · 81
application material · 189
apply · 190
apricot · 80
Aquarius · 400

arcade game · 270
arch · 117
archaeologist · 197
architect · 172
Aries · 401
arm · 108
armchair · 350
armed robbery · 245
armpit · 103, 358
arson · 245
art handler · 173
artery · 139
arthritis · 133
artichoke · 74
artichoke heart · 74
artist · 172
arty-farty · 152
ASAP · 388
Asian-American · 255
asparagus · 74
aspirin · 145
ass crack · 227
assassin · 247
assault · 246
asshole · 226
assignment · 191
assistant · 191
assistant dog · 147
asswipe · 226
asthma · 113, 139
astigmatism · 107
astonished · 116
astronaut · 198
astronomer · 198
Atari game · 270
athlete's foot · 132
athletic shoes · 164
ATM · 38
atom · 196
attendance · 191
attorney · 249

ATV · 35
audially challenged · 258
audio tour · 185
aunt · 216
autograph · 400
automatic · 31
avocado · 73
AWOL · 388

B

B.S.E. · 240
baa · 315
baby blue · 155
baby carrot · 73
baby doll T-shirt · 162
baby sitter · 175
baby teeth · 109
bachelor · 279
bachelor apartment · 346
bachelor party · 290
bachelor's degree · 193
bachelorette · 279, 291
bachelorette party · 291
backache · 133
backpack · 167
backslash · 386
backyard · 345
bagel · 77
baggy pants · 152
bait · 340
baking potato · 76
balance · 37
bald · 160
balding · 160
ball park · 29
ball · 30, 117, 225
ballsy · 204
banana · 81
Band-Aid · 358
bandanna · 151

bangs · 159
bank statement · 37
banker · 37
baptize · 218
bar hopping · 309
bar rage · 33
bar soap · 357
bar stool · 97, 98
barbecue grill · 94
bare ass · 226
barley · 83
barren · 239
bartender · 97
bass guitar · 179
bat · 306
bath sponge · 359
bathing suit · 338
bathroom tissue · 357
bathtub · 357
batter · 29
bay window · 343, 348
be knocked up · 229
be locked in[out] · 13
beak · 322
bean counter · 199
bean pole · 124
bean sprout · 74
beard · 158
bed frame · 354
bed skirt · 353
bedbug · 324
bedding · 353
bedhead · 353
bedside table · 353
bedspread · 353
bee stung · 336
beef burger · 94
beef · 92
beefcake · 124
beehive · 159
beer belly · 125

beer tap · 97
beetroot · 76
belch · 20
bell bottoms · 154
bell pepper · 72
belly button · 103
belt buckle · 153
best man · 292
bewitched · 402
big dipper · 195
big hair · 154
big toe · 117
bike messenger · 173
bikini · 338
bill · 41
bimbo · 212
biography · 189
biological clock · 241
birch · 328
birth control pill · 240
birthday suit · 166
bisexual · 214
bitters · 144
black bean · 85
black eye · 113
black eyed pea · 85
black nail polish · 151
black tie · 286
black · 255
blackberry · 80
blackout · 244
bladder · 104
blanket · 353
blazer · 162
bleach · 17
blender · 362
blind · 147, 258
blindfolded · 265
blister · 117
blizzard · 331
bloating · 236

blood cell · 139
blood donor · 177
blood transfusion · 136
blood vessel · 139
blooper · 279
blow · 396
blow dryer 157
blow fish · 327
blow one's nose · 111
blow-dry · 157
blueberry · 80
blush · 115
blusher · 115, 157
body wash · 359
boiling · 331
bolo tie · 164
bonnet · 31, 154
bonsai · 345
bony · 124
boo · 119
boob job · 141
boobs · 226
booger · 111
bookkeeper · 175
bookstore · 191
boots · 151
booze · 283
boston lettuce · 74
botanist · 197
botox · 141
bottle opener · 363
bottled beer · 97
bouquet · 292
bow tie · 164, 292
bowel movement · 14, 140
box office · 181
box spring · 354
boxer brief · 166
boxers · 166
boy beater · 153
bra · 165

bracelet · 163
braces · 109, 140
bracket · 386
braids, braided hair · 160
brain surgeon · 139
brain tumor · 139
brassier · 165
bread knife · 362
break · 31
break up · 224
break wind 20
breakfast · 51
break-in · 247
breast feeding · 239
breast implants · 141
breath freshener · 67
bribery · 247
bridal shower · 291
bride · 292
bride groom · 292
bridesmaid · 292
bridge · 111
brief · 166
briefcase · 164, 167
broadband · 43
broadside collision · 33
broccoli · 75
brochure · 184
broiler · 363
bronchitis · 139
broom · 16
broomstick · 307
brother · 216
brother-in-law · 216
brown paper bag · 146
brown rice · 83
bruise · 133
brussels sprouts · 74
bubble bath · 359
bubbly water · 56
buck · 41

Index 405

bucket · 16, 183
bucket hat · 153
buckteeth · 109
buckwheat · 83
bug · 324, 325
bug bite · 336
bug spray · 336
bulimia · 146
bulldog clip · 368
bunk beds · 355
burnt · 137
burnt sienna · 155
burp · 20, 144
burrito · 60
bursar · 189
bushy eyebrows · 158
butt crack · 227
butt implant · 141
butterfly · 322
butternut squash · 73
button mushroom · 75
buzz, buzzer · 344
BYOB · 283, 387

C

cabbage · 74
cabbie · 174
cabinet · 88
cable networks · 272
cactus · 329
cafeteria · 191
calf · 103
caller ID · 44
camel · 316
camomile tea · 144
canary · 28
candid camera · 278
candle light · 393
candlelight dinner · 304, 393
candy cane · 300

candy corn · 307
canned clams · 89
canned pasta · 69
canned tuna · 89
canopy bed · 355
cantaloupe · 81
canvas sneakers · 154
cap · 192
cape · 309
capital punishment · 248
Capricorn · 400
capsule · 145
car crash · 33
car sick · 132
car wreck · 33
carbon dioxide · 56, 147
cardiac surgeon · 139
career development center · 191
carpenter · 174
carriage rage · 33
carrot · 73
cart wheel · 122
cartoonist · 178
case sensitive · 386
case · 248
cash only · 181
cashier · 40
cast · 140
cast a spell on · 402
cat · 27, 199
cat sitter · 175
cataract · 137
catcher · 29, 214
caterpillar · 322
catfight · 233
catfish · 91, 327
cauliflower · 76
cavity · 108, 140
cedar · 328
celery · 76
cellular phone · 43

Celsius · 331, 381
cement mixer · 36
centerpiece · 295
centimeter · 378
centipede · 325
cervix · 137
chain saw · 370
chairman · 255
chairperson · 255, 256
challenged · 258
chandelier · 393
change · 167
change purse · 167
charcoal · 95
charge phones · 43
charger · 43
charmed · 402
cheap · 203
cheating · 223
check book · 39
check card · 36
checkered · 156
checking account · 36, 39
cheek · 105
cheek implant · 141
cheese · 85, 95
cheese fries · 59
cheese sandwich · 77
chef knife · 365
chemist · 172, 196
cherry · 80
cherry tomato · 72
chewable · 144
chia pet · 27
chick flick · 233
chicken · 69
chicken dance · 294
chicken pox · 137
chicken rings · 69
chicken sandwich · 71
chicken stock · 89

chickpea · 84
child abuse · 246
child molestation · 246
children under 12 · 184
chili pepper · 72
chill · 129
chill out · 17
chin · 105
Chinese · 255
chinese cabbage · 74
chipmunk · 316
chips · 68, 283
chiropractor · 174
chirp chirp · 325
chisel · 369
chitchat · 283
chocolate bar · 66, 67
chocolate candy · 66, 67
choke, choker · 144, 151
chop · 365
chopped cilantro · 79
chopped onion · 79, 87
chopped tomato · 79, 88
Christmas light · 393
Christmas stocking · 166, 300
Christmas tree ornaments · 300
Christmas village set · 298
Christmas · 298, 311
chronic · 136
chubby · 125
ciao · 118
cider · 57
cinnamon · 55
circle · 384
circumcise · 218
citronella candle · 336
citronella coil · 336
city · 177
clam · 91
clamp · 370
clap · 119

claw hammer · 370
clean · 140
clear · 331
cleavage · 227
clogs · 163
closely-cropped hair · 160
closet · 356
clothes · 162
clothing · 172
club soda · 56
clutch · 31
coal stove · 349
coarse hair · 160
coat check · 184
coccyx · 103
cock · 225
cockroach · 324
coconut milk · 89
coconut · 86, 328
cocoon · 322
cod · 91
coffee table · 350
coin · 40
cold · 143
cold feet · 291
cold pizza · 55
cold sweat · 129
cold water · 358
coleslaw · 63
collagen lip injection · 141
colon · 104, 385
Columbus Day · 311
column · 384
columnist · 178
comb · 157
comedian · 173
comedy sketch · 272
comet · 195
comforter · 353
comma · 385
commencement · 193

commercial film · 271
committed · 223
compulsive · 208
con artist · 176
concussion · 139
condensed soup · 69
condescending · 208
condiments · 95
conditioner · 359
condominium · 346
cone · 384
congressman · 177
conscious · 136
conservative party · 118
constellation · 195, 400
constipation · 132
constitution · 248
contact lenses · 108
contagious · 137
contraception · 240
contraceptive pills · 240
convertible · 35
convict · 248
cookie cutter · 365
cookie sheet · 365
cool · 87
cooler · 95
co-op · 346
copper scrubber · 362
coral · 325
cord · 370
cordless phone · 44
cork screw · 363
corn dog · 59
corn on the cob · 94
cornea · 107
corset · 165
costume party · 307
cotton ball · 358
cotton swab · 358
couch potato · 54

couch · 350
cough · 129, 143
cough drops · 67, 143
cough syrup · 143, 358
country style · 153
coupe · 35
courtroom · 248
couscous · 63
cowboy boots · 153
cowboy shirt · 153
crab · 91
crack knuckles · 117
cradle · 218
cramps · 236
cranberry juice · 240
cranberry sauce · 295
crane · 321
cranky · 236
crater · 332
crawl · 218
cream soda · 57
credit · 37
crescent · 384
crib · 218, 355
crick · 133
cricket · 325
crippled · 147
crocheting · 371
crocodile · 320
cross the line · 21
cross the street · 13
crossed eyes · 107
crosswalk · 13
crotch · 103
crown · 140
crush on · 221
crutches · 147
cry one's eyes out · 115
cube · 383
Cubism · 186
cucumber · 72

cupboard · 88
cup-o-noodle · 69
curb · 390
curly fries · 63
curly hair · 160
currant · 80
curse · 34, 402
cut · 134, 365
cutter · 369
cutting board · 362, 365
cyclone · 332
cylinder · 384
cytologist · 197

D

Daikon radish · 73
daisy · 329
dance · 283
dandelion · 329
Dang it · 260
dash · 385
dashboard · 31
dashiki · 151
date · 221
daughter · 216
day job · 173
daylight · 392
daylight saving time · 392
daytime soap opera · 271
dead end · 390
deaf · 147, 258
death penalty · 248
debit card · 40
debit · 37
deer · 315
defecation · 14
defendant · 249
degree · 193
dehumidifier · 143
dehydration · 132

deli(catessen) · 77
Democrat · 118
demonstration · 254
dentist · 109, 140
denture · 109, 140
deodorant · 358
deposit · 37
dermatologist · 137
designer · 172
detergent · 17
detour · 390
develop · 376
diabetic · 140
diagnosis · 136
dial-up · 43
diamond · 384
diaper · 218
diaphragm · 240
diarrhea · 132
dice · 365
dick · 225
die · 260
dietary fiber · 83
dime · 40
dimple · 113
dining room · 347
dinner roll · 62
dinosaur · 194
dipper · 195
disable people · 258
discrimination · 255
dish rack · 362
dish soap · 362
dishcloth · 363
district attorney · 249
dive · 339
dizzy · 129
doctor's degree · 193
dodge ball · 267
dog · 27
dog walker · 176

doggy tail · 160
doll · 295
dollhouse play · 269
domestic beer · 97
domestic violence · 246
dominant group · 255
donate blood · 177
donor · 177
door · 348
doorknob · 348
doorknock · 348
doormat · 344
doorstop · 348
double park · 34
double sawbuck · 41
dough · 365
down padded jacket · 165
down to earth · 211
downpour · 330
drag queen · 215
dragonfly · 322
drain · 358
drawer chest · 356
dreadlocks · 151, 160
dress in pink · 304
dress shirt · 164
dress shoes · 164
drink band strap · 181
drinks · 69
driveway · 349
drizzle · 330
drool · 21
droopy eyes · 107
drop · 189
drought · 333
drowning · 339
drowsy · 145
drug abuse · 138
drugstore · 145, 235
drum stick · 55
drunk · 98

dry eyes · 144
dryer · 17
duck · 322
duffle bag · 167
DUI · 33
dumb · 147
dumbass · 226
dumbbell · 23
dumpling · 60
dung beetle · 322
durag · 152
duster · 16
dustpan · 16
dwarf · 147, 259
dyed · 154
dyke · 215

E

ear infection · 140
ear of a coffee cup · 110
ear pierced · 110
ear(flap) · 316
ear · 110
eardrum · 110
earlobe · 110
early bird · 211
earmuffs · 110, 166
earplugs · 110
earthquake · 332
earthworm · 336
earwax · 110
Easter egg · 305
Easter · 305
eat-in kitchen · 347
eating disorder · 146
eccentric · 203
eclipse · 195
ecologist · 198
eel · 325
effect · 391

efficiency · 346
efficiency apartment · 346
egg · 85
egg roll · 60
egg sandwich · 77
egg white · 52
egg yolk · 52
eggplant · 72
egoistic · 203
egomania · 203
elastic · 196, 368, 371
elasticity · 196
elbow room · 103
elderly people · 259
electric drill · 370
electrician · 174
electrocuted · 330
elephant · 316
ellipsis · 386
elm · 328
emblem · 306
embroidery · 371
embryo · 238
EMO · 152
employment · 188
enchilada · 59
end table · 350
endorse · 39
energy conservation · 392
enroll · 188
errand · 14
eruption · 332
essay · 189
essayist · 178
euphemism · 259
evidence · 249
evolution · 194
ewe · 315
exacto knife · 369
excavator · 36
exclamation point · 385

ex-con(vict) · 248
exfoliator · 359
Expressionism · 186
extension cord · 370
extractor · 17
eye booger · 107
eye candy · 108
eye doctor · 108, 137
eye drops · 144
eye job · 141
eye opening surgery · 141
eye strain · 144
eyeball · 107, 307
eyebrow · 107
eyelash · 107
eyelid · 107

F

face · 105
face lifting · 141
face powder · 157
facial tic · 133
fag · 214
Fahrenheit · 331, 381
faithful · 223
fake boobs · 212
fake nose and mustache · 309
fake teeth · 307
falafel · 60
fallopian · 238
family planning · 240
family tree · 216
fancy · 77, 79
fang · 320
FAQ · 388
far-sighted · 107
fart · 20
fastfood · 69
Father's Day · 307
father · 216

father-in-law · 216
fatso · 124
faucet · 358
Fauves · 186
faux hawk · 159
fava bean · 84
FDNY · 175
feather · 309
fee · 184
felt hat · 154
female actress · 256
feminine hygiene product · 235
feminism · 255
fence · 365
fender bender · 33
fertile · 239
fertility test · 137
fertilizer · 365
fetus · 238
fever · 129
fiddlehead · 75
field trip · 192
fifty · 41
figurative painting · 183
figure · 119
fillet mignon · 60
filling · 108, 140
film · 376
fin · 41, 91
final · 191
fine · 331, 390
Fine Art · 192
fine hair · 160
finger print · 117
fingernail · 117
fire engine · 36
fire escape · 345
fire fighter 175, 256
fire hydrant · 343
fire truck · 36
firefly · 324, 336

fireman's carry · 123
fireman · 256
fireplace · 300
first aid kit · 358
first base · 29
fish tank · 27
fishbowl · 27
fishnet stockings · 151
fit · 124
fl.oz. · 378
flap · 316
flapjack · 54
flash · 43
flashlight · 391
flat tire · 33
flat · 346
flatfish · 91
flats · 152
flea · 324
flight attendant · 256
flip phone · 43
flip-flops · 162
flipper · 325
flirt · 222, 283
float on a raft · 339
flood · 330, 333
flood warning · 330
flood watch · 330
floor lamp · 392
floor plan · 184, 346
floss · 358
flower girl · 292
flower printed · 156
fluid · 378
fluorescent light · 392
flush · 357
fly · 324
flyer · 176
folding bed · 355
food processor · 362
fool around · 229

foosball · 271
foot · 117
footstool · 350
forehead · 105
forensic scientist · 198
fortune teller · 402
fossil · 194
foul · 30
fountain soda · 56
fracture · 140
frame · 108
fraternal twins · 239
freckle · 113
freezer · 88
French braids · 160
French cut · 59
French fries · 54, 59, 69
French press · 362
French toast · 55
Freudian slip · 141
fridge · 347
frizzy hair · 160
frog · 321
front door · 343
frown · 115
frugal · 203
fruit drops · 67
fruit fly · 324
fruit jelly · 51
fruit preserves · 89
fruitarian · 93
frustrated · 116
Fu Manchu mustache · 158
f*ck · 260
fuel · 349
full · 354
full-time · 173
fund-raiser · 177
funny bone · 103
furnace · 349
futon · 355

FYI · 387

G
G I Joe · 119
gain · 378
gala · 81
galaxy · 195
gallbladder · 104
gallery · 184
gallery guide · 184
gallery · 286
gallon · 379
Gameboy · 44
garage · 349
garage band · 349
garage sale · 349
garland · 300
garlic · 75
garter belt · 165
garter · 293
gas pedal · 31
gas stove · 349
gate · 348
gay · 215
gay pride · 255
gearshift · 31
gecko · 27
Gemini · 400
gene · 198
genetic engineer · 198
geographer · 197
geologist · 197
geranium · 329
gesso · 183
get arrested · 246
get back together · 224
get down on one knee · 121
get dressed · 16
get engaged · 224
get in line · 181

get jealous · 116
get organized · 13
get shot · 136
get sick · 116
get slapped · 21
get up on the wrong side
   of the bed · 354
ghost · 309
gig · 180
giggle · 115
gill · 327
ginger ale · 57, 144
ginkgo tree · 329
giraffe · 316
girl power · 233
girlfriend · 232
girly girl · 232
glare · 107
glass · 363
glaucoma · 108, 137
glitter · 309
globe · 384
globefish · 327
glow in the dark skeleton · 309
glue · 368
gluten · 94
go number one[two] · 14
go out with · 221
goat · 315
goatee · 158
gold chain · 152
golden delicious · 81
goldfish · 27
good luck · 398
Google · 44
gopher · 316
gorgeous · 229
gossip · 283
goth · 151
gothic style · 154
governor · 177

grade · 189
graduate admissions · 191
graduate office · 191
graffiti artist · 172
grand slam · 30
granny smith · 81
granola, yogurt and fruits · 55
grape · 81
grapefruit · 80
graphic designer · 172
grasshopper · 322
grater · 364
grave · 307
gravity · 196
gravy · 295
gray hair · 159
GRE · 189
grease monkey · 199
greasy food · 144
great (great) grandparents
   · 216
green bean · 72, 85
green onion · 76
green seedless grape · 81
greenhouse · 365
greenleaf lettuce · 74
grin · 115
groomsmen · 292
grunge · 154
G-string · 338
guacamole · 79
guest · 30
guest bed · 355
guinea pig · 28
guitar string · 179
gulp · 57
gum disease · 140
gum · 108
gummy · 67
guy talk · 229
gym · 191

gym shoes · 164
gynecologist · 137, 238

H
hacky-sack · 269
had weight · 23
haddock · 91
hail · 333
hailstone · 333
hair · 105
hair brush · 157
hair towel · 359
hair type · 160
hairdresser · 175
halibut · 91
Halloween · 307
halter dress · 162
halter top · 162
hamburger bun · 95
hamburger · 69
hamster · 316
hand cloth · 359
hand hoe · 365
hand to mouth · 109
handheld PC · 44
handicapped · 148, 258
handlebar mustache · 158
handmade clothes · 152
handmade dress · 152
handstand · 122
hang out · 17
hanging lamp · 392
hangover · 132
Hanukkah · 312
happy hour · 98
hard boiled egg · 52
hard copy · 191
hardware store · 369
harvest · 365
hash browns · 54

hate crime · 245
haunted house · 307
have a bite · 57
Hawaiian shirt · 162
hawk nose · 111
hazelnut · 86
head · 322
headache · 129
headboard · 353
headlight · 31
head-on collision · 33
headstand · 122
headstrong · 204
health food store · 138
health service · 191
hearing aid · 110, 147
hearing · 248
heart · 104
heart attack · 139
heart disease · 139
heart transplant · 139
heartbeat · 139
heartburn · 132, 140
heat wave · 331
heavy metal · 153
heavy petting · 229
heavy rain · 330
hedgehog · 316
heel · 117
hemorrhoids · 132, 133, 140
hepatitis · 139
hermaphrodite · 215
hero · 77
hershey's bar · 67
heterosexual · 214
heterosexual · 278
hexagon · 384
hibernate · 321
hiccup · 20
hickey · 221
hide eggs · 305

hide-and-seek · 268
high chair · 218
high heels · 153
high maintenance · 204
high[flood] tide · 340
highlighter · 368
hinge · 348
hip · 152
hip hair · 152
hip hop · 152
hippie · 151
hippo(potamus) · 316
hipster · 152, 289, 353
hit · 30
hit on · 222
hit the ceiling · 211
hit the jackpot · 42
hit-and-run · 33, 245
hold one's breath · 339
hold out one's hand · 121
home · 30
home base · 29
home depot · 369
home fries · 54
home remedy · 143
home-made · 54
homemade cough syrup · 143
homicide · 246
homosexual · 214
honey dew melon · 81
honey roast · 77
hood · 31, 192
hoodie · 163
hook · 340
hook nose · 111
hook up · 222
hooker · 247
hopscotch · 268
horny · 229
horoscope sign · 400
hors d'oeuvres · 62, 287

horseback riding · 265
horseshoe · 398
hospital rage · 33
hospitalize · 136
host · 295
hostage · 245
hot · 229
hot dog · 30, 59, 68, 94
hot dog buns · 59, 95
hot pants · 162
hot sauce · 95
hot water · 358
hot-blooded · 211
hot-tempered · 211
housing office · 191
human resource · 190
humidifier · 143
humming bird · 321
hump · 316
hurricane · 332
husband · 216, 217
hyperventilation · 146
hyphen · 385
hypocrite · 203
hypodermic syringe · 136
hysterical · 203

I

I'm all ears. · 110
I-20 · 188
ice cube · 383
icecream · 66, 67, 85
icecream sundae · 66
ID check · 181
identical twins · 239
illiterate · 208
illumination · 393
illustrator · 172
immunization · 137, 191
impaired · 258

impersonator · 176
Impressionism · 186
in labor · 238
Independence Day · 311
index finger · 117
indicate · 119
indigestion · 140
inertia · 196
infant · 218
infidelity · 223
informal · 255
inhaler · 113
inning · 30
insect repellent · 336
insecticide · 365
insomnia · 132
installation · 188
instant food · 69
instant noodle · 69
intellectual · 208
intelligent · 208
interest · 36
internist · 140
internship · 191
interview · 190
intestine · 104
intoxicated · 98
inventor · 196
involved · 223
iris · 329
ISP · 43
Italian ices · 68
IV drips · 136
ivory · 316

J

jack-o'-lantern · 307
jaguar · 316
janitor · 175
jaw · 105

jaw breaker · 66
jeans · 162
jellyfish · 325
jigsaw · 370
job listing · 191
journalist · 178
joyride · 34
judge · 248, 249
jugs · 226
juke box · 97
julienne cut · 365
jump suit · 164
jumping jack · 23
jumping rope · 23
Jupiter · 195
juror · 248
jury · 248

K
keep out · 390
keg · 283
kernel · 94
ketchup · 95
kettle · 363
keyboard · 179
keyhole · 384
khakis · 151
kick-ass · 226
kickball · 267
kidnap · 245
kidney infection · 139
kidney stone · 139
kidney transplant · 139
kidneys · 104
king · 354
kirby · 72
Kiss my ass. · 226
kiss under the mistletoe · 397
kitchen gadget · 362
kitchen · 346, 347, 362

kitchenette · 346
kitkat bar · 67
kittens · 27
kitty-cat · 311
knee · 103
knee socks · 166
kneecap · 103
knitting · 371
knock knock · 344, 396
knock on wood · 396
knockout · 229
knuckles · 103
Korean leek · 76
Kwa(a)nzaa · 312

L
Labor Day · 311
labor dispute · 254
ladder · 300
lady of the evening · 259
laid-back · 122
lamb · 92, 315
lamp · 353, 392
landline · 43
landslide · 332
lantern · 391
laptop · 44
large intestine · 104
laser hair removal · 137
LASIK · 137
laugh · 115
laundry basket · 356
lava · 332
lava lamp · 283, 393
lawn mower · 367
lazy boy · 350
lead poisoning · 137
lean · 124
leapfrog · 265
leather pants · 153

lecture room · 191
leek · 76
left wing · 118
leftist · 118
lefty · 118
leg warmer · 166
lemon · 80
length · 377
lens · 108
lentil · 84
leopard · 316
leotard · 164
leprosy · 141
lesbian · 215
letterhead · 369
letters of reference · 189
leukemia · 139
level · 370
liberal · 259
liberal party · 118
Libra · 401
lice · 324
license plate · 31
lid · 94
lie on one's back · 122
light bulb · 392
lighter fluid · 94
light-headed · 135
lighthouse · 391
lightning · 330
lily of the valley · 329
lima bean · 84
lime · 80
limelight · 393
limping · 147
lip-balm · 157
liposuction · 141
liquid tongue · 108
liter · 378
litter · 390
Little League · 30

little people · 147
liver · 104
lizard · 320
loafers · 151, 166
lobster · 91
local band · 181
lock the door · 13
locksmith · 174
loft · 347
loft bed · 355
logs · 335
long grain rice · 83
long hair · 151
long johns · 163
lose · 378
love at first sight · 221
love handles · 125
loveseat · 350
low maintenance · 204
low tide · 340
lower case · 386
loyal · 223
lungs · 104

M
M.A.S.H. · 274
ma'am · 232
mackerel · 88
magic 8-ball · 403
magic ball · 402
magic carpet · 403
magna cum laude · 193
magnifying glass · 108
maid of honor · 292
maidenhair tree · 329
main dish · 62
mainland China · 255
maintenance · 204
majority group · 255
majority · 255

make a deposit · 38
make a wish · 396
make bed · 354
make calls · 13
make face · 115
make out · 229
make up · 229
make-believe · 273
makeup table · 157
male actor · 256
mallet · 370
malnutrition · 146
mango · 81
manic depression · 138
man-made disaster · 332
mansion · 346
manslaughter · 246
maple syrup · 54
maple · 329
marine biologist · 197
marker · 368
Mars · 195
marsh · 340
marshmallow · 335
Martha Stewart Living · 277
Martian · 195
martini · 97
Mary Jane · 151
mask · 307, 325
mass · 196
master's degree · 193
maternity · 238
mathematician · 198
mattress · 354
Max · 390
mayo(nnaise) · 87, 95
mayor · 177
Mcintosh · 81
MD · 193
measles · 137
measurement · 375

measuring cup · 363
measuring spoon · 363
mechanical pencil · 368
Media art · 186
medical malpractice · 141
medicine cabinet · 358
meditation · 23
medium · 364
medium built · 124
Memorial Day · 311
memory card · 191
men's grooming kit · 151
menopause · 241
menses · 235
menstrual cycle · 235
menstruation · 235
mentally challenged · 258
Mercury · 195
mesclun · 74
mess around · 222, 229
messenger bag · 167
meteor · 195
meteorologist · 175, 330
metrosexual · 215
mic(rophone) · 179
Mickey D's · 69
microwave · 363
middle finger · 117
midget · 147, 259
midnight · 382
midterm · 191
midwife · 137
migraine · 129
mild · 331
mile high club · 229
milk · 85
milk and cereal · 55
milky way · 195
millet · 83
mimbo · 212
mince · 365

minced garlic · 79
Minimal art · 185
Minimalism · 185
minority · 255
mirror · 358
mirror ball · 393
misbehave · 220
miscarriage · 239
misfit · 205
miss · 30, 232
MLB · 29
model · 183
mohawk · 159
moisturizer · 157
mojo · 402
mole · 316
molecule · 196
money market account · 37
monocle · 154
monopoly · 269
mood swing · 236
moonlight job · 173
moose · 315
mop · 16
mophead · 16
morning person · 211
mortar & pestle · 363
mortarboard · 192
mosh · 182
mosh pit · 182
mosquito bite · 336
mosquito net · 324
moth · 322
mother tongue · 109
Mother's Day · 306
mother · 216
mother-in-law · 216
motion · 196
motion sickness · 132
mouse · 316
mouth · 105

mouth water · 109
mouthwash · 358
movie director · 172
mow the lawn · 367
Ms. · 258
mudslide · 332
muffin top · 125
mug · 363
mullet · 159
multigrain bread · 62
multiple rings · 153
mummy · 309
mung bean · 85
murder · 246
muscle shirt · 153
museum · 184, 286
musician · 173
mussel · 91
mustache · 158
mustard · 95
mute · 147
mutton · 158, 315

N

nanny · 175
nasal · 111
National League · 29
Native American · 255
native tongue · 109
natural disaster · 332
nausea · 132
near-sighted · 107
neat · 97
neck (of a guitar) · 179
nectarine · 80
negative · 376
neighbor rage · 33
nephew · 216
Neptune · 195
nervous breakdown · 138

neurologist · 139
neurotic · 212
New Year's Day · 311
newborn baby · 218
NG · 279
nice crowd · 179
nickel · 40
niece · 216
nigger · 255
night light · 358, 391
night owl · 211
night person · 211
nightgown · 353
nightstand · 353, 391
no parking · 391
no scar · 134
no trespassing · 390
non-drowsy pain reliever · 145
noon · 382
nose job · 141
nosebleed · 111
nostril · 111
nosy · 111
novelist · 178
nurse · 257
nursery rhyme · 219
nursery room · 218
nursery school · 219
nutmeg grater · 362
nuts · 86, 225
NYPD · 174
NyQuil · 143

O

oak · 328
oat · 83
oatmeal · 55
ob-gyn doctor · 137
oblivious · 205
obnoxious · 208

obsessive · 208
obsessive-compulsive · 138
obstetrician · 137, 238
oceanographer · 197
octagon · 384
octagonal · 384
octave · 384
octopus · 91, 384
oculist · 108, 137
offensive · 255
official transcript · 189
oil painting · 183
oil paints · 183
ointment · 144
O.J. · 51, 143
old people · 259
old school hip hop · 153
old school rap · 153
olive oil · 79
omega-3 fatty acid · 138
omelet · 52
omen · 398
on one's period · 235
on the rag · 235
on the rocks · 97
one night stand · 222
one way · 390
one-bedroom apartment · 347
one-eyed · 311
one-piece suit · 338
onion · 75
open an account · 37
open-heart surgery · 139
opening band · 179
opening reception · 185
operation · 139
ophthalmologist · 108, 137
optimist · 205
optimistic · 205
orange · 80
orchid · 329

organ donor · 177
orientation · 192
ornithologist · 197
orthodontist · 109, 140
orthopedist · 140
osteoporosis · 241
ostrich · 322
otorlaryngologist · 140
ottoman · 350
ounce · 378, 379
outcast · 205
outhouse · 336
outlet · 358, 370
out-of-body experience · 125
out-of-court settlement · 248
outs · 30
oval · 384
ovary · 238
oven · 363
oven mitten · 363
over easy · 52
overbite · 109
over-the-counter drug · 145
ovulation · 238
oyster · 91
oz. · 378

P

p.c. · 255
P.M.S. · 132, 236
package · 227
Pac-man · 270
pad · 235
padded jacket · 165
pain in the ass[butt] · 226
painkiller · 358
painter · 173
paisley · 156
pale · 116
palm · 117

palm reading · 117
palm tree · 328
palsy · 139
Palyoff · 29
pan handler · 177
pancake · 54
panda eyes · 315
panhandling · 246
panic attack · 138, 146
panties · 165
panty hose · 166
paper · 191
paper bag · 79, 146
paper clip · 368
paper cup · 283
paper doll · 269
paper plate · 95
paper towel · 364
parakeet · 28
paralysis · 139
paralyzed · 147
paramedic · 136
parentheses · 386
paring knife · 365
parka · 165
parking rage · 33
parrot · 28
parsley · 87
part-time · 173
party game · 265
pass away · 260
passer by · 398
Passover · 312
pasta pot · 364
pasta sauce · 88
patch · 240
patent · 196
patio furniture · 345
pay as you wish · 286
pay phone · 44
pay to the order of · 40

pay tuition · 189
PDA · 44, 387
pea · 83, 84
peach fuzz · 158
peacock · 322
peanut butter cup · 67
pear · 81
pearl onion · 75
pecan · 86
pedestal · 183
pediatrician · 137
pee · 14
pelvis · 103
pencil sharpener · 368
penis · 225
penny · 40
pentagon · 384
pepper · 79, 87
pepper mill · 362
pepperoni · 89
perforated · 39, 369
perforated notebook · 369
performance · 185
period · 235, 385
periodical · 190
permanent · 368
peroxide · 358
persimmon · 81
personal check · 39
pervert · 229
pessimist · 205
pesticide · 365
Ph. D · 193
pharmacist · 136
pheasant · 322
Phi Beta Kappa · 193
phone rage · 33
photo processing center · 376
photosynthesis · 194
physical therapy · 140
physically challenged · 258

physician · 139, 140, 196
physicist · 196
pick up line · 283
pick your nose · 111
pickle · 89, 95
pickpocket · 245
pickup truck · 35
pierogi · 60
pig · 199
piggy back ride · 123
pigtail buns · 160
pigtails · 160
pilates · 23
pillow · 353
pillow talk · 353
pillowcase · 353
pills · 240
pimp · 247
pimple · 113, 137
pin · 368
pin the tail on the donkey · 265
pinball · 270
pine · 328
pine cone · 328
pine needle · 328
pineapple · 81
pink eye · 108, 137
pink hood · 192
pinky · 117
pinstriped · 156
pint · 97, 379
pint-half-empty · 205
pint-half-full · 205
pirate · 311
Pisces · 401
pit · 79
pita bread · 62
pitch a tent · 335
pitcher · 29
PJs · 353
placebo · 138

plaid · 156
plaid shirt · 154
plain yogurt · 55
plaintiff · 249
plant · 194, 345, 365
plantain · 81
plastic surgery · 141
plastic wrap · 364
platform shoes · 154
play a tune · 179
play in tune · 179
playing cards · 266
playing darts · 266
playwright · 178
plea bargain · 248
pleather pants · 163
plier · 369
plug · 370
plum · 80
plumber · 174
plumbing · 349
plunger · 357
Pluto · 195
pneumonia · 139
poached · 52
pod · 83
poems · 152
poet · 178
point at[out] · 119
pointer finger · 117
pointy ears · 110
poison ivy · 337
police officer · 174, 256
policeman · 256
politically correct · 255
polka dot · 156
polyester shirt · 154
pomegranate · 81
pony · 159
ponytail · 159
poop · 14

pop art · 184
popcorn garland · 298
popsicle · 66
porch · 349
porcupine · 316
pork · 92
portabello mushroom · 75
portfolio · 189
positive · 376
Post-impressionism · 186
pot · 364
pot belly · 125
potato nose · 111
potato peeler · 365
potion · 402
potty chair · 218
potty train · 218
pound · 378
pound key · 386
pour · 330
practical training · 190
praise · 220
prank call · 213
praying mantis · 322
pregnancy test · 137
pregnant · 238
premature born baby · 239
premenstrual syndrome · 132
prep school · 151
preppy · 151
prescribe · 136
prescription · 136, 138
presentation · 191
preservative · 88
preserved food · 88
pretentious · 211
pretzel · 283
prey · 322
prime time · 272
priming canvas · 183
print · 376

private parts · 225
pro-choice · 257
proctologist · 140
professor · 191
projector · 191
pro-life · 257
prominent eyes · 321
prosecutor · 249
prostitute · 247, 259
protest · 254
protest march · 254
provocative · 231
prozac · 138
pruning shears · 366
psychiatric · 138
psychic · 199, 402
psychologist · 199
pterodactyl · 194
puberty · 235
public phone · 44
puck · 271
puffy eyes · 107
pug nose 111
puke · 21
Pull my finger · 20
pull-up · 23
pulp · 79
pulse · 117, 139
pump the gas · 15
pumpkin · 73
pumps · 163
punch · 368
punctuation · 385
punk rock & grunge · 154
pupa · 322
pupil · 107
puppy · 27
puppy dog eyes · 108
purse · 163, 167, 399
push pin · 368
pussy · 225

put a coin in the purse · 399
put a penny in the bride's shoe · 291
put on · 16, 378
pyramid · 383

Q

quart · 379
quarter · 40, 382
queen · 354
queer · 214, 278
question mark · 385
quiche · 62
quicksand · 340
quotation mark · 386

R

rabbit · 28
rac(c)oon eyes · 315
rac(c)oon · 315
racism · 255, 261
rack · 226
radiator · 349
radish · 73
rag · 235
rage · 33
rage disorder · 33
railroad apartment · 347
rainstorm · 330
raisin · 86
rake · 365
ram · 315
ramen noodles · 69
raspberry · 80
rat · 316
ravioli · 60
raw sienna · 155
razor · 359
reading glasses · 108

ready mix cement truck · 36
real estate · 40
reality TV · 277
rear-ending · 33
rearview mirror · 31
recliner · 350
rectangle · 383
rectum · 140
recycling bin · 343
red bean · 84
red beet · 76
red delicious · 81
red meat · 92
red potato · 76
red snapper · 91
reel · 340
reference · 190
refrigerator · 347
refrigerator · 88
regalia · 192
regular phone · 43
regular · 97
rehab · 138
rehabilitation · 138
rehearsal · 179
reindeer · 315
releasing egg · 238
relieve oneself · 14
remote (control) · 350
rent · 346
reproductive system · 238
reptile · 320
Republican · 118
rerun · 272
rescue team · 333
research paper · 191
reserve · 190
residential streets · 376
resolution · 44
restroom · 259
retro style · 155

rhinoceros, rhino · 316
rib · 103
rib cage · 103
rib tank · 153
rice cooker · 362
right triangle · 383
rightist · 118
righty · 118
ring · 240
ring bearer · 292
ring finger · 117
ringer T-shirt · 152
riot · 254
ripe avocado · 79
ripped · 124
ripped jeans · 162
road rage · 33
roast · 77
roast beef sandwich · 77
rob the cradle · 218
robbery · 245
rock out · 182
rocker · 218
rocket scientist · 139
rocking chair · 351
roll · 77
rolled oat · 55
rolling pin · 365
romaine lettuce · 74
roof of a mouth · 108
rooftop · 345
root beer · 57
root canal · 109
root canal therapy · 140
root for · 30
rosy cheeks · 115
routine · 13
RSVP · 290, 387
rubber band · 368
running shoes · 164
runny nose · 129

rural expressways · 376
rural interstate highways · 376
rural two-lane roads · 376
RV · 35
Rx · 358
rye · 83

S
safety pin · 371
Sagittarius · 400
salad bowl · 365
salad tongs · 365
salami · 89
saliva · 21
salmon · 91
salt-and-pepper · 159, 363
sandals · 162
sandpaper · 370
sanitary pads · 235
sardines · 88
SASE · 290, 387
SAT · 189
satellite dish · 345
Saturn · 195
sauce pan · 364
saucer · 363
sauerkraut · 59
saute pan · 364
savings account · 36
sawbuck · 41
scab · 134, 144
scale · 327, 359
scallion · 76
scallop · 91, 325
scanty top · 152
scar · 134
scare · 116
scarf · 165
scattered showers · 330
scent · 111

scholarship application · 189
school supplies · 368
scientist · 197
scold · 220
scoop · 364
scorching · 331
scoreboard · 30
Scorpio · 400
scouring pad · 362
scrambled · 52
scrape · 134
screen · 356
screenwriter · 172, 178
screw driver · 370
scrunchie · 168
sculpting · 183
sculpture · 183
sea anemone · 325
sea bass · 91
sea cucumber · 325
sea horse · 325
sea otter · 327
sea sick · 132
sea urchin · 327
seal · 327
seamstress · 174
seaweed soup · 288
second base · 29
secondhand purse · 152
secret Santa · 301
security · 182
sedative · 136
seductive · 231
see red · 116
seed · 365
seizure · 136
seltzer water · 56, 144
semester · 188
semicolon · 385
senator · 177
senior citizen · 177, 184, 259

sentence · 248
set · 179
sewing · 371
sewing cotton · 298
sewing machine · 371
sewing thread · 298
sexism · 255
sexual assault · 246
sexual harassment · 247
shallot · 75
shallow · 212
shampoo · 359
shape · 383
shark · 327
shaved head · 160
sheep · 315
sheets · 353
shepherd · 315
shin · 103
shin and bone(s) · 124
shirt · 162
shiitake mushroom · 75
shiver · 129
shoe horn · 166
shoot · 260
shooting star · 195
short grain rice · 83
shortcut · 390
shorts · 162
short-tempered · 211
shotgun wedding · 229
shoulder blade · 103
shoulder ride · 123
shovel · 365
shower curtain · 357
showy · 211
shrimp · 91
sideburns · 158
sideview mirror · 31
sidewalk · 343, 390
sienna · 155

sign · 400
signature · 40
signs · 390
silent protest · 254
silverware · 362
sing on[off] keys · 179
singer-songwriter · 172, 178
sink · 358, 362
sinusitis · 140
sister · 216
sister-in-law · 216
sit · 121
sitcom · 272
situation comedy · 272
sit-up · 23
six feet under · 377
six pack · 124
sizzling · 331
skeptical · 116
skillet · 364
skimpy dress · 163
skin and bone(s) · 124
skin disease · 137
skinhead · 160
skinny · 124
skipping rope · 23
skull · 307
skull collarbone · 103
sky blue · 155
slacker · 208
slam-dance · 182
slap · 21
slash · 386
sleazy · 227
sledge hammer · 370
sleep · 107
sleeping bag · 336
sleepwalk · 21
slice · 95, 365
slingshot · 268
slip · 165

slit eyes · 107	soft-shelled turtle · 320	sprained ankle · 140	stomach · 104
slob · 208	solar system · 195	sprinkles · 66	stomachache · 129, 144
sloth · 316	sold out · 181	spud · 54	stool · 350
smack · 397	solid colored · 156	square face · 114	stoop · 344
small intestine · 104	son · 216	square · 383	stork · 321
small octopus · 91	sonogram · 137	squat · 121, 336	stove top espresso maker · 363
small of the back · 103	sorbet · 66	squid · 91	straight · 97, 214, 215, 278
small talk · 283	sore throat · 129	squint · 107	straight hair · 160
smallpox · 137	soul patch · 158	squirrel · 316	strainer · 362
smell · 111	sound engineer · 172	St. Patrick's Day · 312	strap dress · 163
smile · 115	soup de jour · 63	stab · 246	strawberry · 80
smoked salmon · 88	souvenir · 191	stage fright · 179	street address · 343
smoked · 77	soybean · 84	stand on one foot · 121	street lights · 391
SMS · 43	space out · 13	stand-up comedy · 173	street sign · 343
snaggle tooth · 109	spade · 365	staple · 368	street vendor · 68
snare drum · 179	spaghetti · 163	stapler · 183, 368	strep throat · 140
sneakers · 153, 162, 164	spaghetti incident · 179	star key · 386	stretch · 121
sneeze · 21, 129, 398	spaghetti strapped top · 153	star of David · 384	strike · 30, 254
sniff · 111	spare tire · 125	starfish · 327	string bean · 124
sniffing glue · 368	sparrow · 321	station wagon · 35	striped · 156
SNL · 277	spasm · 133	stationery · 369	stroke · 139
snob · 211	spatula · 364	STD · 137	stroller · 154
snobbish · 211	spawn · 321	steal · 30	stubborn · 204
snobby · 211	speedo · 338	steamy · 331	student loan · 189
snooty · 211	spell book · 402	steering wheel · 31	student union · 191
snore · 21	spellbound · 402	Step on a crack, break your	student with valid ID · 184
snow pea · 85	sphere · 384	mum's back · 399	studio · 346
snowstorm · 331	spice rack · 362	step on someone's foot · 21	stuff · 295
snub nose · 111	spiky hair · 151	stepping stool · 351	stuffed animal · 295
soap dish · 358	spilt salt · 400	steward · 256	stuffing · 295
soap opera · 271	spin the bottle · 266	stewardess · 256	stuffy nose · 111, 129, 143
sob · 115	spinach · 74	stick figure · 384	stylist · 175
SOB · 260	spine · 103	stick fries · 63	sucker · 91
social security card · 190	spinner · 266	stick shift · 31	suffocated · 125
social worker · 177	spit · 14	stiff neck · 129	sugar · 143
socks · 166	split personality · 138	still life · 183	sugar cube · 383
SODA · 56	spokesman · 255	stingray · 326	sugar snap pea · 84
sofa · 350	spokesperson · 177, 255	stingy · 203	suit · 164
sofabed · 355	sponge · 240, 362	stock pot · 364	suitcase · 167
soft boiled egg · 52	spotlight · 393	stockbroker · 175	summa cum laude · 193
softner · 17	spouse · 217	stocking · 166	summer squash · 73

sunbathing · 345
sundial · 392
sunlight · 392
sunny · 331
sunny side up · 52
superficial · 212
superglue · 368
superhero · 309
surf the Internet · 13
surgeon · 139
Surrealism · 186
suspenders · 154
suspicious · 116
SUV · 35
swallow · 321
swear · 34
sweat pants · 164
sweat shirt · 164
Swedish fish · 67
sweep · 16
swimsuit · 338
swing · 30
swinger · 229
Swiss army knife · 275
switchblade · 370
syndicate journalist · 178
synthesizer · 179

T

T & A · 226
table soccer · 271
tablespoon · 380
tablet · 145
taco · 59
taco bell · 69
tadpole · 321
tail · 159
tailbone · 103
taillight · 31
tailpipe · 31

Taiwanese · 255
take a break · 17
take a crap · 14
take a dump · 14
take a leak · 14
take a piss · 14
take a sip · 57
talk show · 272
tampon · 235
tams · 193
tangerine · 80
tank · 357
tank top · 162
tankini · 338
tape measure · 370
tarantula · 322
tassel · 192
tater · 54
tater tots · 54
tatoo · 153
Taurus · 400
tax returns · 190
teaspoon · 380
teddy bear · 218
telemarketer · 176
teller · 37
temperature · 381
temple · 105
tentacle · 91
testicles · 225
testimony · 249
text message · 43
textbook · 191
Thanksgiving · 295, 311
the disabled · 258
the elderly · 259
the handicapped · 258
the suits · 199
the supreme court · 248
Theory of Relativity · 196
therapist · 138

thermals · 163
thermometer · 136
thigh · 103
thimble · 371
third base · 29
third molars · 109, 140
thong · 338
thoracic surgeon · 139
thorax · 322
threshold · 348
throw bouquet · 293
throw garter · 293
throw rice · 293
throw up · 21
thumb · 117
thumb tack · 368
thumbs up · 117
thunder · 330
thunderstorm · 330
tic tac toe · 269
tick · 337
ticket holder · 181
ticket scalper · 181
tidal wave · 333
tide · 340
tie · 164
tie-dyed T-shirt · 151
tights · 166
time out · 220
time · 382
tippy toe · 123
tipsy · 97, 98
tiptoe · 123
tire · 31
tits · 226
toad · 321
toast and butter · 51
toaster oven · 363
toddler · 218
toe · 117
toenail · 117

tofu bean curd · 74
toga · 154
toilet · 357
toilet train · 218
tomahawk · 309
tomato · 72, 88
tomboy · 232
toner · 157
tongs · 364
tongue · 108
tongue tied · 109
tongue twister · 109
tonic water · 56
tonsil · 108
tonsillitis · 140
tooth fairy · 395
toothache · 129
top · 268
top of a hand · 117
topless bar · 290
tornado · 332
torrential rain · 330
tortilla · 59
tortoise · 320
tow away · 34
track · 391
track lights · 391
tracksuits · 153
traffic lights · 391
trailer · 35
trampoline · 265
transcript · 189
transplant · 365
transvestite · 215
trash can · 343
travel authority · 188
tray · 183
treading water · 339
tree house · 367
trench coat · 163
trial · 248

triangle · 383
trick · 27
trick or treat · 307
trip · 214
trip on a rock · 134
trout · 91
trowel · 365
truffles · 67
trunk · 31, 316
trunks · 338
truth or dare · 267
T-shirt · 162
tsunami · 333
tube · 153, 238, 384
tube dress · 153
tuberculosis · 139
tummy tuck · 141
tuning · 179
turkey · 295
turkey burger · 94
turkey sandwich · 77
turn blue · 116
turn green with envy · 116
turn red · 115
turn white · 116
turn signal · 31
turtle · 320
tusk · 316
tux · 292
tuxedo · 292
TV dinner · 273
TW · 35
tweezers · 157
24/7 · 388
twin · 239, 354
twist and open · 79
twitch · 133
typhoon · 332

U
uklele · 299
ulcer · 140
umbilical cord · 238
umpire · 29
uncle · 216
unconscious · 136
under the weather · 129
underbite · 109
underline · 386
underscore · 386
undershirt · 153
unibrow · 107, 158
unlock the door · 13
upper case · 386
upper house · 177
Uranus · 195
urban arterial road · 376
urinate · 14
urologist · 140
usher · 190
uterine disease · 137
uterus · 238
uvula · 108

V
vaccinate · 137
vacuum · 16
vagina · 225
vaginal infection · 137
Valentine's Day · 304
valium · 138
Vandyke beard · 158
vanity table · 157
veal · 92
vegan · 93
vegetable · 139
veggie burger · 94
veil · 292
vein · 139
velocity · 196
vent · 357
ventilation · 357
Venus Flytrap · 324
Venus · 195
vest · 151
vet · 28
Veterans Day · 311
video art · 186
vinegar · 87
vinyl slide · 348
viper · 320
Virgo · 400
visor · 164
visually challenged · 258
v-neck sweater · 151
vodka · 143
volume · 379
voluptuous · 125
voodoo doll · 403

W
waffle iron · 363
wait staff · 256
waiter · 173, 256
waitress · 256
walk under the ladder · 400
walker · 147
walk-in closet · 347
walkout · 254
wallet · 167, 399
walnut · 86
wardrobe · 356
washer · 17
Washington's Birthday · 311
WASP · 388
wasted · 97, 98
water bomb · 214
water color · 183
water soluble · 368
watering can · 366
watermelon · 81
wave hand · 118
wavy hair · 160
weak · 147
wear carnation · 306
wear hearts · 304
weasel · 316
weather forecast · 330
webbed · 322
wedding · 290~294
wedgie · 213
weed · 365
weenies · 225
weight · 23, 378
weightlifting · 23
weirdo · 203
well-groomed · 151
western omelet · 52
whack-a-mole · 316
whale · 327
whatyamacallit · 66
wheat · 83
wheelbarrow · 365
whine · 220
whisk · 364
white bread · 62
white radish · 73
whole tomato · 88
whole wheat bread · 62
wide-brimmed hat · 163
wife · 217
wife beater · 153, 163
Wi-Fi · 45
wig · 307
WIK · 347
will call · 181
willow · 328
windchill factor · 331
windowpane · 348
windshield · 31

winter squash · 73
wipe · 344
wiper · 31
wire cutter · 369
wire money transfer · 37
wisdom teeth · 109, 140
wishy-washy · 210
witch · 307
witchcraft · 402
withdrawal · 37
witness · 249
wok · 364
womb · 238
won ton soup · 60
woodchuck · 109
Worcestershire sauce · 95
work out · 23
World Series · 29
wrench · 370
wrist · 117

zero gravity · 195
zit · 113
zodiac · 400
zoologist · 197
zucchini · 73

X

xerox · 190
x-ing · 390

Y

yam · 76
yard · 367
yarn · 371
yawn · 121
yeast infection · 240
yield · 390
yogurt · 85, 240
Yum Kippur · 312
yummy · 52

Z

zelkova · 328

감사의 말

먼저 이 책을 출판해준 김영사에 이 자리를 빌어 감사를 드립니다. 보다 좋은 아이디어를 함께 고민하고, 기획하고, 멋진 디자인에 담아 충실하고 어엿한 책으로 나오게 해준 김영사의 여러분 모두에게 깊은 고마움을 전합니다.

언제나 저를 믿고 힘이 돼주시는 부모님, 동생 지인이와 지인이네 가족, 막내 동생 인훈이, 큰이모, 언제나 고맙습니다.

그 자리에 있는 것만으로 힘이 되는 가영, 지영, 민경, 지원, 신하, 안나, 강석, 민영, 영주, 하연, 미술학원 친구들, hybrid of hybrid 친구들, 그리고 권영언 오빠, 현주 언니, 하규 오빠에게도 특별한 감사를 드려요.

유학 시절 물심양면으로 도움을 주신 아래 분들 모두에게도 사랑과 감사를 보냅니다. 미국의 친구들과 교수님들이기에 영어로 감사의 말을 전합니다.

Thanks to:
My two beautiful best friends, Sarah Johnson (now Sarah Moore) and Laura Benziker for always being there for me through the ups and downs.
My genius friend, Karl Fritz aka Jarvis Payson for early encouragement in this book project and the inspiration.

My best roommate Karen VanWart for sharing good life skills in Brooklyn, New York. Cern James for friendship, art, and music.

The warmest friends from Guggenheim Museum, New York: Robin, TJ, Kathy, Kathleen, Jon, Trevor, Tracey, and Alicia.

My teacher at MICA, Prof. Ken Tisa for giving me a direction in my art and life.

My teachers at QC CUNY, Prof. Debra Priestly, Prof. Liliana Porter, Prof. Jenny Snider and Prof. Arthur Cohen for supporting my art study as well as the encouragement in life in general.

My QC MFA friends: Allison, Holly, Anna, Meg, Nancy, Grant, and Mark.

My MICA friends: Suzanne, Tiffany, Chacha, Eric, and Jason for NYC art experience.

My favorite hangout, music and art venue: ArtLand and its people. Greenpoint, Brooklyn, New York.

Special thanks to:
Laura and Bob Benziker for your helpful remarks on this book.
Beastie Boys for giving me the motivation to move to Brooklyn.